韓國觀光

한국적 관광개발론:
한국관광 제 빛 살리기

엄서호 저

백산출판사

한국적 관광개발론

한국관광 제 빛 살리기

엄서호 지음

2007년 2월 28일 초판 1쇄 발행
2013년 8월 25일 초판 3쇄 발행

발행인 / 진 욱 상
발행처 / 백산출판사
등록 : 1974. 1. 9. 제1-72호
서울시 성북구 정릉3동 653-40
전화 : (02)914-1621, 917-6240
팩스 : (02)912-4438

www.ibaeksan.kr
editbsp@naver.com

값 13,000원

ISBN 978-89-7739-951-8 93980

머리말

한국적 관광개발론이란 제목의 책을 쓰려고 작정한 지 10여년 만에 드디어 결실을 맺게 되었다. 이 책을 쓰게 된 동기는 한국적 개발을 위한 방법을 이미 터득하고 있다기보다 현재의 관광개발이 선진화되기 위해서는 새로운 패러다임이 필요하다는 생각 때문이었다. 결국 패러다임의 지향점은 한국인의 정서를 고려하고, 한국의 개발여건을 감안하면서, 관광개발과 관련한 각종 문제점을 해결할 수 있는 한국적 관광개발론이어야 되며, 지금 이 시점에서 한국적 관광개발론을 논하기 시작하는 것이 바람직하다는 생각을 하게 되었다.

박사학위 취득 후 귀국하여 현 문화관광정책연구원의 전신인 교통개발연구원 관광연구실과 경기대 관광개발학과에 20여년 가까이 몸담으면서 직·간접으로 터득한 경험을 바탕으로 이 책에서 제안된 방법론들은 대부분 검증을 거치지 못한 실험적 사고일 뿐이다. 그러나 한국적 관광개발론의 당위성을 제기하기에는 부족하지 않다고 사료되며, 향후 보다 많은 학자들이 방법론을 보완할 수 있을 것이라 믿는다.

본고는 필자가 몸담고 있는 경기대 관광대학 학생들을 위해 준비되었다. 사실 교직에 몸담은 지 꽤 세월이 흘렀지만 마땅한 교과서도 없이 핸드아웃으로 교재를 대신해온 학생들에게 정말 미안한 생각이 든다. 또한 관광개발을 공부하고 있는 학생들과 관광개발을 시도하려는 공무원, 회사원, 기타 일반인들에게도 관광개발의 현황과 과제는 무엇이며, 적어도 어떤 방향으로 개선되어야 할 것인가에 관해 조금이나마 도움을 주고자 한다.

지나온 20여 년간 외국유학에서 배운 학문적 체질을 바탕으로 모든 것을 새로이 접하면서 어떻게 하면 한국관광을 선진화할 수 있을까 부단히도 고민해 왔다. 대학교수로 지나칠 만큼 현실적 문제에 깊이 관여하고 시간을 투입하였다고 할 수도 있다. 그러나 결과적으로 보면 본인의 노력에 의해 문제가 해결된 사례들은 거의 없었다. 단지 시간이 흘러 적정 시점이 되니까 필자가 원했던 방향으로 관광이 스스로 발전하는 것이었다. 그러나 이러한 과정을 통해 한국관광이 어떤 모습으로 변화되어 나갈 것인지를 배운 것은 매우 값진 일이었다.

관광학이 순수학문이 아닌 응용학문이니 현실에 바탕을 두지 않고는 학문이 성립할 수 없다는 변명을 늘어놓을 수도 있지만, 교수는 결국 시간이 걸리더라도 학생을 통해서 살기 좋은 사회를 만드는데 기여하는 것이 더 적합하며, 현실참여를 통해 사회를 바꾸는 것은 정치가나 공무원, 또는 운동가가 할 일이라는 생각을 가지게 되었다. 그간의 현실참여에서 얻은 여러 가지 생각을 정리해 책으로 내놓음으로써 이제 더욱 충실하게 학생들을 지도할 수 있기를 기대해 본다.

마침 미국 퍼듀대학교에서 두 번째 안식년을 갖게 되어 한국적 관광개발론 출간과 더불어 새로운 각오로 교육인생의 마지막 10여년을 맞이하려고 한다. 오늘날까지 관광개발과 관련한 각종 일로 만났던 많은 사람들 그리고 함께 이 길을 걸어 왔던 경기대 관광개발학과 학부와 대학원 졸업생들에게 감사를 드린다. 여러 분들의 가르침과 도움이 없었더라면 이렇게 무모하게 책을 쓰려는 생각조차도 못했을 것이다. 또한 이 책을 집필하는데 크게 도움을 준 경기대 명소마케팅 연구실 류시영 선생, 이민욱 군, 최명진 양에게도 깊은 감사의 뜻을 전하고 싶다.

마지막으로, 언젠가 필자의 뜻을 이해하고 이 길에 동참해 줄 두 아들 종식, 경식이게 이 책을 바치고 싶다.

미국 퍼듀대학교에서 엄 서 호

목 차

제1부 한국관광의 이해

제2부 한국적 관광개발 전략

제3부 한국관광개발의 현황과 미래

제1부

한국관광의 이해

韓國的 觀光開發論

한국관광 제 빛 살리기

제1장

한국인의 관광행태

1. 탈출형 관광에서 목적형 관광으로

관광의 동기를 크게 유인인자(pulling factor)와 추진인자(pushing factor)로 보는 견해가 있다. 관광을 하게 되는 이유가 무엇인가에 끌려서이거나, 또는 무엇인가 밀어내는 힘 때문이라는 견해이다. 대부분의 한국인은 무언가를 배우고 성취하기 위해서 관광을 하기보다는 바쁜 일상에서 벗어나 쌓였던 스트레스를 해소하기 위해 관광을 하는 경우가 대부분이었다.

한국인 경우에 있어서 관광동기는 색다른 환경에 대한 도전과 호기심과 같은 유인인자보다는 일상탈출이라는 추진인자로 설명될 수 있다. 매슬로우의 5단계 욕구설에 근거해 볼 때 일상탈출은 피라밋 구조의 맨 밑바탕인 생리적 욕구의 다음단계의 안정욕구에 해당한다고 볼 수 있다. 바쁜 일상 속에서 스트레스로 가득 찬 자신을 원래의 모습으로 돌이키려는 안정욕구가 관광을 하도록 만들었다는 견해이다. 그래서 모처럼 시간을 내어 관광버스만 타면 일상성 탈출을 환호할 수밖에 없는 것이 일반적인 우리 모습이었으며, 당시 경제성장 위주 생활의 결과물일 수밖에 없었다. 굳이 선진국의 관광행태와 견주어 건전관광 운동을 의도적으로 벌이지 않더라도 소득수준이 높아지면 바뀔 수밖에 없는 이유 있는 행동이었다.

최근 소득증가와 주40시간 근무제 실시로 인한 여가시간의 증대는 한국인의 관광행태를 상기한 바와 같이 안정욕구 추구의 「탈출형 관광」에서 매슬로우 5단계 욕구설의 3, 4, 5단계인 소속감, 자존심, 자아실현 욕구를 충족하기 위한 「목적형 관광」으로 변화시키고 있다. 목적형 관광은 특정 활동에 참여함을 주목적으로 하는 관광으로 첫째는 체험관광, 둘째는 기능성 관광, 셋째는 축제/이벤트/컨벤션 관광, 그리고 마지막으로 레저스포츠 관광으로 대별될 수 있을 것이다.

체험관광은 적극적인 참여과정에서 오감을 통해 문화, 역사, 자연을 체험함으로써 탈일감과 성취감, 그리고 다양한 경험을 얻게 되는 목적형 관광이라고 정의할 수 있다. 생태관광은 자연환경을 체험하는 것이며, 문화관광은 생활문화, 창조문화, 역사문화를 체험하는 것이고, 농촌관광은 농촌문화, 계절, 농사, 농수산물 수확을 체험하는 목적형 관광이라 볼 수 있다.

기능성 관광은 건강, 미용, 치유를 목적으로 하는 관광을 지칭하며, 제주도가 국제자유도시로서 의료와 교육을 강조한 관광휴양목적지로 차별화하려는 의도는 바로 기능성 관광을 포함한 목적형 관광을 진흥하고자 하는 목적과 직결되어 있다.

목적형 관광의 또다른 형태는 각종 지역축제나, 이벤트 참여를 목적으로 하는 축제/이벤트 관광과 회의참가를 주목적으로 하는 컨벤션 관광, 그리고 스키, 골프, 등산, 낚시 등 레저스포츠 참여를 목적으로 하는 레저스포츠 관광을 들 수 있다. 이러한 목적형 관광은 소득수준이 높아질수록 참여율 역시 증가할 것이나, 현재의 상황에서 목적형 관광과 탈출형 관광의 시장점유율은 아직도 탈출형 관광이 훨씬 더 큰 것으로 판단된다. 그러나 목적형 관광이라 하더라도 탈출형 관광요소가 포함 될 수 있으며(오히려 목적형 관광요소를 많이 포함한 관광이 탈출형 관광요소도 많이 포함할 수 있다. 아래 언급되는 연구사례 참조), 반대로 탈출형 관광이라 하더라도 일부의 목적형 관광요소를 포함하는 것이 일반적이다.

단상 1 전이시장으로서 가족형 관광객

탈출형 관광이 나쁘고 목적형 관광이 좋다는 것은 있을 수 없다. 현재까지도 탈출형 관광이 70% 이상을 차지하고 있으며 목적형 관광은 단지 30% 이하인데도 불구하고 목적형 관광을 대상으로 하는 시설을 관광객에게 강요하는 것은 더욱 온당하지 못하다는 의미이다. 반대로 선진국형 관광행태인 목적형 관광으로 점차 전환하고 있음에도 불구하고 다수의 사람들 욕구대로 시장성만을 고려한 탈출형 관광만을 타깃으로 하는 개발도 문제가 있다.

현재 우리들의 상태를 철저히 파악하며 이들을 바람직한 방향으로 움직이도록 유도하는 관광개발 방식이 바로 한국적 관광개발이다. 여기서 가장 중요한 것은 현재는 탈출형이지만 앞으로 가장 신속하게 목적형으로 전환할 수 있는 집단 즉 '가족형 관광객'을 대상으로 한 관광개발이 바로 한국적 관광개발이 지향해야 할 목표라는 점이다. 이러한 시장을 소위 'Transitional Market'이라고 할 수 있다. 즉 전이시장을 대상으로 점차 목적형 관광으로 이끌어 나가는 관광개발 방식 이것이 바로 한국적 관광개발이다.

연구사례

탈출형 관광과 목적형 관광: 세분시장별 해양관광정보 요구[1]

1. 해양관광정보 요구조사

1) 조사방법

(1) 설문조사를 위한 표본의 추출

조사를 위한 표본의 추출은 우선 통계청에서 발표한 2000년도 서울시 경제활동 인구통계와 서울특별시 통계 DB에서 얻을 수 있는 서울시 연령별 인구를 근거로 하여, 15세 이상의 인구 가운데, 연령별, 성별, 경제활동 유무로 구분되는 전체 모집단을 추정하였다. 그리고 2000년도를 기준으로 서울시 경제활동 가능인구를 전체 모집단으로 하고, 모집단을 남자와 여자의 2개 집단으로 구분한 후, 동 집단을 다시 실제 경제활동 인구와 비경제활동 인구로 분류하는 한편, 다시 4개의 연령별(30대 미만, 30대, 40대, 50대 이상) 집단으로 구분하여, 각 집단별 구성비를 〈표 1-1〉과 같이 추정하고, 그 구성비에 맞추어 표본집단을 추출하도록 하였다.

표 1-1 추정된 서울시 거주 경제활동/비-경제활동 인구 구성비 (남녀/연령별)

연령별 구분	전체 인구		경제활동 인구		비경제활동 인구	
	남자	여자	남자	여자	남자	여자
30대 미만	16.53%	16.01%	7.21%	7.53%	9.32%	8.49%
30대	15.64%	10.59%	9.61%	5.31%	6.03%	5.28%
40대	9.09%	9.60%	7.73%	5.30%	1.36%	4.31%
50대 이상	10.48%	12.06%	6.67%	3.80%	3.80%	8.26%

1) 본 내용은 해양수산부가 2003년 발주하고 경기대학교가 컨소시엄을 구성해 수행한 '해양관광정보 포털 시스템 구축을 위한 정보화 전략계획 수립' 용역의 일환으로 시행된 설문조사를 바탕으로 작성되었으며, 한국농촌관광학회 발간 농촌관광연구(2004년, 11권 1호)에 게재된 나윤중, 남윤희, 엄서호의 논문에서 발췌한 내용임. 자세한 내용은 해양수산부(2003) '해양관광정보 포털 시스템 구축을 위한 정보화전략계획 수립' 보고서에서도 참고할 수 있음.

추출된 표본의 성격으로 실제 설문조사를 통하여 추출된 표본들의 구성비는 〈표 1-2〉와 같다.

표 1-2 설문조사를 통하여 추출된 표본의 경제활동/비-경제활동 인구 구성비 (남녀/연령별)

연령별 구분	경제활동 인구		전체 인구		비경제활동 인구	
	남자	여자	남자	여자	남자	여자
30대 미만	8.29%	10.00%	17.56%	19.27%	9.27%	9.27%
30대	13.66%	5.37%	15.37%	10.24%	1.71%	4.88%
40대	7.56%	4.63%	8.78%	8.54%	1.22%	3.90%
50대 이상	7.32%	4.39%	11.46%	8.78%	4.15%	4.39%

위 표에서 음영으로 표시된 집단은 전체 표본집단 중에서 2%이상 과대평가되었거나, 과소평가된 집단이다. 전체 인구에 대한 구성비로 본다면, 남자는 추정된 모집단과 큰 차이를 보이지 않고 있으나, 여자는 30대 미만에서 과대, 50대 이상에서 과소평가되어 있다. 연령별로 구분된 집단으로 본다면, 남자 30대를 제외하면, 전반적으로 30대 이하의 집단이 전체 모집단에서 과대평가된 경향이 있으며, 50대 이상 여자, 특히 비경제활동 여성인구가 과소평가되어 있다.

(2) 조사방식

조사의 방식은 설문조사 방식으로 하였고, 조사의 공간적 범위는 서울시로 하며, 그 대상은 서울시에 거주하는 15세 이상의 남녀로 하였다. 설문은 서울 시내의 유동인구 밀집지역에서 조사원에 의해 실시되었다. 각 조사원은 목표화된 남녀별, 연령별 구성비에 부합되도록, 유동인구 중에서 의도적으로 설문대상을 선택하였다. 또, 경제인구와 비경제인구의 목표비율에 부합되도록, 설문의 장소 또한 경제활동 인구와 비-경제활동 인구에게 설문할 수 있는 가능성이 높은 지역을 사전에 선별하는 방식으로 설문의 장소를 선택하였다.

조사는 2003년 7월 1일부터 7월 3일까지 2회에 걸쳐 실시되었다. 1차 조사는 강남의 삼성역 부근과 강북의 명동, 을지로, 대학로 등에서 2개조로 나뉘어 실시되어 총 132매의 설문을 얻었다. 2차 조사는 잠실 롯데백화점 부근, 구의동 일대, 건대입구역 부근, 동서울 터미널, 신촌 현대백화점 부근, 종로1가 일대, 삼성동 무역센터 일대, 반포 일대, 잠실 일대에서 3개조로 나누어 실시되어 총 320매의 설문을 얻었다. 수집된 설문 중에서 첫째, 서울 거주민이 아닌 경우는 표본에서 제외하였다. 본 조사는 15세 이상의 서울시 거주인구를 모집단으로 추정하였기 때문이다. 그리고 설문을 무성의하게 작성한 경우도 배제하였다.

위와 같은 절차를 거쳐 총 452매의 설문 중 410매의 유효표본을 얻게 되었다.

2) 분석내용

(1) 관광동기에 의한 시장세분화

Crompton(1979)[2]이 개발한 관광동기척도의 항목 중에서 신기성 등 일부 항목을 제외한 나머지 6개 항목(스트레스 탈출, 휴양, 인간관계 강화, 자아발견, 체험을 통한 배움, 경험을 통한 도전)을 대상으로 휴가목적지 선택에서 차지하는 중요도를 5점 척도로 질문하였다. 설문의 신뢰도를 검증한 결과, 표준화된 alpha = 0.610으로 대체적으로 양호한 것으로 나타났다. 동 항목들에 대하여 탐색적 요인분석을 실시한 결과, KMO = 0.656, Bartlett 구형성 검증 Chi-square = 300.202 (p=0.000)의 구성타당도를 보이면서, 55.890%의 총 분산 설명력을 가진, 두 개의 요인이 추출되었다. 제1요인은 인간관계 강화, 자아발견, 체험을 통한 배움, 경험을 통한 도전과 같은 '활동형 목적'이였으며, 제2요인은 스트레스 탈출, 휴양과 같은 '탈출형 목적'이였다. 다시 말해서 해양관광 시장은 관광동기의 요인분석을 통해 목적형 관광과 탈출형 관광으로 양분될 수 있었다.

6개 동기항목을 대상으로 전체 표본집단에 대한 K-평균 군집분석을 실시하였으며, 이를 토대로 시장세분화 전략을 세울 수 있다. 군집분석은 3개 군집

2) Crompton, J. L.(1979), "Motivations of Pleasure Vacation". Annals of tourism Research, 6: 408-424.

을 예상하고 실시하였다. 분석의 결과, 전체 표본집단(n=406)의 42.6%에 해당하는 1군집, 32.8%에 해당하는 2군집, 24.6%에 해당하는 3군집으로 분류되었다. 군집분석의 결과를 케이스 선택변수로 하고, 목적형과 탈출형으로 구분되는 동기요인의 요인값을 종속변수로 하는 일원배치 분산분석을 실시한 결과, 목적형과 탈출형 모두에서 군집별로 그 차이가 통계적으로 유의하다는 결과를 얻었다.

목적형(F=450.231, p=0.000), 탈출형(F=71.794, p=0.000). 각 군집별 평균값을 이용, 그 차이를 그래프로 표시하면, 〔그림 1-1〕과 같다.

그림 1-1 동기유형으로 본 군집의 성격

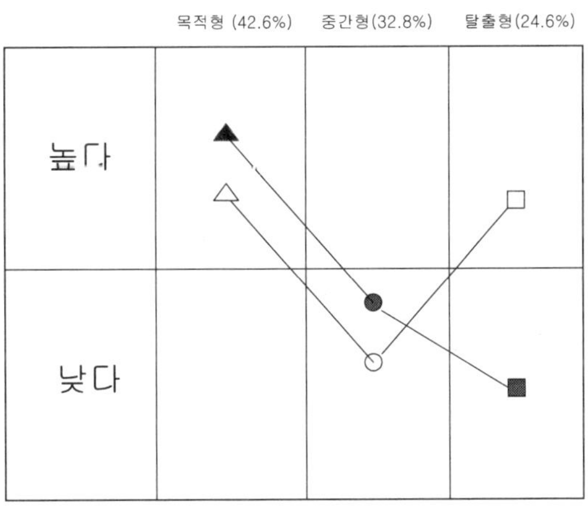

제1군집은 목적동기와 탈출동기의 정도가 모두 높은 집단으로서, 적극적이고 목적을 가진 활동을 통하여 일상으로부터 탈출을 꽤하는 집단이라고 할 수 있으므로, '목적형 집단'이라고 하고, 제2군집은 목적동기와 탈출동기 모두 그 정도가 낮은 집단으로서, 관광에 대한 특별한 목적이 없을 뿐 아니라, 일상탈출의 욕구 또한 높지 않은 집단이라고 할 수 있으므로, '중간형 집단'이라고

하며, 제3군집은 목적동기가 가장 낮은 반면, 탈출동기가 높은 집단으로서, 관광지에서 특별한 활동을 하기보다는 휴식을 위주로 하는 집단이라고 할 수 있으므로, '탈출형 집단'이라고 부르기로 한다(〔그림 1-1〕 참조).

이들 군집을 통해서 '동반자 유형'을 분석해 보면 〈표 1-3〉과 같다.

표 1-3 동반자 유형 내 집단구성비

단위 (%)	자녀동반가족 (n=134)	부모형제동반가족 (n=23)	부부 (n=52)	연인 (n=54)	친구/친지 (n=120)	친목단체/동호회(n=23)
목적형	53.7	39.1	34.6	37.0	35.0	54.5
중간형	20.9	34.8	23.1	38.9	47.5	27.3
탈출형	25.4	26.1	42.3	24.1	17.5	18.2

자녀동반 가족과 친목단체/동호회는 목적형이 주류를 이루고 있으며, 부모형제 동반가족과 연인은 목적형과 중간형이 거의 비슷한 비율로 구성되어 있고, 친구/친지는 중간형, 부부는 탈출형의 비율이 가장 높다.

그러므로 자녀동반 가족과 친목단체/동호회를 시장세분화에서 '목적형 관광시장'으로, 부부를 '탈출형 관광시장'으로, 친구/친지를 목적형-탈출형 스펙트럼에서 '경계시장'으로 정의할 수 있다.

부모형제 동반가족과 연인은 '목적형 시장'과 '경계시장'의 크기가 거의 동일하고, 양자를 합친 구성비가 '목적형 시장'과 거의 같은 모습을 띠고 목적형 동기를 가진 집단이 탈출형 동기를 가진 집단보다 다수를 차지하고 있으므로, '목적형 경계시장'이라고 정의할 수 있다.

(2) 세분시장별 해양관광 검색정보 중요도 차이

관광목적 유형을 '탈출형'과 '목적형'으로 구분하였다. 이 과정에서 얻어진 요인값을 범주화하여, 그 성향이 높은 집단과 낮은 집단이란 2개의 집단으로 분류하여, 집단간 세부 검색정보의 중요도에 대한 차이를 t-검정하였다.

〈표 1-4〉에서 보는 바와 같이, 관광객의 '목적형' 성향이 강할수록 편의시설, 레저활동, 교육활동, 기능활동에 대한 정보검색을 중시한다는 것을 알 수

있다. 이러한 결과는 목적형 관광객들은 그렇지 않은 관광객들보다 자신들이 체험하는 장소나 고유의 음식, 특산물 등에 대한 정보에 대하여 더욱 민감하다는 것을 의미하는 것일 수 있다.

표 1-4 관광객의 목적형 성향에 따른 검색정보 중요도의 차이

검색정보	목적형	N	평균	표준편차	t	자유도	유의확률(양쪽)
편의시설	낮다	228	3.4561	.7925	-3.191	404	0.002
	높다	178	3.7247	.9004			
레저활동	낮다	228	3.2763	.9655	-3.351	404	0.001
	높다	178	3.5955	.9354			
교육체험 활동	낮다	228	2.9956	.9956	-6.589	404	0.000
	높다	178	3.6236	.8950			
건강, 미용 기능성정보	낮다	228	2.9386	1.0929	-3.275	404	0.001
	높다	178	3.2809	.9799			

〈표 1-5〉는 탈출형 관광객의 정보검색 성향을 살펴본 것으로 관광객이 '탈출형'의 성향이 강할수록, 교통정보 및 숙박시설에 대한 정보검색을 더욱 중요시한다는 것을 알 수 있다. 이것은 '탈출형'관광객들은 관광지의 접근성과 쾌적한 잠자리에 대한 정보를 가장 중요하게 생각하며, 그 외의 정보는 그들의 관광목적지를 선택함에 있어서 그다지 중요한 정보가 되지 않는다는 것을 의미하는 것일 수 있다.

표 1-5 관광객의 탈출형 성향에 따른 검색정보 중요도의 차이

검색정보	탈출형	N	평균	표준편차	t	자유도	유의확률(양쪽)
교통정보	낮다	215	4.0326	0.7995	-2.894	407	0.004
	높다	194	4.2680	0.8458			
숙박시설	낮다	215	4.0512	0.7926	-1.325	407	0.014
	높다	194	4.2526	0.8656			

그러나 '볼거리 정보'의 중요도는 모두 5점 만점에 4.1 이상이면서 차이가 없는 것으로 나타나, 모든 성향의 관광객이 '볼거리 정보'를 기본적으로 중요시한다는 것으로 볼 수 있다.

3) 시사점

조사에서 나타난 관광동기에 의한 시장세분화를 살펴보면, 해양관광 시장은 '목적형'관광객과 '탈출형' 관광객으로 구분할 수 있다. 즉, 목적동기와 탈출동기가 높을수록 '목적형 집단'으로 자녀를 동반한 가족이나 친목단체/ 동호회 등이 주류를 이루었다. 반면, 부모형제 동반집단이나 연인 등은 목적형과 중간형이 주로 비슷하고, 친구/친지는 중간형이 가장 높게 나타났으며, 부부는 탈출형이 높게 나타났다. 즉, 관광지를 누구와 함께 방문하느냐에 따라 방문동기나 목적에 차이가 나타난다는 것을 알 수 있다.

또한 관광객의 유형에 따른 세부 검색정보의 중요도에 차이가 있다는 점도 파악되었다. 조사결과를 살펴보면, '목적형' 관광객은 편의시설과 교육, 기능성 체험, 레저활동 정보를 중요시하는 반면, '탈출형' 관광객은 교통과 숙박에 관한 기본정보를 중요시하는 것으로 나타났다. 결국 관광객의 목적이나 동기에 따라 정보유형에 차이가 있는 것으로 나타났으므로 관광정보 시스템의 차별화를 위해서는 어떠한 시장을 공략할 것인가에 대한 결정이 우선되어야 할 것이다.

CASE STUDY

2. 설악산 방문객이 줄어드는 이유

탈출형 관광이 주류를 이루었던 시대에 가장 각광받은 관광목적지는 바로 설악산권 이었다. 설악산에 사람들이 몰렸던 이유를 생각해 보는 것은 한국인의 관광행태를 쉽게 이해할 수 있는 열쇠가 될 수 있다.

한국인의 현대관광은 시기적으로 5월 봄나들이에서 시작되었다고 볼 수 있다. 현재와 같이 역사유적지를 탐방하고 놀이공원에서 하루를 보내는 관광이 나타나기 이전부터 사람들은 겨울철 칩거에서 벗어나 봄기운을 맛보기 위해 벚꽃을 찾거나 유원지를 방문하는 등 도시민 중심의 관광이 한국인 현대관광의 출발이었다고 할 수 있다. 또한 여름철 피서를 위해 도시를 탈출하여 산과 바다를 향하는 행렬도 한국인의 또다른 관광모습이라 할 수 있다. 여름철을 보내고 가을에 단풍구경을 위해 명산을 찾는 행태 또한 한국인의 관광모습 중 하나였으며 겨울철에는 소수의 온천관광객을 제외하고 대부분 집에서 움츠리는 것이 일반인들의 습성이었다.

여름철 피서는 물론 계절별 관광형태를 모두 수용할 수 있었던 관광목적지가 바로 설악산권, 보다 정확히 이야기하면 설악산과 인근 동해안 일대였다. 설악산 권에서는 봄나들이, 여름철 피서와 가을 단풍놀이는 물론 온천관광도 가능하여 사계절관광이 가능한 실질적인 우리나라 관광의 일번지였다.

2004년 한국관광공사 시행 국민여행실태조사에서도 가장 선호하는 목적지가 강원도로 나타나고 있으나, 좀더 자세히 들여다보면 설악산권의 관광지로서 위상 변화를 실감할 수 있다. 정부가 1970년 설악산 국립공원을 지정한 이래 설악동 집단시설지구 개발이 시작되었고, 이후 연간 500만 이상이 방문하는 관광목적지로 자리잡았으나 1995년 이후부터 점차 방문자수가 감소하는 추세를 보이고 있다. 방문자수 감소와 더불어 설악동 집단시설지구 내 위치한 각종 관광시설의 적자폭도 증가하게 되어 이를 해결하기 위한 각종 방안을 강구하기에 여념이 없다.

왜 한국 최고의 관광지 설악산이 방문객수가 감소하고 관광시설 운영이 어려운 처지로 전락하고 있을까? 여러 가지 이유가 있겠지만, 무엇보다도 첫 번째의 이유는 방문객의 관광행태가 탈출형 관광에서 목적형 관광으로 변화해 감에 따라 단순히 보는 관광에서 체험관광으로 바뀌고 있기 때문이다. 다시 말해서 명승지를 보고 즐기는 관광에서 무엇인가 활동에 참여하는 관광으로 전환되는 시점에서 설악산의 관광매력은 이러한 체험욕구를 충족시키기에 부족한 반면 다양한 형태의 관광상품이 체험형 관광수요를 수용하기 위해 개발됨으로써 경쟁력이 감소하기 때문이라 판단된다.

두 번째로 자연공원법에 근거한 집단시설지구제도는 기본적으로 각종 규제로 인해 이러한 급격한 관광행태 변화에 적극적으로 대처할 수 있는 능력을 갖추지 못하고 있기 때문에 설악산 내 소재한 각종 관광시설은 경쟁력을 잃을 수밖에 없었다고 판단된다. 전반적으로 볼 때 20개 국립공원의 탐방객 수가 2000년을 기점으로 3400만 명에서 2004년 2600만 명 수준으로 감소하고 있는 반면에 산림청이 관할하는 자연휴양림 수요는 가족형 관광객의 증가와 더불어 1995년 208만 명에서 2002년에는 408만 명으로 약 2배가 늘어나는 등 지속적인 증가추세를 보이고 있어 이러한 상황을 반영하고 있다고 볼 수 있다.

세 번째로 설악산권 주변에 각종 숙박시설이 개발됨에 따라 경쟁이 심화되어 설악산이 관광목적지 겸 숙박지로서의 기능을 상실하게 되었기 때문이다. 속초시 주변에 해변과 인접하여 개발된 펜션이나 콘도미니엄에서 머물면서 설악산은 당일로 다녀오는 관광패턴이 주를 이루게 됨으로써 설악산 방문객수는 물론 방문객의 설악산 체류시간조차도 감소하기에 이르렀다. 용평리조트의 객실이용률을 살펴볼 때 수년전만 해도 여름철을 비수기로 칭할 수 있었으나, 오히려 요즈음은 겨울철과 더불어 성수기를 이루고 있음은 관광패턴이 선호하는 숙박시설을 중심으로 여기저기 다녀오는 방식으로 전환하고 있다는 것을 알 수 있다.

이러한 이유 등으로 한국의 대표적 관광지로 일컬어지는 설악산권 관광이 침체하고 있음을 볼 때 70년대부터 국민관광을 적극적으로 수용하기 위해 조성된 지정관광지와 국립공원 집단시설지구, 유원지 등의 적극적인 재개발 추진이 요구된다. 관광행태도 변했지만 이제 투자여건도 달라졌으므로 기존의 관광지들을 새로운 모습으로 탈바꿈시키는 것도 매우 필요한 일이다. 현재 문화관광부는 관광지 리모델링 추진위원회를 구성하여 제1차 관광지 리모델링사업의 대상지로 영월군의 고씨동굴을 선정하였고, 국비와 지방비 지원을 바탕으로 새로운 모습으로 거듭나려는 준비를 하고 있다.

단상 2 관광지 재개발인가 혹은 리모델링인가?

엔지니어의 손으로 그려진 하드웨어 중심의 관광지 개발, 그리고 20여년 넘게 걸리는 관광개발 추진과정, 이러한 틀로서는 이제 더 이상 급변하는 관광객의 욕구를 충족시킬 수 없다. 이제 기존의 모든 관광지들은 '관광지 재개발'이라는 방식으로 수정되어야 한다. 어떤 관광지는 소프트웨어 중심의 약간의 수정으로, 그리고 어떤 관광지는 전면적인 수정을 통하여 개선되어야 한다.

새롭게 관광지를 만드는 것도 중요하지만 기존의 관광지를 변화하는 관광객 행태에 맞추어 개선하는 것도 중요한 일이다. 한국적 관광개발은 기존 관광지의 수정 즉 리모델링에서부터 시작할 수 있을 것이다.

3. 장기 체류형 관광, 이제 시작되는가?

계절별로 나타나는 봄나들이, 피서, 단풍놀이 등의 초기 관광형태는 주로 도시거주자들에 한정되기는 하였으나, 일부 여유 있는 농촌지역에서도 볼 수 있는 모습이었다. 여름철 피서의 경우에는 전국의 해수욕장과 계곡이 인파로 뒤덮일 정도로 집중되는 현상을 보이고 있다. 이러한 특성은 무더위가 일정기간만 기승을 부린다는 기후적인 영향도 있지만 이때에 온 국민이 함께 휴가를 보냄으로써 경제활동의 손실을 최소화해보려는 한국인 특유의 활동성도 이유가 될 수 있다.

남대문과 동대문 시장이 놀아야 진짜 휴가라는 말이 있듯이 여름 피서철의 휴가 집중은 한국인만의 정서가 반영된 독특한 현상이라 생각된다. 비록 피서철에 전 국토가 쓰레기로 몸살을 앓게 되지만, 뒷정리만 잘된다면 오히려 이러한 습성이 2만불 시대를 가능하게 한 원동력이 아닌가 생각된다. 주 40시간 근무제가 정착되고 소득수준의 향상과 근무환경이 선진화됨에 따라 직장마다 휴가의 연중 분산을 유도하고 있지만, 한국의 기후적 특성에서 비롯한 여름철 휴가 집중행태는 쉽게 개선되지 않을 것이다.

한국관광공사가 시행하고 있는 국민여행실태조사 결과에 의하면 1991년도 숙박여행 경험률이 56.1%에서 2004년도에는 81.8%로 증가했으며, 1박 2일 숙박여행의 비율도 42.6%에서 61.8%로 함께 증가하는 등 단기 숙박의 행태를 보이고 있다. 한국인의 숙박관광 1회당 평균 체재일수가 3일을 넘기지 못하고 있으며, 선진국의 장기휴가가 아직 일본에서도 정착하지 못하고 있음을 볼 때 한국에서도 장기휴가보다는 단기휴가를 자주 다녀오는 것이 일반적이 특성일 것으로 판단된다. 이러한 휴가행태를 잘 수용하여 자연보전과 휴식을 잘 조화시킬 수 있도록 노력하는 것이 바로 한국적 관광개발이라 할 수 있을 것이다.

주40시간 근무제의 정착으로 여가시간이 증가함에 따라 한국인의 여행거리도 길어졌으며, 따라서 숙박관광 경험률이 증가되고 체류일수도 늘어날 수밖에 없었다. 그러나 이러한 현상은 결코 지속적이지 않을 것이라 판단된다. 왜냐하면 가구별 소득수준이 변화됨이 없이 단지 여가시간만 늘어났기 때문에 장거리 숙박여행의 증가는 일시적일 수밖에 없을 것이다. 따라서 선진국의 장기 체류형 숙박객을 수용하기 위해 만들어진 리조트 개념[3)]은 한국에 있어서 수정 보완될 필요가 있다. 한국인의 경우에는 장기 체류형보다는 단기 체류형 숙박관광을 더 자주 하는 행태가 일반적일 수 있다. 그러므로 한국적 관광개발이란 이러한 한국인의 특성을 감안한 것이어야 할 것이다.

단상 3 우리 특유의 콘도미니엄 관리방법 개발도 한국적 관광개발이다.

한국적 관광개발이란 한국인의 특성을 잘 감안하여 수용하는 개발이다. 우리 같이 여름에 집중되는 휴가를 우리 처지에 맞게 잘 활용할 수 있는 전략이 바로 그것이다. 어차피 일하기 힘든 무더위에 일정기간 모두가 함께 쉬는 것 그것도 국가경쟁력 강화에 기여할 수 있는 부분이다. 단지 여름휴가 이후에 전 국토가 몸살을 겪게 되는 쓰레기 문제만 해결할 수 있다면 더욱 바람직하다.

장기 체류형이 아니라 단기 체류형 관광이 대부분이므로 사실 현재의 콘도회원권 이용제도 하에서는 특정일에 몰릴 수밖에 없다. 또한 한 곳보다 여러 곳으로 가고 싶은 마음에 콘도미니엄 체인화가 가속화되는데, 광고와는 달리 사실상 소비자에게 돌아오는 혜택은 제한적이다.

이러한 한국인들의 관광욕구를 잘 반영하면서 원칙대로 균등하게 기회가 주어질 수 있도록 콘도미니엄 관리방법이 개발 될 수 있다면 그것이야 말로 한국적 관광개발 방식이 아닐 수 없다.

3) 리조트(resort)의 개념은 일반적으로 다음 4가지 속성을 포함한다. 첫째, 하나의 마스터플랜에 의해 조성되어야 하며 둘째, 자연친화적이고 셋째, 문화, 체육, 회의시설 등 현대적 복합시설을 갖춘 곳으로 넷째, 체류형 관광을 수용할 수 있는 휴양지를 리조트라 할 수 있다.

4. 생태관광, 지금 이 시점에서 가능한가?

21세기 관광의 키워드는 생태관광, 문화관광, 체험관광이다. 자연환경을 훼손하지 않으면서, 적극적인 체험을 통해 자연의 섭리를 배우기 위한 생태관광은 선진국 관광행태로서 우리나라의 경우 특히 IMF 외환위기 이후부터 저비용, 교육적 관광의 하나로 관심을 끌고 있다. 문화관광이란 우리의 역사/전통 문화, 창조문화, 그리고 생활문화를 우리나라에서만 체험 가능한 고품질 고부가가치 관광상품으로 개발하여, 관광목적지로서 국제 경쟁력을 제고할 수 있다는 시각이다. 그리고 체험관광은 기존의 보는 관광과는 달리 오감을 통해 체험하는 적극적 참여를 바탕으로 한 관광형태이다.

이러한 관광유형은 자연파괴적이기보다는 자연친화적이며, 양적인 차원의 대량관광과는 달리 질적인 차원의 품질관광을 지향하고 있고, 하드웨어 위주의 관광시설 개발보다는 소프트웨어 위주의 관광상품 개발의 특색을 가지며, 정부나 지자체 주도의 하향식 개발방식보다는 지역주민이 주도하는 상향식 개발방식을 요구하는 기존 대중관광의 대안관광이라고 할 수 있다.

생태관광은 좁은 의미로 다음 네 가지 차원에서 정의될 수 있다. 첫째는, 생태적으로 가치 있는 대상을 관광한다는 의미, 둘째는, 생태적으로 계획・설계된 대상을 관광한다는 의미, 셋째는 생태의 중요성을 체험하게 하는 의미의 관광, 그리고 넷째로 자연환경에 전혀 영향을 주지 않는 자연친화적 관광으로 개념화 할 수 있다. 그러나 일반적으로 생태관광은 기존의 자연친화적이지 못하고, 경제적 의미만을 강조한 대중관광의 포괄적 대안으로 인식되고 있는 것이 사실이다.

생태관광은 선진국형 관광의 하나로 기존의 대량관광 관점에서 품질관광 관점으로 전환하는 계기가 될 수 있으며 현재 정부를 비롯해 많은 지자체가 추진하고 있는 지속가능한 관광의 하나라고 볼 수 있다. 그러나 과연 우리사회에 있어서 선진국형 생태관광이 가능한 것인가? 현재의 관광객 행태가 이러한 생태관광을 수용할 정도로 선진화되어 있는가? 그리고 이러한 생태관광 수요의 선진화 여부와 관련 없이 생태관광지를 조성할 경우 과연 관광객들이 그러한 수준에 맞추어 행동할 것인가?

이러한 물음에 대한 답변으로 습지생태지역으로 알려진 경남 우포늪 방문객을 대상으로 시행한 설문조사 결과를 검토해 보면 생태관광으로 분류할 수 있는 단체형 생태교육집단이 전체의 10%만을 차지하고 있으며, 나머지 90% 중 57%가 우포늪을 친구/친지와 더불어 자연속의 친교와 휴양을 목적으로 방문한 사람들이며, 나머지 33%가 가족동반의 자연체험형 방문객 집단으로 구분될 수 있다.

다시 말해서 아직도 우리나라의 생태관광 수요는 10% 정도의 시장점유율을 차지하고 있는 정도이며, 거의 60%가 아직도 탈출형 관광의 형태로 우포늪을 찾아오고 있다고 볼 수 있다. 단, 희망적인 것은 33%의 비중을 차지하고 있는 가족동반형 자연체험 집단이 향후 시간경과에 따라 생태관광 집단으로 바뀔 수 있는 전이시장이라는 점이다. 그러므로 현시점에서 생태관광지를 조성함에 있어서 10%만을 겨냥한 100% 순수 생태관광지를 조성하는 것은 어떤 의미로 볼 때 과투자일 수 있다는 생각도 할 수 있다.

왜냐하면 4살짜리 아이에게 6살짜리 장난감을 사줄 경우 그 아이는 장난감을 가지고 놀 줄 모르기 때문에 부수어 버리거나 제 용도와 다른 목적으로 사용할 수 있기 때문이다. 또한 아이가 자라서 6살이 된다 해도 이미 그 장난감에 매우 익숙해져 있으므로 더 이상 호기심을 가지게 되지 않을 수 있기 때문이다. 이러한 점을 감안할 때 생태관광지는 전이시장으로서의 가족동반형 자연체험시장을 타깃으로 이들을 교육·발전시켜 생태교육형 집단으로 이끌어 갈 수 있을 정도의 수준에서 조성되어야 할 것이다.

생태관광은 정말 중요하고 훌륭하며 지속가능한 발전수단이지만, 현재의 상황에서 볼 때 생태관광이라는 이름의 생태관광 상품화에 현혹되어서는 안 된다. 원래의 개념 그대로 생태관광을 적용하기에 아직 우리사회는 성숙되지 못했다. 관광객의 욕구가 탈출형 일색이며, 생태관광 상품화를 위한 관광기술과 이해도 열악한 수준에 머물고 있다. 한국관광공사는 DMZ를 관광상품화하자고 주장하고 있고, DMZ 인접 지자체도 DMZ 일원을 생태관광지로 개발하려는 의도를 가지고 있다. 일부 지자체에서 생태관광을 가장 투자비가 적게 들고 언제든지 손쉽게 시작할 수 있는 관광개발수단으로 인식하고 있는 실정이다. 이러한 시도는 귀중한 생태자원을 고품질 관광상품화하자는 좋은 의미이지만, 현재의 관광여건 하에서는 이러한 접근이 제대로 인식되기보다는 생태자원의 대중관광 상품화로 오해되어 곧 바로 DMZ 인근의 생태환경 훼손을 유발할 가능성이 높다.

그러므로 같은 의미라도 '생태관광'보다는 '환경교육' 차원에서 출발하여야 생태자원도 보존하고 제대로 된 생태관광도 가능하다. 다시 말해 관광이 주가 아니라 환경교육이 주가 되어 시작되어야만 생태관광이 제대로 가동되고 관리될 수가 있다. 적어도 향후 수년간은 이러한 방식의 접근이 요구된다.

단상 4 울산대공원 조성과정, 배울 점이 많다.

말로만 생태관광이지 실제로 공급과 수요차원에서 생태관광에 걸맞은 프로그램을 만들기는 쉽지 않다. 과거 울산대공원 기본계획의 최초안은 외국에도 없는 팬시한 생태공원 조성계획이었다. 정말 근사한 생태공원을 조성하고자 하는 계획가의 의도와 달리 울산시민들은 동물원과 놀이공원이 갖춘 서울대공원과 같은 종합공원을 원하고 있었다. 계획가와 소비자의 의식차를 어떻게 메울 수 있었는지?

울산대공원은 이러한 견해차를 현실적 관리운영이라는 차원에서 조정해 한 단계 발전된 한국적 공원으로 탄생하게 되었다. 아마도 그것은 SK라는 기업이 울산대공원 조성사업의 실질적 시행주체였기 때문에 가능한 일이었는지 모른다.

연구사례

경남 창녕군 우포늪 방문자 설문조사 분석[4)]

1. 조사결과

1) 인구통계적 특성

- 전체 방문객의 평균 연령은 33.1세이며, 30대 38.0%, 20대 19.0%, 10대 17.4%, 40대 16.5%로 나타남.
- 방문객 주요 거주지는 부산(27.3%), 경남(20.7%), 울산(14.0%)이나, 서울과 경기를 포함한 수도권 방문객이 17.4%를 보이는 등 전국 단위 명소의 성격을 보임
- 직업은 학생(25.6%), 주부(20.7%), 사무/기술직(14.0%), 전문자유직(11.6%) 등으로 나타남
- 학력수준은 평균 13.6년(13년: 대학 1학년)이며, 53.7%가 전문대를 포함한 대학졸업자이거나 재학생임

2) 방문행태

	우포 늪 방문객
동반형태	가족동반(33.1%), 학교/학교단체(23.1%), 친구/친지(19.8%), 생태답사 모집(14.0%), 기타(9.9%)
평균이동시간	175.9분
이동수단	자가용/승합차(62.8%), 전세/관광버스(33.1%), 기타(4.1%)
숙박형태	당일코스(58.7%), 수련원/생태학습원(14.9%), 콘도미니엄(13.2%), 기타(13.2%)
주목지 여부	예(70.2%), 아니오(29.8%)
방문경험 여부	예(14.0%), 아니오(86.0%)

4) 본조사는 2001년 국토정책연구원이 발주한 '양수리 일대 생태습지 · 수변공간 조성 연구를 위한 주민 및 잠재방문객 조사'의 일환으로 시행된 것으로 보고서 내용 일부를 발췌하였음.

체류시간	3시간 이하(76.0%), 1박 2일(17.4%), 3~6시간(6.6%)
방문목적 중요도	자연체험(4.12), 생태교육(4.07), 경관감상(4.07), 일상을 벗어남(3.63), 휴식(3.41), 가족나들이(2.78), 단체활동(2.59), 교제(2.34), 문화활동(1.70), 레저스포츠(1.46)
활동참여도	자연경관감상(4.26), 야생식물관찰(3.88), 산책(3.79), 생태체험(3.38), 야생동물관찰(3.36), 휴식(3.19), 사진촬영(2.97), 생태교육참여(2.94), 자연보호활동(2.50), 숙박(1.55), 자전거타기(1.33), 축제참여(1.27), 농사체험(1.26), 레포츠활동(1.25)
추구편익	자연을 체험할 수 있다(4.24), 보고 배울 만하다(3.97), 꼭 가볼 만한 곳이다(3.85), 새롭고 신기하다(3.80), 비용이 적게 든다(3.63), 모두가 즐길 수 있다(3.55), 재미있을 것이다(3.24), 마음만 먹으면 언제든지 갈 수 있다(2.91), 교통이 좋고 가까워 쉽게 갈 수 있다(2.51), 편의시설이 잘 갖추어져 있다(2.37)
생태공원 유치시설	생태체험 프로그램(20.3%), 동식물 관찰시설(18.3%), 휴식공간(14.7%), 안내시설(13.0%), 교육시설(9.7%), 산책로(8.0%), 기타
불편개선사항	휴식공간/식음시설/편의시설 부족(37.8%), 안내시설 부족(17.1%), (자세히 볼 수 있는) 동식물 관찰시설 부족(12.2%), 교육시설/program/요원 부족(11.0%), 기타(21.8%)

2. 시장세분화

1) 세분시장 프로파일[5)]

		세분시장 1(39명)	세분시장 2(69명)	세분시장 3(13명)
대표 목적요인		가족단위의 자연체험	자연속의 친교와 휴양	단체중심의 생태교육
인구통계	나이	평균 42.5세	평균 32.7세	평균29.9세
	직업	1. 주부(38.5%) 2.사무/기술직(17.5%)	1.학생(33.3%) 2.전문/사무(14.5%)	1.교사(38.5%) 2.학생(30.8%)
	학력	평균 14.5년	평균 13.2년	평균 13.1년
	거주지	1.경남(25.6%) 2.경기, 대전, 부산 (각 10.3%)	1.부산(33.3%) 2.울산(17.4%)	1.부산(46.2%) 2.경남(30.8%)

5) 방문목적 변수를 바탕으로 계층적 군집분석을 실시하여 세분시장 도출, 세분시장별로 요인분석에 의한 요인값의 일원분산분석을 통해 각 세분시장의 대표 요인을 파악하여 집단을 명명함.

동반형태	1.가족동반 (31명/79.5%) 2.학교단체 (4명/10.3%)	1.친구/친지 (23명/33.3%) 2.학교단체 (18명/26.1%)	1.학교단체 (6명/46.2%)
목적중요도	1.자연체험(4.31) 2.경관감상(4.26) 3.생태교육(4.21) 4.가족나들이(4.15)	1.경관감상(4.13) 2.일상을 벗어남(3.96) 3.자연체험(3.93) 4.휴식(3.65)	1.생태교육(4.77) 2.자연체험(4.54) 3.단체활동(3.62) 4.경관감상(3.15)
체류기간	1.3시간이하(76.9%) 2.1박2일(17.9%)	1.3시간이하(75.4%) 2.1박2일(20.3%)	1.3시간이하(76.9%) 2.3~6시간(23.1%)
이동시간	1.1~2시간(23.1%) 2.3~4시간(23.1%)	1.1~2시간(44.9%) 2.2~3시간(26.1%)	1.1~2시간(38.5%) 2.1시간 이하(30.8%)
방문경험 유무	아니오(82.1%)	아니오(89.9%)	아니오(76.9%)
활동참여도	1.자연경관감상(4.33) 2.야생식물관찰(3.87) 3.산책(3.77) 4.야생동물관찰(3.51)	1.자연경관감상(4.36) 2.산책(4.04) 3.야생식물관찰(3.78) 4.휴식(3.46)	1.야생식물관찰(4.46) 2.생태체험(4.38) 3.생태교육참여(4.23) 4.자연경관감상(3.46)
추구편익	1.자연을 체험할 수 있다(4.18) 2.보고배울 만하다 (4.00) 3.꼭 가볼 만한 곳이다 (3.95) 4.새롭고신기,적은비용 (3.85)	1.자연을 체험할 수 있다(4.23) 2.보고배울 만하다 (3.96) 3.새롭고 신기하다 (3.78) 4.꼭 가볼 만한 곳이다 (3.77)	1.자연을 체험할 수 있다(4.46) 2.꼭 가볼 만한 곳이다 (4.00) 3.보고배울 만한 곳이다 (3.92) 4.새롭고 신기하다 (3.77)
생태공원 유치시설	1.생태체험프로그램(21명) 2.동식물관찰시설(19명) 3.안내시설(14명) 4.휴식공간(12명)	1.생태체험프로그램(33명) 2.동식물관찰시설/휴식공간(28명) 3.안내시설(3명)	1.동식물관찰시설(8명) 2.생태체험프로그램(7명) 3.교육시설(5명)
불편/ 개선사항	1.개별방문객을 위한 교육프로그램(7명) 2.휴식공간,식음시설(6명)	1.휴식공간, 식음시설 (22명) 2.안내시설/책자/요원 (8명)	1.휴식공간, 식음시설(3명) 2.동식물관찰시설(2명)
만족도*	79.5%가 만족	69.6%가 만족	61.6%가 만족

* 만족도 측정 5점 리커트 척도 중 4점과 5점의 빈도를 합한 %임.

2) 세분시장의 특성

① 세분시장 1의 특성: 가족중심의 자연체험(전체 121명 중 36명)

- 방문객의 평균나이는 42.5세로 세분시장 2,3에 비해 높은 편임.
- 방문객의 직업은 주부(38.5%)가 가장 많음.
- 경남(25.6%)을 포함하여 경기, 대전, 부산(각 10.3%) 등 전국에서 방문객이 찾아옴.
- 동반형태는 가족동반(31명/79.5%), 학교단체(4명/10.3%)를 보임.
- 5점 리커트 척도로 측정한 방문목적 중요도에서는 자연체험(4.31), 가족나들이(4.15) 등이 두드러짐.
- 5점 리커트 척도로 측정한 활동 참여도에서는 자연경관감상(4.33), 야생식물 관찰(3.87) 등이 주목됨.

② 세분시장 2의 특성: 자연속의 친교와 휴양(전체 121명 중 69명)

- 방문객의 평균나이는 32.7세로 세분시장 1, 3의 중간.
- 방문객의 직업은 학생(33.3%)이 가장 많음.
- 동반형태는 친구/친지(23명/33.3%), 학교단체(18명/26.1%)가 주류임.
- 5점 리커트 척도로 측정한 방문목적 중요도에서는 경관감상(4.13), 일상을 벗어남(3.96) 등이 중요하게 나타남.
- 5점 리커트 척도로 측정한 활동 참여도에서는 자연경관감상(4.36), 산책(4.04) 등이 두드러짐.

③ 세분시장 3의 특성: 단체중심의 생태교육(전체 121명 중 13명)

- 방문객의 평균나이는 29.9세로 세분시장 중 가장 젊은 층임.
- 방문객의 직업은 교사(38.5%), 학생(30.8%)을 차지하고 있음.
- 동반형태는 학교단체(6명/46.2%)를 보임.
- 5점 리커트 척도로 측정한 방문목적 중요도에서는 생태교육(4.77), 자연체험(4.54) 등이 중요하게 나타남.
- 5점 리커트 척도로 측정한 활동 참여도에서는 야생식물 관찰(3.87), 생태체험(4.38) 등이 두드러짐.

3. 시사점

※ 생태관광 스펙트럼 도출

생태교육형 집단	절충형 집단	휴양형 집단
세분시장 3(10.7%) 단체중심의 생태교육	세분시장 1(32.3%) 가족중심의 자연체험	세분시장 2(57%) 자연속의 친교와 휴양

생태교육 중심의 방문객(10.7%)보다는 휴양중심의 방문객(57.0%)과 중간의 절충적인 입장을 보이는 가족중심의 방문객(32.3%)이 주를 이루고 있다. 동반형태로 볼 때 단체방문객(30.5%)이 상당비율을 차지하나, 이들이 생태교육 지향적인 집단이 아니고, 휴양이나 경관감상, 자연체험 등을 중요한 목적으로 인식하는 집단임을 알 수 있으며, 향후 생태관광 시설과 프로그램 도입 시 이러한 방문객의 특성을 주지해야 할 것이다.

韓國的 觀光開發論

한국관광 제 빛 살리기

제2장

한국의 관광개발 여건

1. 비수기와 성수기

에버랜드가 우리나라 대표적 관광명소로 자리매김할 수 있었던 여러 가지 요인 중 하나는 이벤트 개최를 통해 사계절 고르게 방문객을 유치할 수 있었기 때문이라 할 수 있다. 3월 튤립 축제를 시작으로 봄소식을 제일 먼저 전하면서 겨울철 집안에만 있던 사람들의 에버랜드 방문을 부추겼으며, 6월에는 장미축제로 4, 5월 봄철 성수기를 연장시켰고, 겨울철에는 눈썰매로 사람들을 유인하는 전략이 유효하였던 것이 사실이다. 다시 말해서 에버랜드는 일반적으로 우리나라 사람들의 관광성수기인 봄나들이 철인 4월, 5월과 여름 피서철인 8월 그리고 단풍철인 9월을 집중 공략함은 물론 이 기간 이외에도 방문할 수 있도록 비수기를 타개하기 위한 전략을 시행함으로써 '아이들하고 함께 할 수 있는 장소' 하면 바로 생각나는 관광명소가 되었다.

우리나라 사람들의 관광패턴이 봄나들이, 피서, 단풍놀이에서 전천후 형 관광으로 바뀌기 시작했던 것은, 물론 소득수준의 향상과 맥을 같이한다. 특히 1988년 서울올림픽 이후 해외여행이 자유화되면서 사람들의 마음속에는 해외여행이 여가생활의 최고목표로 등장하게 되었으며, 여름휴가가 중요한 사회현상으로 대두되게 되었다. 여름휴가를 얻지 못한 사람은 물론, 휴가를 얻었다 하더라도 어디엔가 다녀오지 못한 사람들은 "휴가 갔다 왔어요?"라는 물음에 약간의 당혹감을 느끼게 되는 경우가 일반적인 사회가 되었다. 이러한 현상은 IMF 외환위기의 시련동안 주춤하더니 이제 2005년부터 주40시간 근무제가 공무원들까지 확산되면서 가족과 함께하는 주말여행과 더불어 해외여행을 여름휴가 기간에 다녀오는 것이 최고의 바람으로 자리잡게 되었다.

이렇듯이 우리나라의 관광시즌은 해외여행 자유화를 거치고 주40시간 근무제를 맞이함에 있어서도 봄과 가을의 성수기를 포함해서 여름철 휴가 중심으로 형성되고 있다. 1996년에는 정부가 여름철 휴가집중으로 인한 각종 폐해를 막기 위해 초·중·고등학교의 방학을 사계절로 나누는 것을 잠시 검토한 적이 있었다. 여름철에 휴가가 집중되어 전 국토가 인파와 쓰레기로 몸살을 앓게 되는 이유는 첫째, 휴가지는 제한되어 있고, 휴가 갈 사람들은 많기 때문이고, 둘째, 여름철 장마 후 불볕더위가 기승을 부리므로 이를 피하기 위함 때문이며, 셋째, 각급 학교들의 방학이 여름에 시작되기 때문에 아이들 공부와 각종 과외활동에 피해주지 않고 가족이 함께 가려면 7월말과 8월초의 기간을 선택할 수밖에 없기 때문이다. 그리고 직장에서도 다들 휴가를 떠나므로 업무상 같이 자리를 비우는 것이 더 효율적이라 생각될 수밖에 없다. 넷째로 휴가를 받더라도 다른 일을 하면서 집에서 쉬는 것이 이상하게 보일 정도로 남들이 가니까 안 떠날 수 없게 되는 이유도 일부 있을 것이다. 즉 휴가철에 누구든지 물어보는 "휴가 갔다 왔어요?"라는 질문에 일일이 답변하기 싫어서 휴가 중 어딘가에 다녀올 수밖에 없을 수도 있다.

이러한 여름철 휴가 집중을 비롯하여 계절별로 방학기간이나 주말에 집중되는 우리 관광객들의 모습은 한국의 뚜렷한 사계절 기후와 관련이 있으나, 관광자원 개발과 관리의 측면에서 볼 때는 비수기와 성수기라는 어려운 과제를 던져주게 되었다. 즉, 봄나들이 철 일정기간과 무더위가 기승을 부려 여름휴가가 집중되는 일정기간, 단풍철 일정기간 동안 전국의 관광지가 사람으로 들끓게 되는 현상을 보이게 된다. 반면에 이 기간을 제외하고는 사람들이 주말에만 찾을 뿐 거의 사람이 보이지 않는 비수기를 형성하게 된다. 따라서 관광시설을 운영하는 사람들의 입장에는 성수기에 번 돈으로 비수기를 견뎌야 되므로 관광 성수기시 늘 문제가 되는 바가지요금이 나타날 수밖에 없는 것이다.

신규관광시설을 개발하는 측면에서 볼 때에도 겨울철 스키 이용자만을 대상으로 스키장시설과 숙박시설을 건설하였을 경우, 봄, 여름, 가을철이 비수기가 되므로 별도의 봄, 가을용 시설투자와 여름용 시설투자가 필요하게 된다. 즉 한 계절형 관광지보다 사계절형 관광지는 봄과 가을철의 이용을 같이 본다 하더라도 3배의 투자비가 더 필요하게 되는 것이다. 다시 말해 관광의 비수기와 성수기는 한국관광의 약점으로 지적되어 왔으나, 이것을 강점으로 바꿀 수 있는 지혜가 바로 한국적 관광개발의 요체가 될 수 있을 것이다.

단상 5 비수기를 기회로 삼을 수는 없을까?

사계절이 뚜렷하다는 것은 관광사업 차원에서 득이기도 하고 실이기도 하다. 지금까지의 숙박시설 중심 관광지 개발사업에 있어서 이것은 비수기를 야기하는 근원적인 문제이기도 하였다. 그러나 이것을 위기에서 기회로 바꾸지 못하면 한국적 관광개발은 있을 수 없다. 사계절로 인한 비수기 문제를 사계절로 인한 재방문 촉진의 기회로 바꿀 수 있는 관광개발기술, 이것이 바로 한국적 관광개발이다.

연구사례

수도권 주요 테마파크의 비수기/성수기 분석과 마케팅 시사점

1988년 한국관광공사시행 「전국민 여행동태조사」에 의하면 서울 사람들이 가장 많이 찾는 당일 야외나들이의 목적지는 자연농원, 서울랜드 등의 주제공원과 기타 유원지를 포함한 종합위락시설인 것으로 나타나 있다.

1989년 7월 세계 최대 규모의 실내주제 공원인 롯데월드가 잠실에 세워짐에 따라 수도권내 입장객수 백만 이상의 주제공원이 5개소로 증가하게 되었다. 이러한 공원들의 연간 총 입장객수는 천만 명을 돌파한 11,600,000명으로 집계되었으며 이는 단순히 총계로 볼 때 전체 수도권인구의 약 70%가 5개 주제공원을 방문한 결과와 마찬가지라고 볼 수 있다(실제로 주제공원 입장객중 수도권 이외의 사람들을 제외하면 40% 내외가 될 것으로 여겨진다). 또한 1990년도 수도권 5개 주제공원의 총 입장객수는 13,628,000명으로 늘어났으며, 1988년부터 3년간의 연평균 증가율은 31.8%로 과거 자연농원과 어린이대공원 등 2개소의 주제공원만이 있었던 1976년부터 1983년까지의 연평균 증가율 5.5%에 비해 거의 6배나 증가한 수치이다. 이렇듯이 수도권내 주제공원 입장객수의 급격한 증가는 무엇보다도 국민경제 수준의 향상에 따른 가처분소득과 여가시간의 증대, 가족단위 여가활동 증가 추세 등 여가활동 참가와 관련되는 추진요인(Pushing Factor)의 변동에 그 원인이 있겠으나, 한편으로는 1988년 이래 2개소의 주제공원이 수도권 내에 더 세워짐에 따른 공급의 수요창출 효과에 기인한다고 볼 수도 있다.

외국의 경우를 참조하더라도 주제공원 방문객 수의 증가는 당분간 지속될 것으로 보인다. 그러나 2천년대 안으로 수도권 내에 몇 개소의 주제공원이 추가로 건설될 경우 주제공원 방문에 대한 잠재수요의 한계 때문에 공급의 수요창출 효과는 상당 수준 둔화될 것이며, 상대적으로 여가활동 참가 추진요인의 변동에 따른 증가분에 대한 기존 주제공원간의 시장확보 경쟁이 더욱 심화될

1) 본 원고는 저자가 1991년 '디벨로퍼' 7/8월호에 특별기고한 내용을 발췌한 것임.

것으로 보인다.

2천년대까지 연장하지 않더라도 최근 각 주제공원의 방문객 유치경쟁은 첨단 놀이시설의 도입, 이벤트 개최, 각종 판촉활동 등을 통해 구체화되고 있다. 이러한 시점에서 수도권 내에 위치한 5개 주제공원(롯데월드, 자연농원, 서울랜드, 드림랜드, 어린이대공원)의 월별입장객수 추이를 분석함으로써 각 주제공원의 일반적 특성을 규명해 보는 것은 제품수명주기상 우리나라 주제공원의 성숙기 진입과 관련되어 많은 시사점을 제시할 수 있다고 생각된다.

자료수집의 한계 때문에 롯데월드(1990년도 자료)를 제외한 나머지 주제공원의 월별 입장객수는 1989년도를 기준으로 작성되었다. 5개 주제공원의 월별 입장객수 추이는 성수기와 비수기, 입장객수 최고월과 최저월 등 몇 가지 관점에서 다음과 같이 분석될 수 있다.

일반적으로 도시자연공원 성격이 강한 어린이대공원을 제외하고는 나머지 4개 주제공원이 거의 유사하게 4월과 5월, 8월, 10월 등 계절별로 3차례 성수기를 갖는 형태이나 어린이 대공원의 경우 주제공원이라기보다는 공공부문 운영의 도시자연공원 성격이 강하므로 연중 단 한번인 4월과 5월 2개월간의 성수기를 제외하고는 거의 입장객수의 변화가 없어 민간부문 운영의 나머지 주제공원과는 전혀 다른 월별 입장객수 추이를 보인다.

표 2-1 수도권 5개 주제공원의 성수기/비수기

공원명	최고월	성수기	최저월	비수기	비고
롯데월드	8월	8,10월	11월	9,11월	1990년자료
자연농원	5월	4,5,6월	2월	2,3월	1989년자료
서울랜드	4,5월	4,5,8,10월	11월	11,12,1,2,3월	〃
어린이대공원	4월	4,5월	11월	11,12,1,2,3월	〃
드림랜드	7,8월	4,5,7,8월	11월	11,12,1,2,3월	〃

일반적으로 계절별 3차례의 성수기 입장객수는 고른 편이나 자연농원의 경우 서울랜드, 드림랜드와는 달리 장미축제 등 이벤트의 영향으로 봄철 성수기

가 4월부터 6월까지 3개월간 연장되고 있으며, 나머지 8월과 10월의 두 차례 성수기에 비해 거의 2배에 가까운 입장객수를 보이고 있다.

실내 주제공원인 롯데월드를 제외한 나머지 옥외 주제공원에서는 봄나들이 기간인 5월이 입장객수 최고월을 보이고 있으나(어린이대공원만은 4월이 최고월), 잠실이라는 고밀도 주거지역 안에 위치한 롯데월드와, 역시 강북 주거지역내 위치한 드림랜드의 경우 방학기간인 7월부터 시작하여 8월에 입장객수 최고월을 보이고 있다. 서울랜드 역시 강남 주거지역에서 멀지 않으므로 방학기간인 8월만이 최고월은 아니더라도 최고월인 5월과 비슷한 수준을 보이고 있다.

눈썰매를 처음 시도한 자연농원과 실내공원인 롯데월드를 제외한 나머지 공원은 11월이 입장객수 최저월을 기록하고 있으며 11월부터 3월까지 5개월 동안 비수기를 이루고 있다. 그러나 자연농원의 경우 2월이 최저월이고 2월과 3월의 짧은 비수기를 가진 반면, 실내 주제공원인 롯데월드는 11월이 최저월이고 9월과 11월의 2개월이 비수기이다. 다시 말해서 롯데월드와 겨울철 비수기를 눈썰매로 극복한 자연농원의 경우 2개월간 지속되는 비수기를 제외하고는 연중 고른 입장객수 분포를 보이고 있는 반면, 옥외 위락시설이 대부분인 나머지 주제공원의 경우 성수기와 비수기의 입장객수 차이는 매우 크다고 할 수 있다.

앞으로 주제공원 방문객 유치에 서로 경쟁적인 입장을 고수할 수밖에 없는 수도권내 5개 주제공원의 월별 입장객수 추이 분석내용을 바탕으로 마케팅 측면의 시사점을 제시하자면 다음과 같다.

첫째, 주제공원의 입지, 즉 고밀도 거주지역과 인접하여 위치하고 있는가에 따라 방학 기간 중 특히 7월과 8월의 입장객수는 크게 영향을 받는다. 그러므로 주거지 가까이에 입지한 주제공원의 경우는 롯데월드와 마찬가지로 일년 중 7, 8월의 성수기 입장객수 극대화를 위한 마케팅전략이 요구된다.

둘째, 옥외에 위치한 주제공원의 경우 4월과 5월의 성수기는 놀이시설 이용이라는 주제공원 방문목적 이외에 봄나들이의 목적이 추가됨으로써 자연농원의 경우와 같이 자연과 관련되는 주제를 가진 이벤트를 통한 성수기 기간의 연장 및 적극적인 방문객 유치가 요구된다(성수기의 확장).

셋째, 전통적인 비수기 기간인 겨울철 놀이시설(눈썰매)의 개발 여부가 비수기 기간의 단축에 크게 영향을 미칠 수 있다. 비수기 기간의 단축은 성수기의 확장보다는 효율성 측면에서 볼 때 더 유리하다고 판단된다. 왜냐하면 겨울철에는 방문객 유치에 있어서 주제공원과 경쟁이 될 만한 시설이 성수기에 비해 많지 않기 때문이다(비수기의 단축).

넷째, 실내 주제공원인 롯데월드의 경우는 물론 기타 주제공원의 경우도 9월과 11월이 전통적인 비수기이므로 이때에는 기존의 표적시장에서 과감하게 탈피하여 잠정적 표적시장(예: 노인층, 부인층)을 대상으로 마케팅전략을 수립함이 타당하다고 보여진다.

다섯째, 옥외에 위치한 주제공원의 경우 각종 이벤트 및 놀이시설 개발을 통해 겨울철 비수기를 단축한다고 해도 2월과 3월의 비수기 타개책 수립에는 한계가 있으므로, 적극적인 재방문 유치와 함께 종업원교육, 영업시간 단축과 일부시설 운휴조치 등의 효율적인 관리운영 방안이 강구되어야 할 것이다.

우리나라 주제공원의 발전단계를 이제 성장기에 들어서는 시점이라고 볼 때 어느 여가활동 목적지보다 더 큰 시장확보의 잠재력을 가지고 있다고 볼 수 있다. 수도권 내에 위치한 5개 주제공원의 월별 입장객수 추이는 우리나라 주제공원의 특성과 문제점을 일부나마 객관적으로 압축하여 보여주고 있으므로 이를 분석하여 제시한 마케팅 측면의 제안들은 향후 주제공원 관리운영의 방향정립에 조금이나마 기여할 수 있으리라 믿는다.

CASE STUDY

2. 콘도미니엄 분양이 유일한 재원조달 방안?

왜 우리나라는 대부분의 관광지가 숙박시설 중심으로 개발되었는가? 이러한 질문에 대답하기 위해서는 나름대로 역사적 고찰이 필요하다. 뒤집어 이야기해서 민간이 관광지 개발을 하기 위해 현행법 내에서 가능한 재원조달방법은 과연 무엇인가? 물론 자기자본을 전액 투자하여 개발하고자 하는 경우에는 재원조달이 문제가 될 수 없다. 대부분의 민간투자자는 어떻게든 돈을 차입하여 은행이자보다 더 나은 수익을 올리려 할 것이다. 최소한 몇 년 전까지만 해도 어느 은행도 관광지 개발사업계획을 보고 금융지원을 해주는 곳은 없었다. 그러니 유일한 재원조달 방법은 싫으나 좋으나 콘도미니엄을 분양함으로써 관광지 개발을 시작하는 것이었다.

이후 덕유산국립공원 집단시설지구 안에 위치하는 무주리조트를 개발하면서 국립공원 내에서는 콘도미니엄 건설이 불가하므로 회원권 분양이 가능한 리조트 개발에 가족호텔도 포함하는 제도로 확대되었다. 결국 숙박시설 분양을 통한 관광개발이 유일한 재원조달 방안이었던 것이다. 최근 골프텔 등 골프장내 숙박시설이 허용됨으로써 숙박시설이 중심이 되지 않는 골프 리조트도 생겨나게 되었지만, 역시 마찬가지로 숙박시설이 재원조달의 핵심인 것만은 다르지 않다.

과거 콘도미니엄이라는 제도가 도입되면서 우리나라는 재원조달 차원에서 민간부문 관광지 개발의 새로운 차원을 맞게 되었고 지금까지도 국민관광을 수용하는 중요한 기반시설로 자리잡고 있지만, 결국 다음과 같은 이유로 점차 관광객이 외면하는 숙박시설로 추락하고 있는 실정이다.

첫째로, 당초에 콘도미니엄 승인은 황금 알을 낳는 거위로 인식되어 인・허가를 중앙정부가 담당하고 있었으나, 지방자치제 실시 이후에 각 지자체로 이양되면서 콘도미니엄 승인이 남발되다 보니 공급과잉이 되어 분양이 어려워질 수밖에 없었다.

둘째로, 보는 관광이 주를 이루던 시대에는 대부분의 숙박시설이 주로 자연경관이 수려한 명승지 인근에 위치하게 되었고 콘도미니엄 건설로 인해 이러한 자연경관이 훼손되는 사례가 빈번하였다.

셋째로, 체험관광의 시대로 접어들면서 콘도미니엄과 경쟁할 수 있는 펜션 등의 시설이 개발됨으로써 경쟁이 심화됨은 물론, 각종 유희시설과 운동시설 등이 복합되지 않은 콘도미니엄은 그렇지 않은 리조트보다 경쟁력이 떨어지게 되었다.

넷째로, 콘도미니엄 분양이 타임쉐어링이 아닌 객실 중심의 중복 분양이므로 성수기에 집중되는 회원들의 요구에 부응하지 못하고 체인화라는 미명아래 지속적으로 회원을 늘려감으로써 특정지역의 콘도미니엄은 회원이용이 더욱 어렵게 되는 양상을 초래하게 되었다.

물론 콘도미니엄 개발이 국민관광을 주도해왔으며 많은 사람들이 콘도미니엄을 지금까지도 애용하고 있지만, 현재의 콘도미니엄 분양방식으로서는 체험관광 시대의 관광객 요구를 충분히 수용하지 못할 것으로 판단된다. 더욱이 농촌관광, 어촌관광, 지방 소도시 관광 등 지역주민을 중심으로 하는 체험관광이 정부차원에서 육성되는 시점에는 민간부문의 콘도미니엄 건설이 이들과 경쟁하기보다는 서로 윈-윈할 수 있는 방안의 모색이 요구된다.

민간부분 차원의 재원조달을 다양화할 수 있는 제도적 방안 마련과 더불어 콘도미니엄이 실질적으로 국민관광의 핵심이 될 수 있는 분양방법의 개선이 요구된다. 그리고 이것이 중요한 한국적 관광개발의 단서가 될 수 있을 것이다. 누구나 쉽게 콘도미니엄을 분양받을 수 있도록 가격을 대중화하는 방법, 그리고 언제든지 원하는 때 콘도미니엄 이용권을 교환할 수 있는 방법 등의 방안을 강구하지 않고는 지금까지 한국관광의 중추적 역할을 해온 콘도미니엄을 더욱 발전시킬 수 있는 계기를 잃고 말게 될 것이다.

단상 6 숙박시설이 있어야만 관광지인가?

숙박시설 위주의 관광지 개발, 이것 자체가 이미 우리 특유의 개발방식이 되었다. 그러나 모든 관광지가 다 숙박시설을 가지고 있을 필요는 없다. 일부 관광지는 공원과 같이 당일관광이 가능하게 하고 숙박은 인근 취락이나 도시지역으로 유도할 수 있다. 그러나 민간부문 관광개발사업의 경우 숙박시설 분양에 의한 재원조달 방식을 버릴 수는 없다. 단, 분양을 받은 소비자가 회원으로서 권리를 적절히 행사할 수 있는 등 'Buyer's Market'이 되어야지 지금과 같이 공급자가 좌지우지하는 'Seller's Market'이 되어서는 안 된다.

공공부문에서는 가능하면 주변 숙박시설과 연계하는 숙박시설 없는 관광지 개발을, 그리고 민간부문에서는 우리 특유의 숙박시설 분양방식을 개선한 재원조달 방안의 강구가 바로 한국적 관광개발의 큰 축이 될 수 있을 것이다.

3. 외국인 유치를 목표로 시작된 관광단지 개발

우리나라 관광지 개발은 경주 보문단지 개발로부터 시작된다고 보아도 과언이 아니다. 70년대 초부터 시작된 경주 보문단지 개발의 목표는 무엇이었을까? 그리고 이후 계속된 제주도 중문 관광단지 개발의 목표는 무엇이었는가? 모두 다 한결같이 내세우는 첫 번째 목표는 적극적 외국인 유치를 위한 국제적 관광단지 개발이다. 보다 정확히 말하면 세계에 내놓아도 부끄럽지 않은 수준의 관광경험이 가능해야 하며, 그래서 외국인이 많이 찾아오게 되는 그러한 관광지를 목표로 하고 있다.

그러면 지금까지 개발된 관광단지의 질적 수준이 세계적이었는가? 에 대한 평가는 차치하고 과연 외국인이 많이 찾고 있는가에 대한 대답은 매우 부정적일 수밖에 없다. 외국인이 많이 찾고 있는 관광지라고 할 때는 우리나라의 경우 적어도 전체 연간 방문객수의 10% 내외가 외국인이어야 할 수 있음에도 불구하고 보문단지, 중문단지 모두 외국인 방문객수가 5% 내외에 불과하다.

외국인 유치를 위한 홍보노력이 잘못되었는가? 외국인 유치를 위한 관광단지 조성이 잘못 되었는가? 이 물음에 대한 답은 모두 아니다. 나름대로 최선을 다해 홍보하여 왔고, 적극적인 정부지원 아래 관광단지 개발이 시도되었다. 문제는 목표설정 자체가 잘못되었지 과정이 잘못된 것은 아니라는 말이다.

외국인 관광객 유치가 연간 600만 명을 돌파한 시점에 있어서도 아직까지 우리의 관광개발 수준은 이전과 크게 다르지 않다. 외국인이 우리나라를 찾지 않는 것이 훌륭한 관광단지를 개발하지 못했기 때문이라 생각되지는 않는다. 나중에도 자세히 언급하겠지만 '때'가 되어야 외국 사람이 많이 오는 것이지 관광분야의 모든 사람들이 최선을 다해 노력한다고 외국인 관광객 수가 갑자기 늘어나는 것은 아니다. 물론 그'때'가 우리의 노력으로 조금이나 앞당겨질 수 있을지도 모른다. 그'때'는 우리 관광분야 사람들의 노력만으로는 부족하고 우리나라의 전반적인 인지도가 리딩 브랜드, 월드컵, 기타 다양한 수단에 의해 제고될 때 가능한 것이다.

간단히 이야기해서 영국 사람들이 평소에 여름휴가지로 갈 만하다고 알고 있는 관광목적지 중에 과연 우리나라가 속해 있을까? 대답은 전혀 그렇지 않다는 것이다. 혹시 태권도를 배우고 있는 영국 사람들, 또는 한국인 입양아를 둔 가족들, 또는 참전용사들이라면 우리나라를 관광목적지로 생각하고 있을지도 모른다. 그러나 대부분의 영국 사람들 머릿속에는 우리나라가 가능한 관광목적지로서 들어가 있지는 않을 것이다. 그렇다면 이들 영국인의 머릿속에 한국을 관광목적지로 집어넣는 일이 어떻게 하면 가능한가? 훌륭한 관광단지를 만들면 가능한가? 물론 두바이 같이 수많은 돈을 들여 인위적인 관광지를 만들면 가능할지도 모른다. 그런데 그러한 나라는 전혀 자원이 없으니 그런 무모한 시도를 할 수 있을지도 모른다.

우리나라는 오랜 역사와 전통, 문화, 그리고 수려한 자연자원을 바탕으로 한 정말로 다양한 관광자원을 가지고 있다. 사실 외국인들이 몰라서 그렇지 알기만 하면 관광대국 프랑스에 못지않은 관광자원을 가지고 있다.

관광분야에서 우리가 할 수 있는 일은 두 가지이다. 먼저 우리나라를 관광목적지로 알아주는 외국인부터 관심을 가지고 그들을 관광행동으로 유도하는 전략을 펴야 한다. 새로운 인위적 시설을 만들어 국제적 관광지를 조성하기보다는 그들이 입맛에 맞는 자원들을 골라 구슬을 꿰듯이 엮어서 국제적 관광자원을 개발해야 된다. 동남아인들은 우리나라의 사계절 기후에 관심을 가지고 있다. 이들을 대상으로 가을철 단풍을 관광상품으로 개발하는 것은 마인드의 문제이지 재원조달 가능성의 문제는 더 이상 아니다. 이제 국제적 관광지 개발은 불특정 다수를 대상으로 한 인위적인 시설로서가 아니라 명확한 타깃 마켓을 설정하여 이들이 좋아하는 자원의 상품화를 통해 이룩할 수 있을 것이다.

다음으로, 우리 국민 전체의 총체적인 노력에 의해 국가의 인지도가 상승할 것이다. 이에 따라 한국의 김치는 물론 된장국, 또는 육개장까지도 외국인이 선호하는 그날까지, 관광개발이라는 미명아래 우리 고유의 자연과 문화를 파괴하는 행동을 자제해야 할 것이다. 관광분야는 우리가 할 수 있는 일만을 책임지고 잘하면 되는 것이다. 그렇게 하다보면 우리나라도 자연적으로 서양 사람들도 알아주는 관광대국으로 성장할 수 있을 것이다[2].

---

2) 여기에 한 가지 문제는 있다. 관광분야 사람들이 분수에 맞게 우리가 할 수 있는 것만을 잘하는 것만으로는 관광부문 과투자와 관광 상품화에 의한 문화의 진정성 훼손 등이 방지될 수는 없다. 바로 분별없는 정치가들이 인기를 목표로 각종 관광개발 청사진을 가지고 나와 이러한 문제들을 야기 시키고 있다. 사실 외국 한번 나갔다 와본 사람이라면 우리나라 관광정책에 대해 한 두 마디 열을 올려 이야기 할 수 있는 것이 관광이다. 최근 김종민 사장이 이끄는 한국관광공사가 관광기술(Tourism Technology)이라는 용어를 만들어 관광의 전문성을 강조하고 있다. 이러한 노력이 조금이라도 관광 비전문가들의 무분별한 언행에 제동을 걸 수 있었으면 하는 바람이다. 물론 관광전문가들의 지속적인 기술개발 노력도 선행되어야 할 것이다.

그때야 금강산이 왜 계절별로 이름이 다른지도 알게 될 것이며, 그래서 봄, 여름, 가을, 겨울 한번씩 4번이나 금강산을 찾는 외국인들도 많이 생길 수 있을 것이다. 국가 인지도의 상승과 더불어 국민소득 수준의 향상으로 우리 문화, 우리 것에 대한 관심이 급증할 것이며, 이에 따라 가장 한국적인 것에 대한 국민적 이해가 깊어질 때 바로 관광은 우리 문화와 자연을 세계화하는 훌륭한 수단이 될 수 있다. 이는 부수적으로 적은 투자로 크게 국가경제에 기여할 수 있는 지속가능한 관광이 될 수 있을 것이다.

결론적으로 단기적이 아닌 장기적인 관점에서 관광을 보는 방법, 이것이야 말로 우리나라의 현실과 미래를 꿰뚫어 보는 한국적인 관광개발이라 할 수 있으며, 이러한 시각을 통해서만이 한국관광은 제 빛을 발할 수 있을 것이다.

단상 7 국제적 관광지의 개념이 바뀌어야…

과거와 같이 불특정 외국인 관광객을 유치한다는 명분아래 대규모 투자를 통해 관광단지를 조성하는 일은 더 이상 있어서는 안 될 것이다. 외국인을 유치한다 하더라도 중국인 또는 일본인과 같이 시장세분화가 필요하다.

더욱이 내국인과 외국인을 분리하여 관광지 개발을 시행하는 것도 선진국형 개발방식이 아니다. 우리나라 사람들이 가장 좋아하는 곳이 바로 외국인이 좋아할 만한 관광지가 될 수 있다. 그리고 이렇게 해야 오히려 내국인이 이용하는 시기와 외국인이 이용하는 시기가 조절됨으로써 비수기를 타개할 수 있다.

외화획득을 위해 외국인 유치를 명분으로 해야만이 관광단지 조성을 위한 대규모 투자가 가능하던 시대에서 이제는 우리 국민의 생활의 질 향상을 위해서도 투자할 수 있으며, 이러한 투자에 의해 외국인 관광객 유치도 가능하게 하는 사고방식의 전환이 바로 한국적 관광개발의 바탕이 되어야 한다.

4. 지방자치제 실시와 관광개발

지방자치제 실시에 따라 관광개발이 마치 지역경제 활성화를 위한 만병통치약인양 각 단체장들이 관광개발 청사진을 제시해 왔다. 이들 청사진 중 과연 실현가능한 것이 얼마나 되는지? 한국관광공사가 조사한 바에 따르면 기초지자체의 60%이상이 관광개발사업을 계획하고 있거나 시행을 준비하고 있다고 한다. 과연 그들의 생각대로 관광개발사업이 황금알을 낳는 거위가 될 수 있을 것인지? 대답은 오래 기다리지 않아도 최근에 급변하고 있는 그들의 태도에서 알 수 있다. 지자체 단체장들은 관광개발에 관한 분홍빛 그림을 그려냈으나 그들의 임기 중에 그것이 시행가능하지 않다는 것을 하나, 둘 알게 되었다. 또한 그림 같은 관광개발사업을 남발해도 이제는 만성이 되어 별로 귀담아 듣지 않는 유권자들의 태도에 따라 임기 중에 무엇인가 보여 줄 수 있는 지역축제 등 이벤트 사업에 전력을 기울이고 있다.

둘러보면 도처에 수많은 축제가 계획되고 있고 시행중이다. 정말 우리나라가 최근 몇 년 내에 축제공화국이 된 것이 아닌가 착각할 정도이다[3]. 몇몇 축제는 시행착오를 통해 멋지고 알찬 축제로 만들어지고 있지만, 몇 백년 역사를 가진 서양축제에 비교하여 단기간 내에 너무 많은 축제가 시도된 감이 없지 않다. 물론 주변에서 성공한 축제라고 인정받는 축제도 있다.

---

3) 중앙일보 인터넷 신문(2006. 10.1)에 의하면 행정자치부가 1일 기 공개된 전국 16개 광역 지자체와 230개 기초지자체의 2005년도 세입·세출 예산과 채무, 기금운용 현황을 아래와 같이 보도하고 있다.

※ 축제. 복지 지원에 허리 휘는 지자체=정부는 "비효율적 축제를 정리하라"고 다그치지만 지자체의 축제행사 예산은 계속 늘고 있다. 한 해 열리는 축제가 전국적으로 1000개가 넘는다. 지난해에는 5914억 원이 축제비용으로 쓰였다. 전년도보다 25%(1192억 원)나 늘어났다. 옥수수, 인삼, 견지낚시 등 다양한 축제를 연 강원도 홍천군은 한 해 전보다 행사경비가 13억 원 늘어 "살림 규모에 비해 과중한 게 아니냐"는 지적이 나왔다.

그러나 그것도 단지 집객효과만이 아닌 전후방 효과를 포함한 효율성 측면에서 보았을 때 과연 최상의 투자였는지는 판단하기 어렵다. 무분별한 관광개발사업과 유사한 축제들의 남발 이러한 모든 시도가 바로 지방자치제 실시로 인한 후유증의 하나라 볼 수도 있다[4]. 그러나 관광지 개발과는 달리 지역 축제는 지방자치제 실시로 인해 양적인 차원은 물론 질적인 차원에서 한 단계 진일보한 것은 사실이다.

최근 충청남도 서천군은 어메니티라는 키워드를 가지고 주민중심의 새로운 지속가능한 관광개발사업을 지향하고 있다. 여기에 참여하고 있는 전문가들이 기존의 각 지자체 관광개발을 주도하던 엔지니어링 사람들이 아니라 농촌마을 종합개발사업에 참여한 경험이 있는 전문가들이라는 것이 다른 점이라 할 수 있다. 즉 서천군은 기존의 지자체들이 시도해 왔던 천편일률적인 관광지 개발사업보다는 서천군 특유의 자원과 인력을 활용한 명소마케팅적 관광개발사업을 추진하고 있다는 것이 특징이다. 서천군의 관광자원 중 하나인 월하성 마을의 갯벌체험과 농촌마을을 중심으로 한 농촌체험 등이 그것이다.

투자비가 많이 들어가는 인위적 시설 중심의 기존 관광개발보다는 보유하고 있는 자원을 구슬 꿰듯이 엮어내는 소프트웨어 중심의 개발과, 새로운 관광객을 보다 많이 불러들이기 위한 전략보다는 이미 전어축제나 쭈꾸미축제 등을 통해 방문한 관광객들을 재방문하게 하거나 체류시간을 늘리

4) 경기도 도자기엑스포, 경주의 문화엑스포 등의 경우 별도의 부지를 마련하고 일부 영구적 시설과 함께 주기적으로 행사를 개최하고 있는데, 본래의 목표와는 달리 외국인은 일부이고 지역민 방문이 주를 이루고 있다. 이러한 행사가 개최지역의 특정가로를 중심으로 개최될 수 있다면, 개최도시마다 차별화된 축제와 관련된 문화관광 가로를 갖게 되고 그리하여 보다 실질적인 이득을 얻게 될 수 있다. 현재 거대한 포부를 가지고 담양읍 외곽에 새로이 지어진 죽물박물관이 과거 그대로 읍내에 제1전시관, 제2전시관 등으로 분리되어 위치하였다면, 보다 많은 관광객들이 읍내까지 들어올 수 있었으며, 자동적으로 죽물박물관 일대가 죽물가로로 확대 발전할 수 있었을 것이다. 현재는 관광객이 죽물박물관을 들른 후 바로 타지로 빠져나가고 있어 지역경제에는 큰 보탬이 되고 있지 않은 실정이다. 그렇다면 현재의 죽향제도 죽물가로를 중심으로 개최될 수 있었을 것이다.

게 하는 명소마케팅적 개발을 시도하고 있다.

아직도 많은 지자체들이 대규모 과시형 축제개발과 민간자본 유치에 의한 과다한 관광개발사업을 꿈꾸고 있지만, 서천군과 같은 이러한 시도는 관광개발 선진화 즉 한국적 관광개발로 가는 하나의 과정으로 볼 수 있다. 지금까지 관광진흥법에 근거해 개발된 국민관광지의 개발기간이 평균 20년이 넘었고, 당시 계획하였던 투자비 중에서 민자 유치부분은 10% 내외에 머물고 있다는 점은 우리나라의 관광개발사업이 얼마나 전 근대적이었으며, 비효율적이었는가를 알려주고 있다.

지방자치제가 실시된 지 어언 20년이 경과한 즈음에 있어서도 지방의 차별화와 지역경제 활성화 측면에서 역시 관광개발사업은 중요하게 인식되고 있다. 그러나 지금부터의 접근은 과거와 달리 보다 현실적이고 기능적이어야 함은 물론이다. 현실적이고 기능적인 관광개발, 그것이야말로 한국적 관광개발이 가져야 할 중요한 키워드들이다. 이제 그림만 그려내는 그러한 비현실적 개발이 아니라 실제로 지역경제에 도움이 되고 관광객들도 만족하며 지역 차별화에도 기여하는 그러한 지속가능한 개발이 바로 한국적 관광개발이 지향해야 하는 모습일 것이다.

단상 8 관광개발에 있어서 정치인의 역할

지자체 단체장의 정치적 목적과 지역 관광개발사업은 궁합이 잘 맞는 것 같이 생각되었다. 그래서 거의 모든 지자체가 사업성이 불투명한 관광개발사업을 너도나도 내놓았으나 대부분이 임기 내에 현실화되지 못하고 있는 실정이다. 반면 축제는 나름대로 단기간 투자로 눈에 보이는 실적을 이룩할 수 있으므로 최근 경쟁적이다 싶을 정도로 너도 나도 축제개발이 한창이다.

축제가 좀 많기는 하지만 단기간 노력을 통하여 우리 축제가 발전할 수 있었던 것은 적극적인 지자체 단체장의 관심에 기인하였다고 볼 수 있다. 지금까지의 지자체 관광개발사업이 많은 시행착오를 겪어 오긴 하였지만 과연 정치인들의 관심 없이 관광개발사업이 이루어질 수 있을 것인가? 이렇듯이 적극적인 정치인들의 의욕에 진정으로 지역주민을 위하는 관광개발 기술이 접목될 때 동북아 곳곳에 수출할 수 있을 정도의 한국적 관광기술이 가능하게 될 것이다.

제3장

한국적 관광개발의 과제

1. 관광개발과 환경보존

지금까지의 관광개발사업은 철저하게 환경파괴적이었다라고 이야기해도 과언이 아니다. 어떻게 국립공원 내에서 자연환경을 최대한 보호하고자 만들어진 집단시설 지구에 스키장이 들어서고 골프장이 들어설 수 있는가? 리조트라는 개념에는 이미 자연환경과 친화적이라는 의미가 포함되어 있다. 수려한 자연 속에서 환경친화적으로 개발된 현대적 복합시설이 리조트인데, 그러한 리조트가 굳이 국립공원 내에까지 파고들어 리조트의 의미를 훼손하고 있는 현실이 바로 한국관광개발의 현 주소이다.

무주리조트 개발, 결국 사업성 자체도 보장될 수 없는 투자였지만, 철저하게 환경친화적이지 못한 개발이었다. 물론 개발사업자의 식견에도 문제가 있지만, 더욱 중요한 것은 관련 법규상의 문제가 크다.

자연공원법의 관련 규정에 의하면 국립공원 집단시설지구 내에 가능한 숙박시설의 층고는 5층 내외로 제한되어 있다. 앞장에서 언급한 바와 같이 우리나라 관광개발사업의 중요한 재원조달 방안은 콘도미니엄 분양이었다. 그러나 국립공원 집단시설 지구 내에서는 콘도미니엄 건설이 불가하였기 때문에 가족호텔이라는 새로운 개념의 콘도가 출현하였고, 이들의 개발에 있어서 층고가 제한되어 있으므로 오히려 옆으로 퍼져 배치하게 되어 더욱 자연환경 훼손을 심화시켰다고 볼 수 있다. 만일 우리나라 자연공원법이 이러한 현실을 감안하여 단순히 층고제한이 아닌 용적률과 건폐율로 제한하였더라면 자연환경 훼손이 훨씬 덜 하였을 수도 있을 것이다. 일본의 알파토마무 리조트와 같이 몇 개의 건물이 랜드마크 형태로 초고층으로 개발됨으로써 경관훼손 차원에서는 이견이 있을 수도 있겠지만 자연환경 파괴는 덜할 수 있었을 뿐만 아니라 현재까지도 문제가 되는 무주리조트 내 중심 상업지구의 활성화에 더욱 기여할 수 있었을 것이다[1].

이렇듯 자연환경 훼손은 결국 관광지의 매력도 유지에도 매우 부정적인 영향을 줄 수 있다. 자연환경을 있는 그대로 활용하면서 건축물과 동선을 조화시킬 수 있는 방법을 강구해야만이 매력도를 증진시킬 수 있다. 관광개발에 있어서 자연환경 보존은 두 개의 상치된 개념이 아니라 서로 윈-윈 할 수 있는 개념인 것이다. 지금까지 생각해왔던 자연환경을 고려하지 않는 시설개발이 장기적인 측면에서 볼 때 결코 비용절감이 아니라는 것을 터득해야만 한다.

---

1) 일본 알파토마무 리조트의 동선은 수직동선이나, 한국 무주리조트의 동선은 층고제한으로 인해 수평동선이 주가 되고 말았다. 이들의 차이는 중심 상업지구 활성화에 크게 영향을 미칠 수 있다. 즉 한국 무주리조트의 경우 스키를 타고 숙박시설로 향하면 다시 중심상업지구로 올 확률이 낮아질 수밖에 없다. 오가는 교통편도 그렇지만 체력적으로 다시 중심상업지구를 찾기는 어려울 수 있다. 그러나 알파토마무와 같이 수직동선의 숙박시설 경우는 엘리베이터를 이용해 쉽게 지하로 이동할 수 있으므로 두개의 숙박동 지하에 연결된 중심상업지구는 활성화될 수밖에 없다. 특히 층고가 높은 숙박시설의 경우 무주리조트와 같이 동별로 관리요원이 많이 필요하지 않을 뿐더러 비수기시에는 사용하지 않는 객실을 엘리베이터를 통해 관리할 수 있으므로 효율적이라 할 수 있다. 현재 현대 성우리조트의 객실배치는 이러한 측면에서 무주리조트보다는 발전되었다고 할 수 있다.

그림 3-1 알파토마무 리조트(좌)[2]와 무주리조트(우)

무주리조트와 같이 국지적인 스케일이 아니라 광역적인 스케일에서도 자연환경 훼손과 관광개발의 문제가 논해질 수 있다. 지금까지 현대그룹이 추진 중인 금강산 개발에서 우리는 이러한 사실을 간과하고 있다. 설악산에서 이미 시행착오를 겪은 그대로 자연환경이 수려한 곳곳에 숙박시설을 배치하고자 계획 중이다. 이러한 방식의 관광개발로 일부 관광객들은 편할 수 있겠지만 장기적으로는 지속가능하지 못하다. 특히 또다른 세계유산 감인 금강산에 이렇게 자연친화적이지 못한 개발방식을 답습하고자 함은 매우 실망스러운 일이다. 해금강 등 금강산 주변의 명승지마다 수백실 규모의 숙박시설을 건설하려 하고 있음은 우리가 이미 설악산 집단시설지구 개발에서 실패한 모델을 그대로 답습하는 것이다.

금강산은 통일 이후 DMZ를 통해 설악산권과 연계되면서 우리나라를 대표하는 세계적 관광목적지가 될 수 있는 잠재력을 가지고 있다. 그러므로 단지 현대그룹 차원의 시각이 아닌 통일한국 차원의 전체적인 시각을 가지고 접근해야 한다. 오히려 현재 추진 중인 금강산 관광개발사업이 지연되는 것이 우리에게 궁극적으로 더 이로울 수 있다. 이와 관련해서 금강산 개발사업을 민간차원이 아닌 정부 간 사업으로 승화시킬 필요가 있음을 강조

---

2) 본 사진은 알파토마무 리조트(http://www.snowtomamu.jp)에서 제공해주었다. 사진의 이용을 허락해 준 리조트 측에 깊은 감사를 드리는 바이다.

하고 싶다.

이제 우리는 한국적 개발여건과 한국인 특유의 관광행태를 고려한 한국적 관광개발을 고려해야 한다. 과거의 보는 관광시대에 있어서 숙박시설은 명승지마다 가장 경관이 좋은 곳을 향해 인접하는 것이 통례였다. 이제 지속가능한 발전을 염두에 둔 관광개발의 경우에는 향후 대대손손 훌륭한 자연환경을 물려주기 위해 숙박시설을 다른 곳에 입지시키고 명승지는 단지 당일관광차원에서 접근하도록 관리할 수 있다. 또한 굳이 숙박시설을 반드시 포함한 관광지를 생각하기보다는 인접한 마을이나 소도읍, 도시를 숙박거점으로 설정할 수도 있는 것이다. 그것이 요즘 이야기하는 도농교류와 지역개발을 모두 고려하는 접근일 수 있다.

한국적 관광개발의 구체적 대안 중 하나는 가능하면 "숙박시설을 버리고 관광개발을 생각하라"고 할 수 있을 것이다. 자연환경 파괴의 주범이며 비수기를 만들어내는 근본 원인인 숙박시설, 이것 없이 관광개발을 생각하는 것이 한국적 관광개발의 단초가 될 수 있을 것이다.

단상 9 환경보존과 관광개발이 상생하는 길

고품질 관광을 위해서는 자연환경 보존과 관광개발이 함께 가야 한다. 대중관광에 있어서 관광개발은 자연환경 파괴를 연상하게 하였지만, 공급자 중심의 고품질 관광에 있어서는 자연친화적 접근이 제일 중요한 원칙이다. 그러기 위해 무엇보다도 숙박시설을 가능하면 배제한 관광지 개발을 고려해 볼 수 있다. 다시 말해 관광지 개발이 아니라 관광자원 개발이다. 반면에 숙박은 인근의 농어촌 체험마을이나 소도읍, 도시 등으로 유도하면 가능할 것이다.

물론 민간부문의 관광개발 시에는 숙박시설이 재원조달의 핵심이므로 사정이 다르다. 그리고 친환경적인 관광개발에 있어서도 미국 국립공원 관리에서 사용되어지는 Recreation Opportunity Spectrum(ROS)와 같이 전적으로 시설 중심 관광지로부터 적극적인 자연보호 위주의 관광지까지 각기 이용과 보존정도를 달리하는 차별적인 관광지 개발을 고려해 볼 수 있다.

2. 관광개발과 지역주민

관광개발의 목적은 무엇인가? 물론 관광개발사업의 주체가 국가적 차원이냐 지역적 차원이냐, 그렇지 않으면 마을차원이냐 아니면 개인적 차원이냐에 따라 목적이 약간은 차이가 날 수 있지만, 궁극적으로 관광개발의 목표는 사업주체의 투자비 회수를 포함한 수익창출에 있다.

지역차원에서 볼 때 관광객을 위한 수용태세 확충이라는 측면도 중요하지만 더 중요한 것은 지역주민의 소득증대와 고용증진 그리고 지역의 세수확보 등을 통한 지역경제 활성화이다. 그런데 지역에 살고 있는 주민을 자세히 살펴보면 관광지 개발 인근의 주민과 관광지 개발과 동떨어진 곳에 살고 있는 일반주민의 입장은 다를 수 있으므로 구별해서 생각해 보아야 할 것 같다.

먼저, 관광지 인근의 주민의 경우는 관광개발로 인한 긍정적 · 부정적 효과가 그대로 영향을 미치므로 공공부문 관광개발의 경우에는 주체자로서 관광개발 계획수립을 포함한 관광개발사업 시행과정에 직간접으로 참여하는 것이 최근의 경향이다. 물론 이들의 의사를 수렴하고 의사결정과정에 참여시킴으로써 관광지 개발과정이 지체될 수 있지만, 이들의 참여욕구가 매우 강하게 나타날 뿐만 아니라 관광지내 지역주민의 참여 없이는 최근의 지향점인 지속가능한 발전이 성립되지 않기 때문이다.

여기서 간과해서는 안 될 점은 지역주민의 참여는 녹색농촌 체험마을이나 전통테마마을과 같이 주민주도형 상향식 관광개발사업의 경우와 기초지자체나 민간이 주도하는 하향식 신규단지 조성형 관광개발사업에 차이가 있다는 점이다.

먼저 주민주도형 관광개발사업의 경우를 볼 때 과연 지역주민들이 관광개발 과정에서 자신의 이익을 착실하게 대변할 수 있을 만큼 논리적이며 적극적인가? 대답은 그렇지 않은 경우가 대부분이라는 점이다. 최근 농촌마을 종합개발사업을 비롯한 일부 지역개발사업의 경우 몇몇 지도자가 중심이 되어 선도하는 마을의 예가 많기는 하지만, 한편에는 기초지자체의 지시 아래 국고보조금을 받기 위해 수동적으로 참여한 마을도 적지 않은 것이 사실이다. 그리고 일부 지도자가 열성적으로 주도하는 지역의 경우에도 대부분의 주민들은 그저 추세를 관망하고 있는 경우가 많다.

이렇게 수동적인 지역주민들을 어떻게 시간과 노력을 들이면서 관광개발의 적극적인 참여자로 만들 수 있겠는가? 이것이 중요한 과제이다. 특히 관광개발 대상지의 대부분이 농산어촌 지역인 경우에는 고령자가 많아서 더욱 수동적일 수밖에 없다. 이러한 현실을 감안하여 지속가능한 관광개발을 수행하는 일이 바로 한국적인 관광개발일 수밖에 없다. 여기에는 현재 농림부가 주도하여 시행되고 있는 사무장제도가 그 일부라고 할 수 있다. 또한 한국농촌공사가 시도하고 있는 마을별 전담 농촌관광전문가 육성제도도 농어민을 적절한 관광개발 주체로 만들어 내는 방안이라 볼 수 있다.

한편, 지자체나 민간부문이 주도하는 하향식 관광개발사업에 있어서 신규로 조성되는 인근 주민들의 개발과정 참여는 조금 다른 측면에서 접근할 필요가 있다. 주민주도형 마을단위 관광개발사업이 아니라 새로운 단지를 조성하는 대규모 관광지 개발의 경우에는, 지역주민의 의견을 대부분 수용한다 하더라도 결과적으로 그들이 원하는 것이 새로이 개발되는 관광지와 더불어 살기보다는 그동안 살아온 보금자리를 토지매각대금이나 일부 보상금을 받고 떠난다는 것이라 할 때 과연 그것이 공공부문 관광개발사업이 지향해야 될 목표인지? 이들이 그간의 어려움 때문에 농산어촌을 떠난다 하더라도 토지매각대금이나 보상금 지불만이 아니라 적극적으로 이주단지 조성이나 도시정착을 지원하는 제도도 고려할 수 있다면 바람직하다. 또한 일부 주민들이 신규로 조성되는 관광지 내에서 생계를 이어가고자 할 때 그들에게 상업시설의 일부를 우선 분양하는 것뿐만 아니라 지금까지 일차산업에 종사해 온 사람들을 교육하여 3차산업에 적응하도록 하는 교육프로그램도 필요할 것이다. 기존에 살던 주민들을 관광지 내에서 생존시키는 노력은 가까운 일본의 경우와 같이 도시로 나간 젊은이들이 귀향하려고 할 때 매우 소중한 근거가 될 수 있을 것이다. 귀향한 젊은이들을 통해 지역주민의 세대교체가 일어나고 이들을 중심으로 형성된 새로운 활력이 바로 향후 중국과 러시아 관광객이 러시를 이루어 방문할 때 이들을 수용할 수 있는 한국적 관광서비스 에너지가 될 수 있는 것이다.

관광대상지 내 지역주민과 달리 기초지자체의 일반 주민들의 경우 환경단체를 포함한 일부 단체를 제외하고는 아직 그들만의 목소리를 내고 있지는 않다. 그러나 이러한 일반 주민(general public)의 관광개발에 대한 태도 또한 지속가능한 발전을 위한 중요한 요소이다. 이들의 목소리는 두 가지 차원에서 중요하다. 첫째는 관광지의 또다른 수요자집단으로서의 목소리이다. 지금까지 관광지 개발은 외지인 특히 수도권 주민들을 표적으로 하는 사업이었으나 지금부터는 시장의 다변화 차원은 물론 지역주민의 여가욕구 충족을 통한 삶의 질 향상이라는 목표달성을 위해 중요한 사업이 될 수 있다. 그러므로 이들이 지역경제 활성화라는 목표는 물론 우리들의 삶의 질 향상이라는 목표아래 신규로 조성되는 관광지 개발에 참여할 수 있는 제도적인 틀이 만들어져야 할 것이다.

둘째는 모든 관광지가 다 같을 수도 없고 같아서는 아니 되므로, 관광지의 색깔을 다르게 내기 위해 즉 차별화를 위해 지역의 문화가 반영되어야 할 것이다. 지역 문화의 반영, 다시 말해서 새로운 지역 브랜드 개발을 위해 지역의 일반주민의 적극적인 참여가 이루어져야 할 것이다. 최근 전남 고창군의 청보리 밭 축제장에서 일부 활용되었던 '향토기능사'가 좋은 예이다. 그 지역에서 매듭을 잘하는 사람, 전통요리를 가장 잘 만드는 사람들이 외지인들이 많이 찾는 축제장에서 솜씨를 보임으로써 지역 이미지를 제고

하려는 시도이다. 이렇듯 일반 지역주민 참여를 유도하기 위해 관광지 관리조직의 일부로서 제도화하는 것도 지역문화 창달은 물론 인력활용과 인건비 절감에 기여할 수 있을 것으로 보인다.

단상 10 지역주민도 세분화가 필요하다.

지역주민은 관광지 인근 지역주민과 지자체 내 일반지역주민으로 구분하여 생각할 수 있다. 또한 농촌마을 종합개발사업과 같은 상향식 개발사업과 신규 관광지 조성 등 하향식 관광개발사업에서 지역주민의 역할은 달라질 수 있다. 장기적인 차원에서 이들이 해당 관광지 관리운영의 핵심 그룹이 되도록 투자하는 것은 한국적 관광개발의 중요한 착안사항 중의 하나이다. 지역주민이 주가 되지 않으면 지역관광지의 특색은 사라질 수밖에 없다. 대부분 지역의 프로그램과 자원은 유사할지라도 사람만은 천차만별이기 때문이다. 또한 일반 지역주민의 역할을 제대로 수용할 수 있는 틀을 만들어야 되는 것이 한국적 관광개발이다. 외지 관광객이 이용자이기도 하지만 지역주민도 중요한 이용집단이며, 관광지의 차별화에 기여할 수 있는 핵심 인력집단이기 때문이다. 한국적 관광개발의 성공여부는 지역주민을 어떻게 활용하는가에 달려 있다. 또한 이주민도 지역주민이다. 이주민의 경험과 지식의 활용을 통해서 마을은 거듭날 수가 있다.

3. 관광개발과 사업타당성

관광개발의 성공여부는 주로 현금흐름도(cash flow)에 의해 파악될 수 있다. 물론 공공부문이 주도하는 관광개발사업에 있어서는 눈에 안 보이는 이익까지 고려한 경제적 효과분석에 의해서도 관광개발의 성공여부가 판단되기도 하지만, 결국은 얼마나 많이 수익이 발생되어 투자회수를 빨리 할 수 있겠는가와 투자회수 이후에도 지속적으로 수익창출이 가능한지 여부가 성공여부의 판단기준이 될 것이다.

관광개발사업의 타당성 검토가 중요한 이유는 사업이 성공하지 않고는 환경보존과 지역주민 이익극대화와 같은 주장은 물거품이 되고 말기 때문이다. 그러므로 어떻게 생각해보면 지속가능한 발전의 가장 중요한 요소는 경제적 타당성의 확보가 아닐까 생각된다. 새롭게 조성된 관광지가 사업성이 확보되지 않아 문을 닫고 만다면 관광객의 입장에서는 다른 대안을 찾으면 그만이지만, 해당지역의 입장에서는 환경파괴는 물론 지역주민의 실망과 탄식을 자아내는 원인이 되고 말 것이다.

신규로 조성된 관광지가 예상과 달리 방문객수가 많지 않아 문을 닫거나 기존의 마스터플랜 컨셉을 바꾸는 것은 관광개발 전문가들의 사업타당성 검토가 제대로 이루어지지 않았기 때문인 경우가 주원인이다[3]. 이렇게 정확하지 못한 사업타당성 검토의 이유는 여러 가지 측면에서 생각될 수 있다.

첫째로, 대부분의 관광개발사업은 사업주체의 적극적인 의지에 따라 추진되며, 이에 따라 그들이 지불한 비용으로 사업타당성 검토를 시행하는 관광전문가들의 입장에서는 클라이언트의 기대를 저버리기가 어렵기도 할 것이다. 특히 공공부문 관광개발사업에 있어서는 환경영향평가보다는 공정성에 있어서 훨씬 못 미치며 주로 사업주체의 입맛에 맞추어 사업타당성 검토가 이루어져 왔던 것이 대부분이다[4].

둘째로, 관광개발사업 추진과정에서 시행되는 사업타당성 검토의 가장 중요한 부분은 일정부분의 투자를 통해 과연 방문객을 얼마나 유치할 수 있을 것인가를 판단하는 수요예측이 될 것이다. 사실 지금까지 우리나라에서는 수많은 관광개발사업에 대한 수요예측이 시행되어 왔지만 아직도 합

---

3) 용인민속촌의 라이드 시설은 용인민속촌의 사업타당성이 떨어지기 때문에 부득이 생겨난 시설로 판단된다. 만일 용인민속촌의 수입이 문화재로서의 가치로 인해 조금이라도 정부에서 보전되었다면 그러한 민속촌 컨셉에 어긋나는 시설은 들어오지 않았을 것이다. 문제는 마스터플랜을 수립할 당시 이러한 사업타당성을 정확히 예측하지 못한 데서 기인한다고 볼 수 있다. 만일 민속촌 시설만 가지고 타당성이 없다고 판단되었다면 다른 방도를 찾지 않을 수 없었을 것이다.

4) 이 부분을 개선하기 위해서 일정규모 이상의 공공부문 개발사업은 KDI의 사업타당성 검토를 거치게 되어 있다. 그러나 이러한 시도도 관광개발사업의 특성상 정치논리를 정면으로 반박하여 사업타당성 결과를 내기에는 어려울 것으로 사료된다.

리적이며 효과적인 기법은 개발되고 있지 못하고 있는 실정이다. 논리적이고 계량적인 수요예측 기법을 개발하기 위해서는 먼저 기존 관광지의 개발과 경영관련 기초자료가 축적되고 전문가들에게 이것이 공개될 수 있어야 할 것이다. 물론 민간부문에 있어서 이러한 자료가 기업기밀에 속하는 내용일지 모르지만, 공공부문 관광지 개발에 있어서는 기초자료의 공개를 명문화하는 것이 시행착오를 최소화하는 지름길이 될 것이다.

셋째로, 관광지 개발계획 수립과정에 있어서 대부분의 기존 관광지 개발은 건축, 도시계획, 조경을 전공한 국토계획기술사 또는 조경기술사에 의해 엔지니어링 접근으로 시도되어 왔다. 이들의 관광지 개발계획은 시설중심의 공급자적인 접근이 대부분이었으며, 과연 그러한 시설이 배치될 경우 얼마나 많은 사람들이 와서 만족하며 재방문하게 될 것인가에 대해서는 거의 관심을 갖지 않은 편이었다. 관광지 개발계획 내용 안에 포함된 수요예측과 수지분석, 관리운영, 이 모든 항목은 엔지니어링 입장에서 볼 때 하나의 장식품으로 간과되어 왔다[5]. 따라서 사업성이 결여된 관광지가 상당부분 현실적으로 실현되어, 궁극적으로는 관광객이 외면하게 되고, 환경파괴와 지역 분위기 훼손, 그리고 주민들의 실망을 초래하였음은 특히 지방자치단체가 시행한 몇몇 관광지 조성사업에서 볼 수 있었다.

넷째로, 관광지 개발과정에 있어서 신규로 관광지가 조성되기까지만 신경을 쓰고, 그것이 어떻게 관리·운영되어야 할 것인가에 대한 고려가 사전에 미흡하기 때문이다. 물론 기존 관광지의 관리·운영자들의 의견을 충분히 수렴하지 못하고 개발계획을 수립하는 측면도 있으나, 그것보다도 개발계획가들이 관리운영이나 마케팅 전문가들과 협업하는 시스템이 결여되어 있는 것이 더 큰 문제이다. 개발계획가들이 만들어내 시설배치가 되었

5) 최근 엔지니어링회사에서도 소프트웨어를 전공한 인력을 채용하여 이 부분을 보완하고 있기는 하지만 소프트웨어 전공 인력이 수요예측과 수지분석, 관리운영만을 전적으로 담당할 만큼 개발 프로젝트가 많은 일부 회사에만 국한될 수밖에 없다. 왜냐하면 이들 인력이 자기 분야의 일이 없을 경우 설계작업에 동원될 수 없으므로 효율성이 떨어지기 때문이다.

을 경우 관리운영 조직은 어떻게 구성되어야 자신들이 계획한 시설들이 제대로 관리되어 관광객들에게 매력물로 다가설 수 있겠는가에 대한 검토가 이루어지지 않는 것이 문제라 볼 수 있다.

관광개발과 관광경영이 다른 것은 관광개발은 최초로 대상지를 방문할 사람들 즉 최초 방문객을 얼마나 끌어 모을 수 있는가에만 신경을 쓰는 반면, 관광경영은 이렇게 어렵게 찾아온 사람들을 어떻게 재방문하게 할 것인가에 초점을 맞추고 있다는 점이다. 즉 관광개발에 있어서 가장 중요한 자료는 관광경영의 기초 데이터이며 관광개발계획 수립에 의해 관광지가 구상될 시점에 이미 이러한 관광개발과 관광경영에 대한 연계가 충분히 되어있어야 할 필요가 있다. 이렇게 되기 위해서 다음과 같은 시스템이 구성될 필요가 있다.

첫째, 일정규모 이상의 관광개발사업의 관광개발계획 수립 용역 발주 시 국토계획기술사를 보유한 엔지니어링회사보다는 소프트웨어 인력을 다수 보유한 컨설팅회사가 주관사가 되어, 엔지니어링 회사를 컨소시움으로 구성하여 응모하도록 제도화하는 방안이다. 현재 이러한 문제점을 감안하여 일부 대형 관광개발사업에서는 컨설팅회사의 참여를 열어 두고 있지만, 주로 엔지니어링회사가 주관사가 되고 일부 컨소시엄으로 컨설팅회사가 참여하는 경우가 대부분이다. 그러나 이러한 제도로 현재의 하드웨어 중심 관광개발을 탈피하기 어려운 측면이 있다. 물론 현재의 상황에서 품셈도 제대로 잡혀 있지 않은 컨설팅회사보다는 용역서비스 체계가 잡혀있는 엔지니어링회사가 주관사가 되는 것이 사업주체의 관리노력을 덜어 줄 수 있을지 모르지만, 이러한 관행이 계속되는 한 관광개발의 사업타당성을 명확히 평가하기는 어려울 것이다.

관광개발계획의 내용도 시설계획이 중심이 아니라 마케팅 방향이 설정되고 이에 따라 수요예측이 이루어지며, 이에 근거하여 시설배치와 동선이 결정되고 이러한 시설계획을 받쳐줄 관리운영 방안을 강구하는 형식이 사업타당성을 높이는 길이다. 이러한 시도는 소프트웨어 전문가가 주도가 되어야 가능하며 만일 그것이 불가능하다면 기존의 관광개발계획 수립단계에서 먼저 '관광개발 기본계획안' 용역을 발주하고 이후 이 보고서를 근거로 한 수요예측 결과, 관리운영 방안, 수지분석 중심의 '관광개발사업 타당성 검토'용역을 다른 기관에 발주하도록 한다. 또한 타당성 검토결과에 따라 기본계획안을 보완하여 확정하도록 함으로써 사업타당성을 실질적으로 강화할 수 있도록 하는 것이 타당하다고 판단된다[6].

둘째, 최근에 사업타당성 평가의 정확성을 높이기 위해 그리고 특히 외자유치를 통한 재원조달의 필요성 증대에 따라 외국인 컨설팅회사의 참여가 활성화되고 있다. 사실상 대부분의 엔지니어링회사들이 이들 외국 컨설팅회사의 참여를 규정한 용역발주 지침때문에 막대한 컨설팅비를 지불하고 있는 것으로 알려져 있다. 사실 이들이 참여한 결과의 실효성이 아직도 검토된 바 없어 정확히 결과를 평가할 수는 없으나, 너무 준비 없이 피상적으로 이들을 활용하고 있는 것이 아닌가 하는 우려도 있다.

이들의 실력여부에 대한 평가는 차치하더라도 이들의 도움을 받기 위해서는 우리 측의 상대인력과 충분한 기초자료가 있어야함에도 이를 소홀히 함으로써 지불비용만큼 사업타당성의 정확도 제고에 기여하지 못함이 사실일 것이다. 이들 외국인 컨설팅 참여의 실효는 곧 나타나 무분별한 외국 컨설팅회사 선호현상이 감소될 것으로 예상되지만, 그 이전이라도 외국 회사와의 상대인력으로 대학의 연구진을 활용함으로써 언어 소통 및 기술이전은 물론 토종 전문인력 양성에도 상당부분 기여할 수 있을 것으로 판단된다.

---

6) 관리운영 등 소프트웨어 부문의 계획내용이 소홀히 취급되는 근원적 이유는 하드웨어 계획의 경우 계획된 대로 시설이 만들어지면 운영 시 마음에 들지 않는 측면이 있어도 변경하기가 어렵지만, 소프트웨어 부문계획은 아무리 마스터플랜에 못을 박아도 실제 운영 시 그 당시 상황에 따라 달라질 수 있기 때문이 아닌가 하는 생각이 든다. 그러므로 계획수립 당시 소프트웨어 전문가의 참여를 제도화함으로써 그들의 input을 최대한 수용하도록 하는 것이 타당하다.

4. 관광개발의 사회적 이슈

한국적 관광개발의 과제로서 상기한 문제들 이외에 야기될 수 있는 문제들은 다음과 같이 정리될 수 있을 것이다.

4.1 콘텐츠 연구와 연계되지 않은 졸속 관광개발

콘텐츠 연구와 연계 없이 행해지는 관광상품 개발로 인해 전통문화의 왜곡현상이 일어날 수 있다. 특히 각 지자체에서 너도 나도 개발하고 있는 축제에 있어 이러한 문제를 야기할 수 있다. 각 지방의 특색을 소재로 한 축제개발은 지역의 차별화된 이미지와 브랜드 개발에 기여할 수 있지만, 시간적으로 연구와 준비가 소홀한 상태에서 관광객에게 보여주기 위한 졸속한 개발은 잘못하면 전통문화의 진정성을 훼손할 수도 있다는 우려를 자아낸다.

물론 이러한 관점에 반대하는 사람들은 어떻게 해서든지 새로운 소재를 발굴하여 소개하고 필요성이 인정되면 이후에 연구와 준비가 보완될 수 있다고 주장할 수 있다. 이러한 논쟁은 우리 생활 전반에 걸쳐 일어날 수 있는 문제이지만, 관광이라는 수단에 목표를 맞추다보면 과정이 소홀해짐으로써 결국 관광자원으로서의 지속가능성 즉 매력성을 해칠 수 있다는 점을 간과해서는 안 될 것이다.

전북 고창군에 새로이 조성될 계획인 고인돌박물관도 그 사례 중의 하나이다. 유네스코 세계문화유산의 하나로 등재된 고창의 고인돌 유적은 적어도 청동기 시대부터 2000여년이나 그곳 사람들의 생활 속에서 자리잡아왔던 유적이다. 최근의 경쟁적인 지자체 관광개발사업 추진과 관련하여 고창군도 이러한 세계문화유산을 관광자원화하기 위해 기존의 고인돌 유적지 일부를 공원화함과 동시에 고인돌 유적과 이웃해 있던 집들을 모두 철거하여 박물관 주변에 이주단지를 조성할 계획에 있다.

이러한 관광개발 노력이 과연 온당한 것인가를 볼 때 일부에서는 적극적인 관광개발사업이라고 인정할 수도 있지만, 필자의 관점에서는 바로 관광개발이 결과적으로 우리 고유의 전통문화인 고인돌문화를 왜곡한 결과를 가져오게 되었다고 지적할 수 있다. 다시 말해서 2000여년 동안 그곳 마을사람들 생활의 일부로서 존재하던 고인돌이 의미와 이야깃거리에 관한 심층적인 연구 없이 관광객 유치라는 명분아래 졸속하게 고인돌과 이웃한 집들을 철거함으로써 결과적으로 관광객이 오더라도 체류시간을 늘리고 재미있게 할 수 있는 관광콘텐츠 개발이 불가능하다는 이야기이다. 고인돌박물관에 전시된 그러한 박물관식 보존보다는 오픈된 상태에서 뮤지엄 같이 고인돌과 인간이 공존하며 살아가는 모습을 콘텐츠화하여 전시할 수 있는 기술과 안목이 있는 고인돌 관광개발사업이 이루어졌어야 할 터인데 라는 아쉬움이 남는다.

콘텐츠 발굴의 예를 들자면, 실제로 고인돌은 말바위, 되바위 등으로 불려지며 마을사람들의 계량형 도구로 쓰이고 있으므로 이를 활용하여 관광객들의 관심을 끌 수 있는 체험형 관광상품을 개발할 수 있다. 즉 현재와 같이 콘텐츠 심층 연구를 동반하지 않은 공원화 사업만으로는 고인돌을 재미있게 배우고 알게 하기보다는 피상적으로 책 보듯이 알고, 사진 몇 장 찍고 떠날 수밖에 없어, 결국 매력이 저하될 것이므로 올바른 관광개발은 물론 올바른 문화유산 보존이라고도 할 수 없을 것이다.

4.2 문화유산의 보존과 활용

관광전문가가 문화재위원회의 전문위원으로 위촉된 것은 최근의 일이다. 얼마나 다행한 일인지. 아직도 문화재위원회 중의 제도분과위원회 소속이지만 언젠가는 각 분과에 적극적으로 참여할 날이 멀지 않았다고 판단된다. 관광이 지금까지 기존 문화재위원회 위원들에게 어떤 모습으로 보이고 있는지 대략은 짐작할 수 있지만, 정말 답답한 것은 그들이 하나는 알고 둘은 모른다는 사실이다.

지금까지 관광은 문화재관리에 있어서 부정적인 영향만을 끼쳐온 것이 사실이다. 사람 손이 닿다보면, 문화재는 훼손되게 마련이다. 특히 지금까지 탈출형 대중관광시대에는 더욱 그러하였다. 그러나 관광을 알아야 문화재 보존이 보이고 더욱이 관광을 이용해야 문화재 활용이 가능하다. 즉 관광을 앎으로써 사람들의 행태를 예측하게 되고 이를 통해 문화재를 잘 보존할 수 있다. 또한 관광을 이용해야만이 방문자들이 재미있게 문화재의 가치를 이해할 수 있다[7]. 더욱이 관광을 통해서만이 문화재 보존으로 인해 피해를 받고 있는 인근지역 주민들에게 일정부분의 보상이 가능하다. 이들이 받고 있는 물적·심적 피해를 모두 보상해 줄 수 있는 국가재원이 있는가?

대부분 문화재위원회 위원들은 지금까지 성행해온 수요자 중심의 대중관광만 알고 공급자 중심의 품질관광은 모르고 있는 것 같다. 품질관광이 추구하는 목표는 문화재 위원들의 그것과 같다. 단지 품질관광의 입장에서는 문화재의 원형보존이 필요한 것은 그렇게 보존이 잘 되어야만 정말로 원하는 사람에게 최고의 고품질 관광이 가능하기 때문이다. 관광은 단순히 놀고 즐기는 것이 아니라 문자 그대로 빛을 본다는 의미이므로 잘 보존된 문화재는 바로 고품질 관광상품이다.

싫던 좋던 간에 최근 화두가 되고 있는 문화재의 활용은 바로 품질관광

7) 재미가 없으면 사람들이 몰리지 않는다. 재미만 추구한다고 현재의 청소년층을 나무랄 수만 없다. 그것이 바로 추세이기 때문이다. 특히 문화재 관리에 있어서 이 부분은 매우 중요하다. 기존의 문화관광 해설사들이 기여해온 점이 바로 이것이다. 재미있게 문화유산을 설명해 줌으로써 문화유산의 가치를 이해시킬 수 있는 것이다. '재미(fun)'를 간과한다면, 현재의 독립기념관을 포함한 대부분의 박물관과 같이 지속적으로 방문객이 감소하는 추세를 면할 수 없다.

과 같은 의미이다. 근간에 문화재청의 총수가 바뀌고 새로운 모습의 문화유산 보존, 관리 정책이 선보이고 있다. 필자와 같이 보존적 활용론자의 입장에서는 상당히 설득력 있는 정책들이 있어 보인다.

창덕궁의 목요일 자유관람정책은 매우 설득력 있다. 일부 언론에서는 비싼 입장료 때문에 비판적이지만, 제한된 인원 1000명 안에서 고품질 관광을 시도했다는 점은 관람기회의 다양화 차원에서 매우 선도적인 문화재 관리정책이라 할 수 있을 것이다. 목요일 자유관람정책의 성공여부는 언론이 판단할 성질이 아니라 방문객 스스로가 판단하게 될 것이다. 즉, 상대적으로 고가의 입장료를 내고 와서 볼 만하지 않다고 느낄 경우 민간시설과 같이 목요일 자유관람프로그램은 문을 닫게 될 것이다. 그럼에도 불구하고 이러한 정책이 갖는 의미는 가격차별화를 통해 보다 공급자 위주의 고품질 관광을 가능하게 한다는 점이다. 현재 방문객이 일평균 756명을 기록하고 있음을 볼 때 실패한 관리정책은 아님에 틀림이 없다.

4.3 관광개발의 타깃 마켓: 외지인 vs 지역민

관광개발의 최우선 목표는 무엇인가? 어떠한 명분 때문에 정부는 관광개발을 진흥하고 있는가? 수년 전만 하더라도 관광단지 개발의 우선적 목표는 외화획득을 위한 국제관광지 조성이었다. 또한 지방자치단체의 입장에서도 관광지 개발의 목표는 외지인 관광객을 적극적으로 유치함에 의한 지역경제 활성화였다. 그러나 관광개발의 목표가 이렇게 외지인을 대상으로 한 현실적인 입장만 고려하여 설정되어서는 선진국형 관광개발일 수 없다.

국가적 차원에서 볼 때 외화획득과 관광객 만족은 불가분의 관계에 있다. 관광객이 만족할 만한 자원과 시설, 서비스가 갖추어져야지만 많은 관광객을 유치하여 외화획득이 가능하고 또한 이들의 구전과 재방문을 통해 더 많은 관광객을 끌어들일 수 있다. 그러나 여기서 중요한 것은 외국인이 좋아하는 것은 그들을 위해 별도로 지어진 시설과 인위적인 서비스가 아니라 바로 내국인이 많이 찾는 곳의 한국적 서비스라는 점이다.

수년전만 하더라도 일본인 관광객이 가장 찾고 싶은 곳이 바로 한국인이 가장 즐겨 찾는 음식점이라는 말이 있었다. 이러한 이야기는 많은 것을 시사하고 있지만, 지금도 서울 오장동 함흥냉면집에 일본인 여성관광객들이 몰려오는 것은 이 사실을 증명하고 있다. 또한 남대문시장과 홍대 앞에도 외국인 관광객들이 즐겨 찾는 곳이다. 즉 이들의 관광목적은 과거 탈출형 관광이 아닌 문화체험 등 목적형 관광이므로 우리가 외국인 관광객을 유치할 때 외국인 관광시설과 내국인 관광시설을 차별화하여 개발할 필요가 없다는 것이다. 가장 한국적인 것이 가장 세계적이다 라는 말과도 같다.

국민관광을 수용하기 위한 지역차원의 관광개발에 있어서도 마찬가지이다. 수도권 사람들을 불러 모으기 위해서는 우선 지역차원에서 이름난 곳이어야 한다는 것이다. 그러므로 관광개발의 타깃이 외국인과 내국인, 외지인과 지역민을 세분화할 필요가 없다는 것이다. 과거에는 관광개발의 타깃 마켓이 외국인이거나 또는 수도권 거주민이 전부였다. 이제는 관광개발의 표적시장이 외국인 내국인을 가리지 않을 뿐만 아니라 수도권 주민과 지역민을 구분해서도 아니 될 것이다. 다시 말해서 이제 한국적 관광개발의 목표는 외국인의 주머니를 털어 외화획득을 하고, 외지인의 주머니를 털어 지역경제를 활성화하는 일차원적인 역할이 아니라 외국인과 외지인, 지역민 모두를 기쁘게 함으로써 생활의 질을 향상시키는 수단으로써의 역할이 우선되어야 할 것이다. 관광객과 지역주민을 구분하지 않고 모두를 행복하게 할 수 있는 관광개발을 통해 자연스럽게 지역경제 활성화는 물론 지역특유의 이미지 제고도 가능하게 될 것이다.

제2부

한국적 관광개발 전략

한국인의 관광행태와 한국의 관광개발 여건을 검토하여
우리 특유의 한국적 관광개발 전략을 제시하고자 한다.
이에 따라 우선적으로 관광개발을 위한 마인드 개선이 요구된다.

韓國的 觀光開發論

한국관광 제 빛 살리기

제4장

한국적 관광개발을 위한 패러다임 전환

21세기 관광의 키워드는 생태관광, 문화관광, 체험관광이다. 생태관광은 자연환경을 체험하는 것이며, 그리고 문화관광은 생활문화, 창조문화, 역사문화를 체험하는 것이라고 볼 때, 그 셋 가운데 가장 중요한 키워드는 역시 체험관광이다.

체험관광 개발은 소위 구슬을 꿰는 작업으로, 현존하고 있는 체험거리, 먹거리, 놀거리 등을 선별하여, 그것들을 자연스럽게 연계시켜 상품화하는 과정이다. 생태관광과 문화관광의 체험상품화는 자연 파괴적이기보다는 자연친화적이며, 양적인 차원의 대량관광과는 달리 질적인 차원의 품질관광을 지향하고 있고, 하드웨어 위주의 관광시설 개발보다는 소프트웨어 위주의 관광상품 개발의 특색을 가지며, 정부나 지자체 주도의 하향식 개발방식보다는 지역주민이 주도하는 상향식 개발방식을 요구하는 기존 대중관광의 대안관광이라고 할 수 있다.

생태관광과 문화관광, 체험관광 활성화를 한국적 관광개발의 비전으로 설정하고 이를 성취하기 위한 새로운 패러다임을 4가지 차원에서 제시하고자 한다.

1. 국민관광이 국제관광을 우선한다

"외국인 유치를 위해 공공부문이 관광 기반시설에 투자해야 한다."라는 사고는 지양되어야 한다. 손님을 맞기 위해 돈을 써가며 시설을 갖추기보다는, 있는 것을 그대로 구슬 꿰듯이 엮어 최선을 다해 맞이하는 편이 올바른 관광이라 할 수 있다. 오히려 손님을 맞기 위해 쓸 비용을 가족들을 위한 일에 투자하는 것이 마땅하다. 지금까지 정부는 외국인 관광객 유치의 명분아래 내국인 해외여행자에게서 소위 출국세를 받아 관광진흥개발기금을 조성하고 있다. 그러나 앞으로 이 기금은 수익자부담의 원칙아래 국민관광 진흥만을 위해 사용되는 것이 마땅한 논리이다[1].

1000만 명 외국인 관광객 유치는 오로지 중국인 관광객 유치만을 통해서 가능하다. 그러나 중국인 관광객 유치를 위해 중국인만을 대상으로 한 숙박시설, 관광지 개발 등 공공부문 투자는 사업성도 떨어질 뿐만 아니라 주5일 근무제 실시에 따른 급증하는 국민관광 수요를 외면한, 수정되어야 할 정책이다.

향후 중국인 대량관광시대에 있어서 가장 큰 특징은 저비용 관광이 주류를 이룬다는 점이다. 마치 우리나라에서 해외여행 자유화가 시행된 이후 동남아가 한국인에게 있어서 대부분 첫 번째 해외여행 목적지가 되고 있듯이 중국인 해외여행객들의 첫 번째 목적지가 우리나라가 될 것이다. 이들 중국인 관광객은 서울에서 머물고 싶지만 높은 지상비용 때문에 지방의 숙박시설을 이용하지 않을 수 없다. 그래서 현재, 수도권 근교의 콘도미니엄이 주말에는 내국인이 주중에는 중국인이 머무는 숙박시설로 인기가 높다.

---

1) 아마도 이렇게 명분을 바꾸어야 만이 현재 이 기금으로 지원되는 관광 이외의 분야들의 수혜타당성이 확보될 수 있을 것 같다. 물론 이 문제 때문에 명분을 바꾸자는 주장은 아니다.

지금까지 지방의 숙박시설 등 관광시설 건설에 있어서 가장 큰 장애요인은 영업 비수기로 인한 사업성 불량이었다. 그러나 이제 다가오는 중국인 대량관광 시대에 있어서 지방의 숙박시설은 오히려 주중의 중국인 이용과 주말의 내국인 이용 때문에 수익성이 보장되어 투자가 촉진될 수밖에 없다. 다시 말해, 주5일근무제 시행과 중국인 대량관광 때문에 지방관광의 시대가 자연스럽게 시작될 수밖에 없다. 현재 진행 중인 고양 관광문화단지는 중국인을 위한 숙박단지를 포함하고 있지만, 결국 얼마 지나지 않아 내국인을 위한 여가공간으로 컨셉이 바뀔 수밖에 없을 것이다.

일본인, 미국인 유치를 위해서는 현존하는 문화자원을 구슬 꿰듯이 엮어 상품화하면 되고 중0.국인 관광객 유치를 위한 공공부문의 투자도 국민관광 인프라 조성을 위한 투자로 전향되어야 한다. 이제 삶의 질 향상차원에서 개발된 국민관광시설이 외화획득 차원에서 중국인을 위한 관광인프라가 되며, 우리의 생활문화, 역사/전통 문화, 창조문화가 별 투자 없이 바로 일본인, 미국인을 위한 관광 상품으로 개발되는 "국민관광이 우선하는, 구슬 꿰는 방식"의 관광정책 수립이 요구된다.

2. 프로페셔널 관광과 아마추어 관광 모두 필요하다

체험관광 상품화에 있어서 무엇보다도 중요한 점은 우리사회의 모든 분야가 다 관광과 접목될 수 있다는 점을 인식하는 것이다. 인기 TV 프로인 「체험 삶의 현장」에서 느낄 수 있듯이, 우리문화 즉 생활문화, 창조문화, 역사문화의 모든 부문이 관광이라는 모자를 쓰고 자기만이 가지고 있는 영역을 체험상품으로 개발할 수 있다는 것이 「관광모자론」의 개요이다. 관광모자론은 세 가지 의미를 담고 있는데, 첫째는 모든 분야가 관광이라는 모자를 쓸 수 있다. 즉 모든 분야에 관광이 접목될 수 있다는 의미이다. 최근의 관광개발은 관광시설 개발보다 관광자원 개발을 중시하는 추세이며 이는, 있는 자원을 구슬 꿰듯이 엮어 관광상품화한다는 뜻이다. 산사체험이 템플스테이가 되며 산업체 현장체험이 산업관광이 될 수 있고, 농어촌체험이 농어촌 관광이 되듯이 각 분야의 체험이 고유의 관광상품이 되는 개념을 말한다.

두 번째 의미는 각종 분야에 모자를 씌우는데 있어서 모자만 썼다 벗었다 하는 아마추어 관광과, 모자도 쓰고 유니폼도 관광으로 갈아입는 프로페셔널 관광으로 유형화할 수 있다는 것이다. 즉 원래 하고 있는 일을 일반 사람들에게 개방하여 체험하게 하고, 목적을 달성한 후에는 관광이라는 모자를 벗고 본래의 모습으로 다시 돌아온다는 것이 아마추어 관광이다. 템플스테이와 남대문 시장은 외국인들에게 있어서 본래의 모습에 관광마인드를 접목시킨 아마추어 관광인 반면, 영리만을 목적으로 한 여행사, 호텔 등은 프로페셔널 관광이다.

여기서 중요한 것은, 관광 상품화의 목적에 영리적인 것만이 아니라 이미지 제고 등 PR도 포함 가능하다는 점이다. 이렇게 우리 삶의 모든 분야가 큰 투자가 필요 없이 각각의 고유성에 근거해 체험관광 상품화 될 수 있을 때, 우리사회가 보여줄 수 있는 관광상품은 다양성과 정통성 차원에서 외국의 상품과 경쟁력을 가질 수 있다. 영리만을 목적으로 한, 인위적으로 만들어진 관광 상품은, 현장의 삶이 주는 이미지 그 자체를 상품화한 체험상품과 비교할 때 정통성이 부족하므로, 관광객들에게 큰 감동을 주기 어렵다.

세 번째 관광모자론의 의미는 아마추어 관광과 프로페셔널 관광이 갖는 기능일 것이다. 우리나라 전체를 관광목적지로서의 보편성과 의외성의 관점에서 분석한다면, 이제까지 시설위주의 하드웨어 투자는 관광지로서 보편성을 확보하기 위한 투자 즉 관광 인프라 투자였다고 생각된다. 그리고 이것이 바로 프로페셔널 관광이 담당해야 할 부문이다. 관광선진국이 되기 위해서 이러한 투자는 앞으로도 계속 되어야하나, 문제는 이러한 하드웨어 투자만으로는 절대로 관광객을 감동시킬 수 없다는 것이다. 관광휴양시설과 숙박시설, 교통, 안내 체계 등이 미비하면 관광객은 불만을 토로할 수밖에 없으므로, 이러한 관광인프라 투자는 선결되어야 되는 문제이지만, 전반적인 국가 발전과 연계되어 있는 것이기 때문에 단기적으로 쉽사리 성취되기를 기대하는 것은 무리이다.

그러나 아마추어 관광개발과 같이 다양한 체험상품 개발은 소규모 투자로 즉각적인 효과를 볼 수 있고, 한국에서만 체험할 수 있는 보다 한국적인 상품을 만들어 냄으로써 관광객을 감동시킬 수 있으므로, 관광목적지로서 의외성에 속한다고 볼 수 있다. 해병대는, 국민들이 가지고 있는 해병대의 강인한 이미지를 바탕으로, 해병대 캠프라는 4박5일의 체험상품을 개발하여 많은 호응을 얻고 있다. '해병대 캠프'는 일본인 수학 여행객에게 인기있는 아마추어 관광 상품이 될 수 있다. 그 이유는 한국에서만 맛볼 수 있는 정통성 있는 아마추어 관광 상품이기 때문이다[2].

그간 많은 사람들이 외국인에게 보여줄 것이 없다고 말해 왔다. 그 이유는 여러 가지 요인이 있겠지만, 그 중의 하나는 바로 우리문화에 대한 관심과 자부심이 부족하기 때문이다. 우리가 살아가고 있는 생활문화, 그리고 지금까지 살아온 역사문화, 그리고 예술과 같은 창조문화 등 모든 문화가 아마추어 관광차원에서 모두 체험상품의 소재가 될 수 있다는 점을 간과한 것이다. 정부는 이러한 아마추어 관광 상품의 개발을 촉진하기 위해 관광진흥법에 축제, 이벤트, 패키지 여행상품, 체험상품을 포괄하는 관광상품의 개념을 삽입함으로써 관광진흥기금 지원의 발판을 마련해야 할 것이다.

---

2) 아마추어 관광을 주장하다 보면, 아마추어는 실력이 떨어져서 오히려 관광산업의 경쟁력만 떨어뜨린다고 생각될 수도 있다. 그 이유는 아마추어라는 용어만 강조되어 연상되기 때문일 것이다. 필자가 주장하는 것은 아마추어 관광과 프로페셔널 관광의 시스템적 접근을 의미하고 있다. 아마추어 관광과 프로페셔널 관광이 조화를 이룰 때 한국관광의 국가경쟁력은 제고될 수 있다고 판단된다.

3. 대량관광도 중요하지만 품질관광은 더 중요하다

체험관광은 관광객 수를 중시하는 양적 차원의 대량관광 수단이 아니고 관광객의 만족을 우선하는 질적 차원의 품질관광 수단이다. 다시 말해서 품질관광에서의 초점은 관광객 수가 아니라 관광객 만족인데, 생태관광은 문화관광과 더불어 품질관광을 위한 중요한 수단이 될 수 있다.

지금까지의 우리나라 관광정책은 보다 많은 외국인 관광객을 유치하기 위한 대량관광정책이 주를 이루어 왔다고 볼 수 있다. 매년 정책담당자들은 어떻게 하면 외국인 관광객 수를 늘릴 것인가에 몰두해왔다. 그러한 집착과 노력이 현재 600만 명의 외국인 관광객 수를 만들어 낸 것이라 생각한다. 그러나 이제부터는 숫자도 중요하지만 질도 중요하게 생각하는 자세가 요구된다. 과연 외국인 관광객이 와서 평균 며칠을 체재하며, 어느 곳을 보았으며, 얼마를 쓰고, 얼마나 만족하고 있는가에 더욱 관심을 가져야 할 것이다. 즉 21세기 생태관광, 문화관광이 선호되는 시점에 있어서는 대량관광과 함께 품질관광의 진흥도 병행되어야 할 것이다.

관광객의 만족을 위한 품질관광을 위해서는, 지역만이 가지고 있는 문화/역사 소재를 활용하여 상품화함으로써 그 지역을 방문해야만 그 상품을 체험할 수 있도록 하는 명소마케팅[3] 전략이 필요하다. 이것이 성공할 경우 고가격 전략을 구사할 수도 있으므로 품질관광이야말로 고부가가치 상품이라고 할 수 있을 것이다.

3) 명소마케팅이란 쉽게 이야기해서 명소를 찾아내기 위한 마케팅이다. 여기서 명소란 국가적 차원의 명소만이 아니라 몇 사람만이 알아주는 명소도 명소라 정의된다. 예를 들자면 용인시 수지구 벽산 첼시빌 아파트 단지에 사는 사람들이 주말에 가족과 함께 외식하러 갈 때 늘 머리에 떠오르는 양평돼지 갈비집도 명소라 할 수 있다. 명소를 만드는 것이 아니라 찾아내기 위한 마케팅으로 뒤에 좀더 자세히 소개된다.

품질관광은 지역특유의 생태자원 등 자연환경을 소재로 하는 생태관광의 경우 생태적 수용력을 감안하여 제한된 인원을 제한된 시간에 수용하는 공급자 위주의 관리전략을 통해 시도해 볼 수 있다. 여기서 공급자 위주의 관리전략이란 대중관광의 소비자 위주 관리전략과는 반대로 생태적 수용력이라는 틀 안에서 고가격 정책을 통해 제한된 인원을 수용함으로써, 자연환경도 보존함과 동시에 생태관광 체험의 질도 제고하고, 지역경제 활성화도 꾀하는 전략이라고 볼 수 있다.

4. 지속가능한 관광이 궁극적 목표이다

지속가능한 관광이란 자연환경의 보전이라는 원칙 아래 지역주민의 이익과 관광객의 체험을 최대한 고려하면서 영속적으로 관광지로서 자리매김할 수 있도록 관광지를 개발하고 경영하는 형태의 관광을 의미한다. 특히, 강조되어야 할 사항은 환경적으로 지속가능해야할 뿐만 아니라 경제적인 차원에서도 지속가능해야 한다는 점이다. 아무리 자연친화적인 관광지라 할지라도 경제성 차원에서 지속가능하지 못하다면 본래의 계획과 같이 자연친화형 관광지로 관리/운영될 수 없으며(예: 서울 송파구 올림픽공원의 결혼문화회관) 또한 경제적인 지속성만을 강조하게 되면 현재의 대중관광처럼 그 역효과를 제어할 수 없기 때문이다. 따라서 지속가능한 관광에서는 두 차원 사이의 균형이 항상 강조되고 있다.

지속가능한 관광에서는 자연환경의 보전뿐만 아니라, 지역의 사회・문화적 환경의 보전을 포함하고 있다는 것도 중요한 부분이다. 여기서, 사회・문화적 환경의 보전이란 자연환경의 보호와는 다른 의미로, 외부에서 인식되고 있는 해당지역 특유의 사회·문화적 유산, 삶의 형태, 생활의 질, 이미지, 정체성 등의 보전을 의미한다. 결국, 지속가능한 관광이란 단순한 환경론자의 주장을 위한 정책적 제언으로서나 개발론자의 경제개발에 대한 방어수단으로서가 아니라 지속가능성의 세 가지 차원 즉, 환경적, 경제적, 사회문화적 차원 사이의 균형을 추구하고자 하는 관광이다.

끝으로, 이러한 네 가지 패러다임에 근거해 관광정책의 변화가 모색된다면, 양적으로 1000만 명 외국인 관광객 유치를 위한 한국관광의 기초를 다질 수 있을 뿐만 아니라 질적으로 생태관광, 문화관광, 체험관광을 개발할 수 있는, 실현할 수 있는 한국적 관광개발의 발판을 마련할 수 있을 것으로 확신한다.

제5장
한국적 관광개발의 이론

1. 명소마케팅 개념

한국적 관광개발의 이론은 명소마케팅에서 찾을 수 있다. 엄과 서(1997)의 '레저산업론'에서 처음으로 명소마케팅이 소개되었다면, 여기서는 보다 구체적으로 명소마케팅 개념이 어떻게 한국적 관광개발의 이론이 될 수 있는가에 대해 설명하고 있다.

1.1 공간(space), 장소(place), 그리고 명소(destination)

증조할아버지 때부터 둥지를 틀고 살아온 집터는 만들어진 공간이며 여기에 자리를 잡고 3대째 살아오고 있는 K씨 가족에게 이곳은 가족의 애환이 서려 있는 잊지 못할 장소이다. 또한 이곳 고향을 뒤로 하고 도시로 떠나 살고 있는 K씨의 후손들에게 고향집은 도시생활에 지치거나 염증을 느낄 때 마다 머릿속에 아늑히 떠오르는 명소가 된다. 하나의 집터 또는 집이 이렇게 공간과 장소 그리고 명소의 개념으로 바뀔 수 있는 것은 무엇인가?

공간은 사람들에 의하여 인위적으로 만들어지거나, 사람들에 의하여 의도적으로 자연 속에서 찾아지기도 한다. 이러한 공간을 사람들이 적극적이고 긍정적으로 이용할 때 그곳은 장소가 되고, 그 장소가 몇몇 사람들의 마음속에 긍정적인 태도를 형성하여, 특정 활동이나 특정 목적을 충족하려 함에 있어서 바로 연상되는 대상지로 기억 속에 존재 할 때 그곳은 이미 명소가 된 것이다.

잠실대교는 한강을 가로지르는 다리이다. 한강을 가로지르는 여러 다리 가운데서 특히 잠실대교 밑이 L씨에게 명소로 다가서는 이유가 있다. 잠실대교 다리 밑은 L씨가 살고 있는 잠실 주공아파트에서 멀리 떨어지지 않은 곳에 위치하고 있다. 여름철 열대야 현상은 많은 서울시민들을 한강으로 내몰고 있는데, 특히 L씨 가족에게 있어서 여름 밤 잠실대교 다리 밑 나들이는 돈 안 들고 가까운 최고의 피서지이다.

여기서 잠실대교 다리 밑은 잠실대교 공사로 만들어진 공간이며 L씨를 비롯한 인근지역 서울시민이 애용하고 있는 피서지로서의 장소이기도 하다. 그런데 여기에 어떤 시민 단체가 '돗자리 영화제'라는 프로그램을 만들어 열대야가 기승을 부리는 일주일간 특정기업의 협찬을 받아 명화를 연속적 상영한다면 어떻게 될 것인가?

L씨는 50대 중반으로 부부가 동반하여 영화관을 찾은 지 상당히 오래된 사람이다. 이들 부부에게 있어서 '돗자리 영화제'는 정말 좋은 기회였다. 특히 그곳에서 로마의 휴일을 다시 보게 됨으로써 젊은 시절의 추억을 떠올릴 수 있어 더욱 좋았다. L씨 부부에게 잠실대교 다리 밑은 열대야에 뒤척이며 잠 못 이루는 밤이 되면 간혹 머리에 떠오르는 명소가 되었다.

여기서 정리해야 될 점은 공간과 장소, 그리고 명소의 발전과정이 성립하는가 라는 문제와 어떠한 요소가 각각의 단계를 변화시키는 요인이 되는가라는 문제이다.

1.2 명소의 발전과정

공간은 공급자 측면의 시각인 반면, 장소와 명소는 이용자 측면의 시각을 반영한다. 다시 말해서 공간과 장소는 사람들의 이용여부에 따라 구분되며, 장소와 명소는 이용자의 인식정도에 따라 구별될 수 있다. 그러면, 공간을 장소로 인식하고 있는 사람들과 공간을 명소로 인식하고 있는 사람들은 어떻게 다른가?

첫째, 명소로 인식하기 이전에 장소로 인식해야 된다는 점이다. 다시 말해서 명소가 되기 위해서는 특정 공간이 사람들에게 이용되어 장소가 되어야 한다는 점이다. 이용하는 사람들이 많아짐에 따라 그들 중에서 특별히 그 공간을 명소로 생각하는 집단이 형성될 수 있다. 결국 명소로 생각하는 사람들의 수는 단순히 그 공간을 장소로 생각하는 사람들의 수보다 작거나 같을 수 있다.

둘째, 장소로 인식한 사람도 공간에 애착을 가실 수 있으나 명소로 인식하는 사람들 보다는 그 공간에 대한 요구와 목적이 덜 구체적이다. 마치 우리나라를 방문한 외국인 친구와 함께 방문할 만한 곳을 찾는다면 많은 사람이 용인민속촌을 떠 올린다. 외국인이 볼만한 곳은 여러 곳이 있음에도 불구하고 용인민속촌에 가본 사람이나 가보지 못한 사람이나 대부분 외국인을 데리고 가볼 만한 곳으로 용인민속촌을 연상하게 되는데 이렇게 특정 활동이나 목적에 따라 비로 대응하여 연상되는 목적지를 명소라 정의할 수 있다.

셋째, 특정 공간을 명소로 생각하는 사람은 제한적이며 이들의 생각은 변화할 수 있다는 점이다. 즉 이들이 명소로 여기는 공간도 시간의 흐름에 따라 단순히 장소로써 인식될 수 있다. 반대로 이야기해서 특정 공간을 명소로 여기는 사람들의 프로파일이 바뀔 수 있으며 결국 명소란 공급자보다는 이용자의 태도에 따라 달라 질 수 있다.

1.3 명소 개념과 evoked set of travel destinations

명소의 개념은 Um and Crompton(1990)[1]의 evoked set of travel destinations 개념에 의해 보다 구체적으로 설명될 수 있다.

Um and Crompton(1990)은 최종 휴가목적지를 선택하는 과정을 〔그림 5-1〕과 같이 두 단계로 설정하고 있다. 일단계로 본인이 평소에 가 볼만 하다고 생각하는 목적지들의 집단을 awareness set이라 하고 그들 가운데서 최종 휴가목적지를 선택하기 위해 추려진 몇 개의 대안 휴가목적지들의 집단을 다시 evoked set라 정의한 후, 휴가목적지는 awareness set에서 축소 된 evoked set에서 최종적으로 선택된다고 개념화하고 있다.

특정인에게 있어서 awareness set 이란 그 사람이 평소에 휴가목적지로 가볼만 하다고 알고 있는 대안집단이며, evoked set 이란 그 알아주는 대안들 속에서 휴가목적을 수용하기에 필요하다고 생각하는 대안집단이다. 한편, 특정 목적지의 입장에서 이야기 할 때, 그 장소가 특정 집단의 awareness set 안에 존재한다면 그 장소는 그들이 알아주는 목적지라는 의미이며, 더욱이 그들의 evoked set 안에 들어가 있다면 그 장소는 그들이 특정 목적과 활동을 충족시키기에 필요하다고 느끼고 있는 목적지라는 의미이다.

이러한 각 단계의 휴가목적지 선택과정에 있어서 영향을 미치는 인자는 차이가 있을 것으로 가정하고 각 set안의 목적지에 대한 태도를 촉진인자와 억제인자로 구분하여 각 단계의 선택과정 있어서 촉진인자와 억제인자의 영향력 차이를 검증하였다. 그 결과 1단계 과정인 awareness set에서 evoked set으로 축소되는 과정에 있어서 각 목적지의 촉진인자 크기가 탈락여부에 영향력이 있었고, 반대로 2단계 과정인 evoked set에서 최종 휴

1) Um, S., and J. Crompton(1990), "Attitude Determinants of Tourism Destination Choice". Annals of Tourism Research 17(3):432-448.

그림 5-1 명소개념과 evoked set of destinations

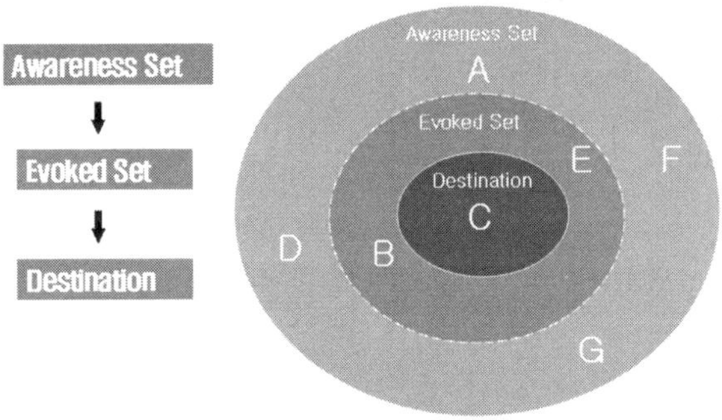

가목적지가 선택되는 과정에서는 각 목적지의 억제인자 크기가 탈락여부에 영향력이 있었다. 즉 1단계에서는 촉진인자 크기가 큰 목적지들이 evoked set에 선정되었으나 최종 휴가목적지로는 결국 억제인자 크기가 가장 작은 목적지가 선정되었다.

여름 휴가목적지 선택과정에 관한 개념화에 있어서 최종적으로 목적지로 선택될 수 있은 장소는 반드시 evoked set 안에 포함되어 있어야 한다는 점과, 이렇게 evoked set에 포함되기 위해서는 또한 반드시 awareness set 안에 포함되어 있어야만 된다는 점을 밝힐 수 있었다. 그렇다면 awareness set에 포함되기 위한 조건은 무엇인가?

예를 들자면 우리나라가 과연 보편적인 영국 사람들 여름휴가 목적지의 evoked set에 포함되어 있을까? 대답은 아마도 그렇지 못할 것이라는 것이다. 그러면 그들의 evoked set 안에 포함되기 위해서는 어떻게 해야 할 것인가? 그것은 앞서 수차례 언급하였다시피 시간이 해결해주는 것이다. 다시 말해서 우리나라의 국력이 점점 커짐에 따라 우리 문화가 세계화되는 시점에 일단 그들의 awareness set 안에 우리나라가 포함될 수 있다. 즉 그들이 알아주는 나라가 될 수 있다. 이러한 과정은 관광공사와 문화관광부의 노력에 따라 갑자기 가능해지는 것이 아니다. 그리고 다시 시간이 지남에 따라 우리나라가 awareness set 안에 들어가 있는 사람들이 상당수에 이를 경우 이들을 대상으로 한 적극적인 마케팅 노력에 의해 그들의 evoked set 안으로 진입할 수 있다. 다시 말해서 그들의 특정목적에 필요한 나라로 인정될 수 있으며 또한 최종적인 목적지로서 선택될 수도 있는 것이다.

물론 영국 사람들 중에서 일부는 우리나라를 이미 그들 휴가 목적지의 awareness set 안은 물론 evoked set 안에도 포함하고 있을 수 있다. 태권도를 열심히 배우고 있는 사람들이 그렇고, 6.25 참전용사들과 해외 입양아들도 마찬가지 일 수 있다. 이들을 대상으로 우리는 최소한의 노력을 통해 우리나라를 최종 휴가목적지로 선택될 확률을 높일 수 있다.

한편, 우리나라를 해외여행의 evoked set 안에 포함하고 있는 사람들은 과연 누구일까? 최근 한류의 물결로 인해 대장금 등 한국 TV드라마를 시청한 많은 일본여성들과 동남아 사람들의 해외여행 evoked set 안에는 이미 한국이 포함되어 있다. 다시 말해서 한국은 그들에게 해외여행 명소로서 각인되고 있는 것이다.

이러한 사례를 근거로 할 때 명소란 공간의 특성에 의해서만 결정되는 것이 아니라 그 공간을 장소 이상으로 생각하고 있는 집단 즉 특정 공간을 특정 목적이나 특정 요구의 대상지로 알아주는 사람들에 의해 명소로 결정된다는 점을 발견할 수 있다. 즉 명소란 특정 활동 또는 특정 목적과 관련하여 어떤 사람의 evoked set 안에 포함되어 있는 장소를 지칭한다. 다시 말해서 명소란 특정 활동 또는 특정 목적과 관련하여 합당한 대안의 하나라고 알아주고 필요로 하는 사람이 한사람 이상 존재하는 장소라고 정의할 수 있다.

그러므로 모든 장소는 단지 한 사람에게라도 인정받는 장소가 된다면 곧 명소가 되는 것이다. 장소란 이미 사람들이 이용하고 있는 공간을 의미하므로 그 사람들 중의 적어도 한 사람 이상은 그곳을 훌륭한 장소로서 알아주고 필요로 할 가능성이 있으므로 거의 모든 장소가 명소가 될 수 있다는 것이다. 여기서 내릴 수 있는 가정은 어떠한 공간이라도 사람들이 이용하여 장소가 된다면 그곳은 곧 명소일 수 있다는 점이다. 명소로 인정해 주는 사람 즉 그 장소를 evoked set 안에 포함하는 사람이 반드시 존재한다는 가정을 할 수 있다. 그러므로 명소마케팅은 이러한 사람들을 찾아내고 이들부터 장소를 찾도록 만드는 전략이다.

2. 명소의 레벨과 명소마케팅 정의

명소는 특정 장소를 알아주는 사람들의 범위에 따라 그 레벨이 달라 질 수 있다. 즉 어떤 공간을 특정 활동이나 목적의 장소로 알아주는 사람들이 전국적으로 아주 많을 때, 즉 어떤 장소를 특정 목적을 달성하기 위한 evoked set안에 포함하고 있는 사람들이 전국적으로 아주 많을 때 그곳은 국가적 명소가 될 수 있다. 에버랜드는 아이들을 데리고 가족이 함께 가볼만한 명소이며, 용인민속촌은 외국인 손님이 올 경우 한번쯤 같이 갈만한 명소이다.

한편, 어떤 장소를 특정 목적의 명소로 알아주는 사람들의 규모가 아주 작다하더라도 그 집단에 속하는 몇몇 사람들에게 있어서 그곳은 명소임에 틀림없다. 이러한 경우는 국지적(local) 명소라 할 수 있다. 다시 말해서, 그곳을 evoked set안에 포함하고 있는 사람들이 숫자가 적다하더라도 그 소수의 사람들에게 그곳은 명소이다. 물론 국가적 명소와 국지적(local) 명소 이외에 지방명소도 있을 수 있다. 이와 같이 어떠한 공간도 자체의 특성뿐만 아니라 그것을 알아주는 사람들에 의해 명소화 될 수 있다. 단지 명소의 레벨에서 차이가 있을 수 있는 것이다.

그러나 중요한 점은 어떤 장소를 특정 목적을 충족시킬 수 있는 대안의 하나로 알아주고 필요로 하는 사람이 있음으로 해서 그 사람들에게 그 곳은 evoked set 안에 포함될 수는 있지만 그러한 장소가 반드시 특정 목적을 충족하기 위한 최종 목적지로 선택되도록 하는 것은 별개의 문제이다. 다시 말해서 아무리 알아주는 사람들이 있다고 하더라도 그 장소가 반드시 그들이 필요로 하는 장소인가는 다른 문제인 것이다. 또한 그들이 알아주고 필요로 한다 하더라도 그것이 최종 목적지로 선택되는 것은 또다른 문제이다. 즉, awareness set(알아주는 단계)에서 evoked set(필요로 하는 단계)으로 축소되고 다시 evoked set(필요로 하는 단계)에서 destination(최종 목적지)으로 선택되는 과정에 있어서는 반드시 이전 단계에 포함되는 것이 최종 목적지로 선택될 확률을 높이는 것이며, 각 단계마다 어떠한 요인이 작용하는 가를 아는 것이 매우 중요하다. 명소마케팅이란 바로 특정 장소가 소비자의 awareness set(알아주는 단계)에서 evoked set(필요로 하는 단계)으로, 그리고 다시 destination(쓰임의 단계)으로 선택되는 것을 목표로 하는 마케팅이다.

여기서 장소와 명소의 차이를 분명히 할 필요가 있다. 어떤 공간이 사람들에 이용될 때 그곳은 장소가 되며, 그중 특정한 사람들에게 있어서 그 장소는 특정 활동과 특정 목적을 수용하기에 아주 합당하다고 판단되는 명소가 되어서 그들의 evoked set 안에 존재하게 된다. 이후부터 그 사람들은 특정 활동과 목적을 생각할 때마다 그들의 머릿속에는 그 장소가 떠오르게 된다. 그러나 이렇게 그 장소를 명소로 알아주고 필요하게 생각한다고 해서 반드시 그 장소를 특정목적을 위한 최종목적지로 선택하지는 않는다. 여기에 명소마케팅이 필요한 것이다. 그러므로 명소마케팅의 목적은 첫째, 장소를 명소로 만드는 일이며 둘째, 그러한 명소를 최종적인 목적지로 만드는 것이다.

표 5-1 마케팅적 접근과 명소 마케팅적 접근

경영개념	배 경	초 점	수 단	목 표
마케팅적 접근 (Marketing Approach)	소비자 욕구 다양화	소비자 욕구	마케팅 믹스	소비자 욕구 충족에 의한 이윤추구
명소 마케팅적 접근 (Destination Marketing Approach)	경쟁심화에 의한 차별성 요구	자원(사업주체)의 특성과 소비자 욕구	마케팅 믹스	정통성 확보를 통한 지속적 경쟁우위

※ 출처: 엄과 서(1999). 레저산업론

즉, 명소마케팅이란 개발 소재로 삼을 수 있는 어떤 장소의 자원적 특성이나 사업주체의 특성(자원성)을 찾아내고, 이러한 자원성 때문에 이미 그곳을 장소 이상으로 알아주고 있는 사람들부터 우선적으로 찾아내어, 그들을 1차 표적시장(시장성)으로 설정함과 동시에 아직은 그곳을 모르고 있지만 지금부터 알게 할 수요자들을 2차 표적시장(시장성)으로 설정하여 자원성에 바탕을 둔 컨셉을 통하여 그 장소를 필요로 하게 만들어 최종 목적지로 선택되도록 만드는 마케팅이다.

다시 말해 그 장소가 그들에게 최종적인 목적지로써 선택되게 하는 마케팅이며, 또한 최종적으로 선택된 그 장소가 지속적으로 그들의 evoked set 안에 존재하면서, 그들이 재방문하도록 하거나 아니면 최소한 구전을 통해 홍보하도록 하거나 그 장소와 유사한 곳이라도 방문하도록 유도하는 공격적인 마케팅이다. 이러한 명소마케팅을 통해 기존의 마케팅에서는 어렵게 여겨졌던 지속적인 경쟁우위 확보 즉 지속적 차별성 유지에 기여할 수 있다. 기존의 마케팅 접근은 누구나가 소비자 욕구충족이 가능하므로 결국 경쟁심화를 가속화 시키는 결과를 가져왔다. 따라서 공급자 특성도 감안한 명소마케팅 전략이 더욱 안정적인 차별화방안이라 할 수 있다.

또한 명소와 명소마케팅의 차이점은 명소는 알아주는 필요로 하는 집단을 가지기만 하면 조건이 충족되는데 반하여 명소마케팅은 알아주고 필요한 집단을 대상으로 명소가 현실적으로 선택되게(즉 방문하도록) 만드는 점이 다르다고 할 수 있다. 한편, 연관성은 명소마케팅의 결과로 특정 공간을 단순한 장소가 아닌 명소로 알아주는 집단의 크기는 더욱 커질 수 있으며 이에 따라 명소의 레벨이 상승하게 된다는 것이다.

3. 명소마케팅 구조

3.1 명소마케팅의 3가지 키워드

명소마케팅의 3가지 키워드는 자원성, 시장성, 정통성이다. 지피지기면 백전백승이라는 말과 같이 자신이 남과 차별화 될 수 있는 어떤 특성(자원성)을 가지고 있는지를 명확히 파악해야 그것을 필요로 하는 집단에 마케팅 할 수 있을 것이다. 이 단계가 명소마케팅의 자원성 찾기이다.

장소가 가지고 있는 고유한 특성(자원성)을 발견함으로써 현재의 상태 그대로도 이미 알아주는 집단(자원적 시장)을 찾아낼 수 있다. 즉 장소의 특성을 현재의 그 상태로서도 이미 알아주는 집단을 1차 표적시장으로 설정함은 물론 아직 자원성을 알고 있지는 않지만 이제부터 알게 할 집단(욕구적 시장)[2)]을 2차 표적시장으로 설정하여 필요로 하는 집단을 찾아내는 것이 명소마케팅의 시장성 찾기 단계이다.

---

2) 마케팅 비용의 측면에서 볼 때 1차 표적시장을 대상으로 그들을 방문하게 하는데 드는 비용이 2차 표적시장을 대상으로 방문하게 하는데 드는 비용보다는 훨씬 적게 들 것이다. 이렇게 현재의 상태 그대로 알아주는 집단을 대상으로 일차적으로 방문자로 만드는 전략, 이것이 명소마케팅의 실천전략 첫 번째인 시장침투전략(market penetration strategy)이다.

그림 5-2 명소마케팅 표적시장

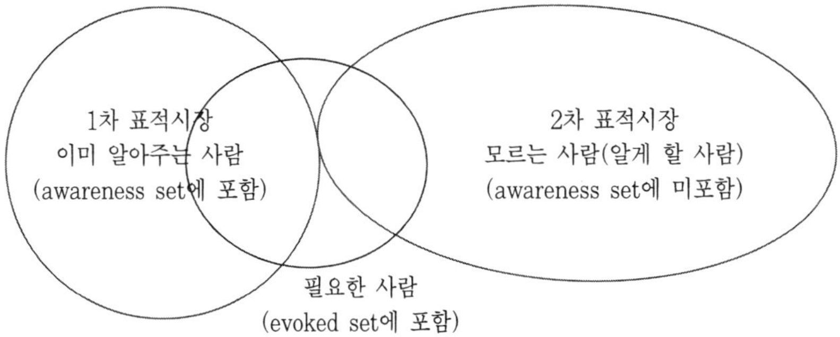

결국 1차·2차 표적시장을 대상으로 한 적극적인 명소마케팅을 통해 특정장소만을 유일하게 알아주면서 필요로 하는 집단으로 지속적으로 유지함으로써 그들이 그 장소를 단순 명소가 아닌 정통성 있는 명소로 인식하게 될 수 있을 것이다. 즉 그들은 그 장소에 브랜드 로열(brand loyal)이 될 것이다. 여기서 특정 장소를 정통성 있는 명소로 인식하는 집단은 바로 evoked set 안에 특정 장소만을 유일하게 항시 가지고 있는 집단을 의미한다. 그것이 바로 특정장소의 브랜드 로열 집단이다. 반면에 단지 evoked set 안에 특정 장소를 다른 장소와 함께 포함하고 있다면 그것은 단순 명소로 인식하는 것이다.

표 5-2 특정장소의 입장에서 본 표적시장 3가지 유형과 특성

표적시장 유형	명칭	특성	awareness/evoked set 관계
1차 표적시장	자원적 시장	자원성을 이미 알아주는 집단	awareness set내 기포함
2차 표적시장	욕구적 시장	아직 자원성을 모르며 알게 할 집단	awareness set내 미포함
3차 표적시장	충성도 시장	이미 방문한 집단	evoked set 내 유일하게 특정장소만 존재

3.2 명소마케팅의 3 원칙

명소마케팅을 실천하기 위한 세 가지 원칙은 다음과 같다

첫째, 명소는 만들어 지는 것이 아니라 찾아지는 것이다. 명소가 되기 위해서는 자원성을 찾음으로써 그것을 필요로 하는 집단에게 마케팅 할 수 있는 소재를 도출할 수 있다. 그러므로 그 장소에서 가장 흔하게 볼 수 있는 것이 바로 자원성이 될 수도 있다. 또한 자원성을 찾음으로써 그 장소를 있는 그대로 알아주는 집단을 우선적으로 찾아낼 수 있으며, 이들을 1차 표적시장으로 설정함과 동시에 그 밖의 사람들을 2차 표적시장으로 하여 '필요로 하는 사람 즉, 방문할 만한 사람(시장성)'을 찾아낼 수 있다. 결국 찾아진 자원성과, 찾아진 시장성을 연계함으로써 명소가 탄생할 수 있으므로 명소는 만들어지는 것이 아니라 찾아지는 것이라 할 수 있다.

둘째, 모든 장소는 명소가 될 수 있다. 문제는 명소의 레벨이다. 모든 장소는 그 장소가 보유한 자원성을 알아주는 집단의 규모에 따라 국가적인 명소, 세계적인 명소, 지방명소, 아니면 동네명소가 될 수 있다. 몇 사람이 되지 않더라도 자원성을 알아주는 사람들에게 그 장소는 앞서 내린 정의에 따라 명소임에 틀림없다. 그러므로 모든 장소는 이미 이용한 사람들이 있으므로 그들 중 한 사람에게라도 명소가 될 있다. 즉 자원성을 있는 그대로 알아주는 사람(1차 표적시장)들의 숫자에 따라 명소의 레벨에 차이가 있을 수 있지만 어떠한 장소라도 이용한 사람들 중 적어도 한 사람 이상은 알아주는 사람이 있을 만큼 자원성이 조금이라도 있다고 가정함으로써(아니 조물주가 그렇게 만들었다고 생각함으로써) 최소한 그 사람에게 그 장소는 명소가 될 수 있다.

셋째, 명소는 발전한다. 즉 몇 사람이 알아주는 어떤 장소라도 그 1차 표적시장에 대해 정통성을 지속적으로 확보해 나간다면 점차 구전을 통해 2차 표적시장이 확대됨으로써 더 많은 사람들이 알아주고 필요로 할 수 있

게 만들 수 있으며, 이에 따라 높은 수준의 명소로 발전할 수 있다. 문제는 대부분의 장소가 자원성 크기에 관계없이, 그리고 시장성 규모를 확인하지 않고 국가적인 명소를 지향한다는 것이며 이러한 비마케팅적 접근 시 과투자와 환경훼손이 유발될 가능성이 크다. 지방 자치제 실시와 더불어 이러한 시도가 유행처럼 번지고 있는 것이 사실이다. 그러나 명소마케팅이 추구하는 것은 자신의 자원성 성격과 규모에 맞추어 알아주는 사람부터 1차 표적시장으로 착실하고 지속적으로 정통성을 확보할 때 더 높은 수준의 명소가 가능할 수 있다는 점이다.

단상 11 명소마케팅과 Me-marketing

대학강단에 서서 학생들을 대할 때 마다 필자가 주장하는 명소마케팅은 학생들의 Me-marketing에도 적용될 수 있겠다 라는 생각이 든다.

요즈음 학생들 취업문이 점차 좁아지고 있음에도 불구하고 모두 특정기업만을 대상으로 전력투구하고 있음은 마치 모두가 '전국적인 명소'가 되겠다는 생각만을 가지고 있는 것과 마찬가지이다. 물론 우리 학생들 모두가 졸업과 동시에 '전국적인 명소'로 인정받았으면 하는 마음은 본인도 마찬가지이다. 문제는 이렇게 준비하여 성공하는 사람은 몇 사람이 안되며 나머지는 실패와 동시에 자기가 원하지도 않는 곳으로 취업방향을 돌리는 경우가 많다는데 문제가 있다.

젊은 시절에 가장 필요한 것은 무엇보다도 자신감인데 이 자신감을 얻을 수 있는 모든 곳이 바로 우리 학생들이 취업문을 두드릴 만한 곳이라고 생각한다. 인생은 마라톤과 같다고 하는데, 젊은 시절에 자신감만 쌓을 수 있다면 누구든지 어느 시점에 많은 사람들이 인정하는 '전국적인 명소'가 될 수 있다. 그러한 자신감을 쌓을 수 있는 곳은 바로 지금 여러분의 있는 그대로 모습을 최대로 인정해 줄 수 있는 그러한 직장이다. 비록 여러분의 기대에 못 미치더라도 그러한 직장이야 말로 여러분을 '명소'로 알아주는 곳이며, 그곳에서 자신감을 쌓다보면 더 많은 사람들이 인정하는 높은 수준의 '명소'가 가능하게 되는 것이다.

4. 명소마케팅 키워드 찾기

명소마케팅은 한국적 관광개발의 이론적 배경이다. 한국적 관광개발 계획 수립을 위한 방법론으로 6단계 과정을 도입할 수 있는데(엄과 서 1997), 1단계가 바로 자원성 도출을 위한 여건분석, 2단계가 1차 표적시장과 2차 표적시장 설정 등 시장성 파악을 위한 시장분석, 3단계는 경쟁 및 유사사례 분석, 4단계는 이상의 분석과정을 종합하여 제시하는 포지셔닝 컨셉 설정, 5단계는 컨셉을 구체화하는 마케팅믹스, 그리고 마지막 6단계는 재원조달, 조직, 관리운영 등을 포함한 사업추진 전략이다.

4.1 명소마케팅 매트릭스

명소마케팅은 3가지 키워드를 근간으로 성립된다. 즉 자원성과 시장성, 그리고 정통성이다. 여기서 자원성과 시장성을 축으로 자원성 유무와 시장성 유무에 따라 매트릭스를 구성할 경우 4가지 상황이 전개될 수 있다. 여기서 표 5-3)의 음영 부분과 같이 자원성이 제법 있으나 시장성은 크지 않은 경우와, 자원성이 별로 없으며 시장성도 크지 않은 경우를 대상으로 명소마케팅 대상을 한정하고자 한다. 왜냐하면, 자원성이 크고 시장성도 큰 경우에는 어떠한 컨셉을 가지고 접근하여도 성공이 가능하기 때문이다. 또한 자원성이 별로 없으나 시장성이 큰 경우에도 인위적으로 테마를 부여하거나 시장을 세분화하여 특정시장을 대상으로 집중마케팅하면 차별성을 유지 할 수 있기 때문이다.

명소마케팅에서는 모든 장소는 명소가 될 있다고 가정하므로, 자원성이 크지 않더라도 그 자원성을 현재 상태로 알아주는 사람을 1차 표적시장으로 작은 명소로서 출발 할 수 있기 때문에 그리고 시장성이 크면 어떠한 방법을 동원해서라도 차별적인 개발이 이루어 질 수 있으므로 명소마케팅은 시장성이 크지 않은 장소를 대상으로 자원성과 그에 합당한 시장성을 찾아내는 작업을 시도하고자 한다.

표 5-3 명소마케팅 매트릭스

	시장성 high 시장세분화도 가능	시장성 low 자원성 레벨을 고려함
자원성 high	National level 명소 (인사동, 용인민속촌, 에버랜드)	1) 특정집단 타깃 2) 시장 찾아 나서기 3) 지나가는 시장 잡기 4) 복합시장
자원성 low	인위적 테마부여 (일산 피에스타 몰)	1) 특정집단 타깃 2) 시장 찾아 나서기 3) 지나가는 시장 잡기 4) 복합시장

4.2 명소마케팅 자원성 찾기

명소마케팅은 모든 장소는 명소로 특정 집단에게 인정받고 있는 자원성을 보유하고 있다고 가정한다. 이 자원성을 찾아내어 기획의 소재로 활용하여 필요한 사람과 연계하면 더 많은 사람들에게 인정받는 명소가 될 수 있다. 즉 더 큰 레벨의 명소가 될 수 있다. 그러면 어떻게 그 자원성을 찾을 수 있을 것인가? 또는 어떤 특성이 자원성이 될 수 있는가?

다음은 자원성(기획소재) 발굴의 원칙이다.

첫째, 이미 잘 알려진 것을 활용하라

둘째, 잘 알려져 있지 않더라도 가장 흔하게 보이는 것을 활용하라
셋째, 가장 오래된 것, 가장 최신의 것, 가장 큰 것, 가장 작은 것 등 상대적으로 비교우위에 있는 것을 활용하라
넷째, 화제가 될 만한 것을 활용하라
다섯째, 아무것도 내 놓을 만한 것이 없으면 그곳의 사람들을 활용하라

표 5-4 자원성의 유형과 차이점

자원성 유형	특성	비고
근원성	지명도,장소성,고유성,역사성,대표성,규모 와 수량 차원 비교우위	근원성 이외의 자원성은 근원성과의 관계에서 조명가능
연상성	근원성에서 연상되는 유형적 이미지 활용	근원성 바탕의 시각적 상징성
의미성	근원성에서 유추되는 무형적 의미 활용	근원성 바탕의 인식적 상징성
화제성	현재의 세간 관심사 활용	근원성이 되기 이전단계, 과거의 화제성은 근원성

1) 근원성 찾기

근원성이란 해당 장소만이 보유하고 있는 특성이나 다른 장소가 보유하고 있다고 하더라도 지명도, 장소성, 고유성, 역사성, 대표성, 규모와 수량 차원에서 상대적으로 비교우위에 있는 각종 특성을 지칭한다. 즉 가장 잘 알려진 것, 가장 오래된 것, 가장 최신의 것, 가장 규모가 큰 것, 가장 규모가 작은 것, 가장 긴 것, 가장 짧은 것 등 글자 그대로 타 장소에 비해 차별화 될 수 있는 특성을 포함한다.

(1) 지명도 차원의 근원성 활용사례

- 담양의 대나무와 죽향제
- 남원의 광한루와 춘향제

- 이천시 쌀밥집/도자기 축제
- 부산시의 부산 자갈치 축제
- 대천시의 머드축제 인지도를 활용한 머드 화장품 개발
- 보성군의 녹차를 활용한 녹차김치와 녹차돼지고기

(2) 장소적 특성차원의 근원성 활용사례: 하드웨어 자원을 중심으로

- 진도의 바다 갈라짐과 영등제
- 대구 약령시의 약령시 축제
- 서울 종로 3가 국악거리의 국악거리 축제
- 태백산의 눈꽃축제
- 서해안 갯벌과 대천해수욕장의 머드축제
- 보성녹차밭과 다향제
- 채석장 절개지를 활용한 암벽공원
- 63빌딩의 63층 계단과 수직마라톤 대회

문경의 철로자전거는 장소적 특성을 활용한 성공사례이다. 3000원 내고 두 사람이 타게 되는 철로자전거는 평일 300명에서 500명, 그리고 주말에는 2000명이상 애용하는 근원성을 활용한 성공사례이다. 마찬가지로 보성의 녹차밭도 많은 사람들이 몰려 보성군을 일약 관광명소로 만든 성공사례이지만 아래의 그림에서 볼 수 있듯이 녹차밭 정면에 배치된 각종 음료자판기는 녹차밭과 잘 어울리는 모습은 아니라고 할 수 있다.

그림 5-3 보성 녹차밭과 음료 자판기

(3) 고유적 특성 차원의 근원성 활용사례: 소프트웨어 자원을 중심으로

- 세종 문화회관의 직장인을 위한 한낮의 음악회
- 정육점이 운영하는 설렁탕집
- 횡성군 참숯 굽는 곳에서 운영하는 참숯가마 찜질방

(4) 역사적 특성 차원의 근원성 활용사례

- 완도의 장보고 유적과 장보고 축제
- 고양시의 행주산성 대첩제
- 스페인 따라까나시의 'Tarraco Viva' 축제
  (로마의 지배로 현재까지 남아있는 로마유적과 로마문화를 활용한 축제로 글레디에이터 시범, 로마복장 퍼레이드, 로마문화 체험, 로마음식 맛보기 등의 행사로 구성되어 있다.)

그림 5-4 스페인 따라까나시의 'Tarraco Viva' 축제

(5) 대표성 차원의 근원성 활용사례

- 독일 문화원의 '독일인이 부르는 한국가곡' 행사
- 차범근 축구교실

(6) 규모, 수량 차원의 근원성 활용사례

- 상주의 자전거 인구와 자전거 축제
- 미국 플로리다 15miles 다리와 15mile 마라톤 대회
- 미국 워싱턴 주 포크 시티의 강우량 과다와 비축제

2) 연상성 찾기[3)]

연상성이란 근원성을 직접적으로 자원성으로 활용하는 것이 아니라 이에 근거한 1차적인 또는 2차적인 연상 이미지를 기획소재로 활용하는 것

3) 수년간 경기대에서 박사과정 명소해부론, 석사과정 명소마케팅 연구, 학부과정 명소마케팅과 관광레저기획론 수업을 진행해 오면서 학생들의 도움으로 훌륭한 명소마케팅 성공사례를 찾아 낼 수 있었다. 지면을 통해나마 이들의 노력 덕분으로 좋은 사례들을 이 책에 올릴 수 있게 된 것을 진정 감사드린다.

을 의미한다. 이러한 연상성은 개발한 결과가 특정한 컨셉을 연상시키는 사례와 자주 혼동되므로 유의해야 한다. 다시 말해서 여기서 연상성이라 함은 개발 또는 기획소재의 대상으로서 근원성의 1차적, 2차적인 연상 이미지를 소재로 하였을 경우만을 대상으로 한다. 즉 근원성을 활용하는 것도 중요하지만 근원성에 바탕을 둔 연상성을 소재로 한 경우에도 소비자는 정통성을 부여할 수 있다는 점을 주목해야 한다. 근원성보다 연상성을 활용할 경우 더욱 다양하고 실용적이며 재미있는 관광 상품화가 가능할 수 있기 때문이다.

연상성 찾기 사례는 다음과 같다.

- 한겨울 강추위가 기승을 부리는 매년 1월말, 부산 해운대 앞바다에 뛰어들어 건강을 다지는 북극곰수영대회는 겨울바다라는 근원성을 근거로 1차로 연상되는 이미지인 '북극곰'을 소재로 개발한 연상성 활용 성공사례이다. 해운대 웨스틴 조선비치호텔이 지난 1988년부터 개최하고 있는 북극곰수영대회는 지난 18회 동안 매년 천여명 이상이 참가하며 겨울철 이색축제로 전국에 명성을 떨치고 있음.
- OK, SK라는 광고에 의해 SK하면 OK를 연상하게 하고 이러한 SK-OK의 연상성에 근거하여 만들어진 www.oktravel.com은 SK가 운영하는 회사라는 이미지를 갖게 함
- 미국의 타코벨이란 멕시컨 스타일 패스트푸드 프랜차이즈가 1999년 만우절에 미국의 자유의 종을 구매하였다는 광고는 바로 타코벨을 자유의 종과 연상시킴으로써 인지하기 위한 전략이었음. 다시 말해서 연상성을 활용한 광고 전략이었음.
- 프랑스 앙제시는 와이너리로 유명한 지역인데 이곳에서는 방문객을 대상으로 와인테이스팅은 물론 각종 와인과 연계되는 요리를 판매함으로써 와인이라는 근원성은 물론 와인에서 연상되는 요리라는 연상성을 잘 활용하고 있음.

- 한택식물원 바오밥나무 앞 어린왕자상 사례
  쌩떽쥐 베리의 어린왕자에 나오는 바오밥나무는 어린왕자 상이 들어서기 전까지는 그저 사람들이 지나쳐 가는 열대성 큰 나무에 지나지 않았으나, 바오밥나무 앞에 어린 왕자상을 세워 놓은 다음부터는 사진촬영의 명소가 되었다. 이는 바오밥나무의 연상을 잘 활용한 사례로 볼 수 있음(경기대학교 대학원 여가관광개발과, 김효경 작성, 2005).

그림 5-5 한택식물원 바오밥 나무 앞 어린왕자(연상성 사례)

- 북한은 과거 동해에서 납포한 미국 군함 프에블로호를 과거 신미양요 때 격침한 제너럴 셔만호가 연상되는 대동강에 전시함으로써 이 두가지 사건을 연계시키려 함과 동시에 대동강을 명소화 하려고 함. 이는 제너널 셔만호의 근원성 보다는 연상성을 활용한 전략임.
- 남양주시는 다산 생가 주변을 다산 문화공원화하려는 계획을 가지고

있음. 그런데 여기에서 다산 생가의 근원성을 활용하여 다산공원으로 자원화하기 보다는 다산 정약용 선생에서 연상되는 실학을 바탕으로 실학공원, 실학실천공원으로 자원화하는 것이 명소화에 더욱 기여할 것으로 판단됨.

- 일본 벳부의 지옥온천은 연상성을 활용해 명소가 된 사례임. 파란 물, 흙탕물이 부글부글 끓고 있는 온천에 도깨비 상을 세워놓아 지옥을 연상시키고 있다. 이러한 전략은 온천이라는 근원성에 도깨비라는 시각적 상징요소를 플러스시켜 차별화한 연상성 활동사례이다.
- 고양시가 현재 추진 중인 행주대첩제는 행주대첩이라는 근원성을 자원화하는 것도 중요하지만 이것만으로는 다양한 프로그램을 구성하기가 어려우므로 행주산성에서 바로 연상되는 임진왜란을 상기하는 행사로 확대하는 것도 생각해 볼 필요가 있음. 물론 이러한 행사는 진주성 등 전국 도처에서 개최할 수 있지만 워낙 중요한 소재이고 전국적인 규모의 시장성을 가지고 있기 때문에 서로 차별화가 가능할 것임.
- 강원도 봉평에서 개최되는 효석문화제는 많은 사람들이 원래의 이름보다는 메밀꽃축제로 인식하고 있다. 이효석의 대표작품 "메밀꽃 필 무렵"의 주요무대인 봉평에서 효석문화제를 개최하는 것은 근원성을 잘 활용한 사례이다. 그러나 이효석의 고향이라는 근원성으로 부터 연상되는 메밀꽃을 테마로 한다면, 이효석 문학을 포함한 각종 문화행사와 메밀꽃을 중심으로 한 자연의 향기/전통의 향수가 혼합 된 웰빙문화 축제로 더욱 성장할 수 있을 것이라 생각됨.

다시 말해서 단순히 근원성을 소재로 하기보다 연상성을 소재로 하였을 경우 다양한 상품화는 물론 문화와 자연이 만나 시너지 효과를 갖게 하는 계기가 될 수 있을 것임. 한편, 9월 초에 10일간 개최하는 것 보다는 메밀꽃축제와 봉평문화제를 분리하여 각각 가을과 봄에 개최는 것도 봉평 방문객수를 증대하는데 기여할 수 있을 것임.

과제 1

- 성남시의 모란장은 수도권의 몇 개 안되는 전통장터로 자리 잡아 왔다. 만일 이곳에 특정 축제를 도입하여 전통시장을 활성화하는 계획을 갖는다면, 과연 어떠한 축제가 타당할 것인가? 자원성 찾기 중 연상성 찾기에 근거하여 구상해 보시오.

3) 의미성 찾기

의미성이란 무형적인 요소로서 개인적 의미, 집단적 의미, 민족적 의미 등을 포함하며 이러한 무형자원의 가치를 인정하는 특정집단을 대상으로 유형화 할 경우 명소화가 가능하다. 여기서 연상성은 근원성을 바탕으로 한 시각적 상징성을 의미하는 반면에, 의미성은 근원성을 바탕으로 한 인식적 상징성을 의미하고 있다고 볼 수 있다. 단순히 특정 자원성을 근원성으로 활용하기보다는 연상성과 의미성으로 활용함으로써 보다 높은 차원의 명소화가 가능한 것이다. 그러므로 연상성과 의미성 활용사례로 인정받기 위해서는 단순히 근원성이 아닌 그 이상의 연상과 의미를 소재로 성공한 사례이어야만 할 것이다[4].

사이판의 일본군 최후 항쟁지는 방문하는 일본인은 물론 우리나라 사람에게 각기 다른 의미를 부여하고 있는 명소이다. 이러한 의미성을 활용한 사례는 근원성 활용사례와 구분하기가 어려운 점이 있으나 근원성은 보여지는 특성 그 자체를 대상으로 하지만 의미성은 보여지는 특성이 아니라 인식되는 특성을 대상으로 한다는 점이 다르다. 다시 말해서 단순히 사이판 일본군 최후 항쟁지를 보존하는 근원성 차원의 명소화 보다는 이를 의미가 다르게 받아들일 일본인 방문객과 한국인 방문객을 고려하여 명소화

4) 별도로 연상성과 의미성을 활용한 명소화 사례를 찾기보다는 기존의 근원성 활용사례 중에서 연상성과 의미성을 부여해 자원성과 시장성을 한 차원 높인 사례를 찾는 것이 타당해 보인다. 이 점이 수업시간에 자원성 활용 명소화 성공사례 과제를 내 줄 경우 대부분 학생들이 잘 이해하지 못하는 부분이다.

한다면 그 장소의 명소레벨은 국제적인 명소로 제고될 수 있을 것이다.

경기대학교 관광대학 명소마케팅 연구실 이민욱 연구팀이 2005년 시도한 수원화성 행궁의 소원빌기 행사는 단지 오래된 나무 이상으로는 거들떠보지 않는 500년 수령의 느티나무에 새끼를 두르고 소원을 적은 쪽지를 걸게 함으로써 화성행궁 프로그램 중 가장 인기있는 프로그램의 하나로 만들었다. 여기서 자원성은 500년 느티나무가 가지고 있는 의미성을 자원화한 좋은 사례라고 판단된다. 여기서 수집된 각종 쪽지들은 매월 보름에 소각되는데 이러한 소각의 의미성도 자원화 함으로써 이들의 재방문을 유도할 수 있을 것이다.

그림 5-6 수원화성 행궁의 소원 빌기 행사

- 광주 광역시 망월동 5.18 묘역을 민주화 공원으로 단장한 사례를 단순히 민주투사들의 묘역이 아니라 이들의 정신을 대대로 계승시키기 위한 전시공간의 개념으로 공원화함으로써 많은 사람들이 찾게 만든 것은 의미성을 잘 활용한 명소화 사례이다.

4) 화제성 찾기

자원성 찾기의 네 번째 요소인 화제성 찾기는 최근 시점에 많은 사람들의 시선이나 관심을 모은 바 있는 요소를 활용하는 전략을 의미한다. 여기서 유의할 점은 과거의 관심사를 활용한다면 그것은 화제성이 아니라 근원성이 될 수 있을 것이다. 화제성의 가장 흔한 사례로서 TV드라마의 촬영지가 이 경우에 해당된다. 그러나 가을동화가 방영되면서 방문객을 끌어 모으던 양양의 선운분교도 결국 시간이 지남에 따라 방문객이 줄어들고 있으므로 화제성을 소재로 개발할 경우에는 개발규모 설정과 운영전략 수립에 있어서 조심스러운 접근이 필요하다.

※ 기타 화제성 활용사례[5)]

- 조정래의 장편소설 태백산맥의 주무대인 벌교에 태백산맥기념관을 건립하고, 소설의 무대가 된 보성여관, 현 부자집, 낙안뜰 포구, 중도 방죽, 김범우의 집 등을 관광자원화 하려는 노력과 '태백산맥 문학여행'을 관광 상품으로 개발한 사례는 화제성을 활용한 사례라고 할 수 있다.
- 무주리조트의 마이클 잭슨 비빔밥
- 태조왕건 TV 드라마 촬영 세트장

이상의 경우와 같이 근원성, 연상성, 의미성, 화제성 차원에서 개발의 소재를 발굴하여 자원화 함으로써 명소가 될 수 있는 즉, 정통성을 갖게 할 수 있는 기반을 마련할 수 있다. 그러나 역시 문제는 이러한 자원성을 알아주고 필요하게 생각하는 시장을 찾아내는 일일 것이다.

5) 서울시가 추진한 청계천 복원사업은 화제성을 활용한 성공사례라고 보기보다는 화제를 불러일으킨 사업이며 오히려 근원성을 활용한 사례라 보는 것이 타당할 것이다. 화제성 성공사례를 열거할 경우 이와 같은 착오가 있을 수 있다.

과제 2: 진도의 자원성 찾기

자원성은 특정 장소에서만 찾아지는 것이 아니라 기초 지자체, 광역 지자체 또는 국가적 차원에서도 찾아질 수 있다.전남의 진도를 자원성 찾기 사례로 분석한다면 다음과 같이 자원성이 도출될 수 있을 것이다.

1) 근원성: 섬, 영등제, 삼별초 항몽유적지, 진돗개, 홍주, 아리랑
2) 연상성: 진돗개에서 연상되는 세계명견 축제, 청정해역으로부터 나오는 각종 해산물을 소재로 한 '제철 밥상', 배추와 파가 월동하는 남쪽나라에서 연상되는 겨울철 휴가지.
3) 의미성: 유배문화에 근거한 기품 있는 문화 상품 개발
4) 화제성: 박지원 전 문화관광부 장관 생가

4.3 명소마케팅 시장성 찾기전략

명소마케팅은 자원성을 찾기 위한 여건분석에서 출발하여 이러한 자원성을 바탕으로 컨셉을 도출할 경우 알아주고 필요하게 생각할 시장을 찾아내는 시장분석 단계로 들어가게 된다. 시장분석에 있어서 첫 번째는 자원성 찾기에서 이미 언급된바 있는 특정 장소의 기존 자원성을 있는 그대로 알아주는 사람들을 포함하여 특정시장을 대상으로 시장찾기를 시작해야 한다. 다시 말해서 불특정 다수가 아닌 해당 장소의 특성을 이미 알고 있거나 쉽게 알아줄 수 있는 사람들에 한정해서 시장찾기를 시작해야 한다.

1) 특정시장을 대상으로 한다.

(1) 이미 알아주는 사람부터 찾아내기

이미 어떤 장소의 특성을 잘 알고 있는 사람들부터 찾아내는 것이 중요하다. 왜냐하면 이들은 비교적 홍보비용을 많이 들이지 않고도 적극적인 방문객으로 만들어 낼 수 있기 때문이다. 김해시가 시내에 산재한 가야시대 역사유적의 복원을 통해 문화관광 도시로 거듭나고자 노력하고 있다. 김해시가 부산사람들 이외에 김해시 문화관광의 표적시장으로 설정해야 될 사람들은 우선적으로 김해를 잘 알고 있는 전국의 김해김씨들일 수 있

다. 이들은 이미 그들의 본향이 김해이므로 김해를 이미 알고 있는 사람들이다. 그리고 언제가 가족과 함께 김수로왕릉과 허황후릉 등 그들의 뿌리를 찾아보고 싶은 마음을 가지고 있는 사람들이다. 이들부터 김해시 관광객으로 유치할 수 있는 홍보 전략과 프로그램 개발이 필요하다.

또한 유럽인들 중에서 한국을 찾을 수 있는 사람들을 찾아내는 것은 바로 이러한 특정시장을 대상으로 한 알아주는 사람부터 찾아내기에 속하는 전략일 것이다. 유럽인들 중에서 한국의 태권도를 배우고 있는 사람들, 그리고 유럽인들 중에서 과거 한국전에 참전한 용사들, 입양아들이 바로 특정시장을 이미 알아주는 사람들이라 할 수 있다.

(2) 쉽게 알아 줄 수 있는 사람부터 찾아내기

특정 장소의 자원성을 이미 알고 있지는 못하지만 집단의 특성상 이러한 지원성을 쉽게 이해하고 가치를 인정할 수 있는 사람들을 찾아내는 것이다.

한류 관광객들이야말로 한국관광공사의 입장에서 보면 특정시장을 이미 알아주는 사람들이라 할 수 있을 것이다. 그러나 이들을 대상으로 기존의 영화촬영지 관광이나 한국인 스타들과의 만남 이외에 김치 담그기나 한국말 배우기 등 보다 적극적으로 한국문화를 접할 수 있는 기회를 준다면 이것은 바로 쉽게 알아 줄 수 있는 사람부터 찾아내기에 속하는 사례가 될 것이다.

강화 순무김치 학교는 백화점 우수고객들을 대상으로 김치 담그기 초청행사를 가지고 있다. 강화 순무김치 학교의 입장에서는 백화섬 우수고객이야 말로 순무김치의 가치는 물론 구매력도 높은 사람이기 때문에 훌륭한 특정시장이 될 것이며, 백화점의 입장에서는 최근 웰빙 바람이 부는 가운데 우수고객들에 대한 적절한 사은행사가 될 수 있을 것이다.

경북 안동시는 도산서원과 국학진흥원에서 중・고등학교 윤리담당 교사를 대상으로 선비문화 체험연수를 매년 실시하고 있다. 이 행사는 중・고등학교 교사들이 선비문화 체험연수를 통해 우리 전통문화를 익혀 청소년들의 예절교육에 도움을 주도록 하는 목적에서 시작되었다. 선비문화 체험과 함께 인근 역사문화관광자원을 탐방하며 체험하는 프로그램도 이에 포함되고 있다.

(3) 특정시장 찾기의 tip

앞서 제기한 바 있는 관광모자론에 근거한 아마추어 관광상품 개발의 경우 대부분이 이러한 특정시장 찾기에 해당되는 사례가 될 수 있을 것이다. 전업으로 하는 관광이 아니라 자기만이 가지고 있는 자원성에 근거하여 아마추어로 관광 상품을 개발하는 경우 서비스 마인드나 관리운영에 대한 노하우도 많지 않으므로 지속가능한 관리가 되기 위해서는 다음과 같은 사항을 유의할 필요가 있다.

- 소수의 사람을 대상으로 시작하라.
- 상시적이 아닌 한시적 이벤트성 프로그램부터 시작하라.
- 적극적인 홍보전략 보다는 기존방문객의 구전과 재방문을 노려라.

2) 지나가는 시장을 잡는다.(다른 목적을 가진 시장을 공략)

두 번째 시장 찾기 전략은 다른 목적을 가지고 특정 장소의 주변을 지나가는 사람들을 표적시장으로 잡아채는 것이다. 여기에는 지나가는 시장잡기 홍보전략과 지나가는 시장 잡기 개발 전략으로 나눌 수 있다.

(1) 지나가는 시장잡기 홍보전략

경기대가 위치한 광교산은 수도권 남부에서 등산명소로 꽤나 알려진 곳이다. 주말의 경우 경기대에 주차하는 차량이 성수기에 대략 2000대를 넘어선다고 하니 최소한 연간 40만 명 이상이 경기대에 주차를 하고 광교산을 찾는 것으로 추계할 수 있다. 물론 경기대에 주차하지 않고 주변에 주차하거나 대중교통을 이용하는 사람을 포함할 때 등산객의 숫자는 훨씬 많아

질 수 있을 것이다. 한편, 경기대 박물관이 자랑하는 민화전시회를 개최함에 있어서 지역사회와의 협력 차원에서 이들 등산객을 방문객으로 유치하기위해 등산로 주변에 민화전시회와 관련한 플래카드를 설치였다면 이러한 시도는 지나가는 시장잡기 홍보전략이라고 할 수 있다.

(2) 지나가는 시장 잡기 개발전략

금산군은 천안 논산간 고속도로의 휴게소를 인삼휴게소로 명명하고 여기에 인삼전시관을 설치하여 상품판매는 물론 인삼홍보에 열을 올리고 있다. 이러한 경우 금산 인삼휴게소는 지나가는 시장을 잡기 위한 개발전략이라 할 수 있다. 즉 단지 통과의 목적으로 지나가는 고속도로 여행객들을 대상으로 인삼 관련 홍보와 상품판매를 시도함으로써 금산군은 지나가는 시장 잡기를 실천하고 있는 셈이다.

단상 12 과거 고속도로 휴게소 식당의 품질은?

고속도로를 이용하는 사람들은 어쩔 수 없이 휴게소를 들릴 수밖에 없다. 그리고 이렇게 어쩔 수 없이 들리는 사람들을 대상으로 수년전만 하더라도 고속도로 휴게소 음식점은 별로 시원치 않은 음식으로 장사를 하고 있었다. 지금은 사정이 달라 많이 개선이 되었지만 그들이 임대료를 포함해서 우리가 모르는 여러 가지 사정에도 불구하고 그렇게 어쩔 수 없이 들리는 사람들을 대상으로 다른 어떤 식당보다 더 정성과 노력을 다해 좋은 음식으로 상대했다면 오히려 방문객들의 구전을 통해 더 유명해 질 수 있었을 것이다. 그리고 이렇게 유명해진 브랜드를 통해 다른 곳에서 이익을 얻을 수 있었을 수 있다.

유명백화점내 위치한 음식점도 마찬가지 사정이다. 이들이 높은 임대료와 인건비를 고려해 그저 그러한 음식을 고가로 팔기보다는 역설적으로 좋은 음식을 적정한 가격에 판매함으로써 브랜드 가치를 제고하는 것도 차별화의 방법이라고 생각된다.

이 두 가지 사례에서 볼 수 있듯이 지나가는 시장을 잡는 방법에 있어서 단기적인 안목보다는 장기적인 안목의 투자가 필요하다는 것을 의미한다. 다시 말해서 단기적 매출액 증대 보다는 장기적 브랜드 가치 상승을 위한 홍보차원의 지나가는 시장잡기도 효과적일 수 있다는 것이다.

3) 시장을 찾아 나선다.(시장을 찾아가서 비상시적으로 서비스/상품 전달)

시장을 찾아 나서는 전략은 기존의 시장공략과는 달리 찾아오는 사람만이 고객이 아니라 고객을 찾아 나섬으로써 특정 장소의 자원성을 필요로 하는 사람들을 찾아내는 전략이다.

※ 시장 찾아 나서기와 지나가는 시장 찾기의 차이점

시장 찾아 나서기의 경우에는 1) 특정 장소에 고정되지 아니하고, 2) 비상시적으로 상품이나 서비스를 공급하게 되며, 지나가는 시장 찾기의 경우에는 1) 특정 장소에 고정되어 2) 상시적으로 상품이나 서비스를 공급하는 경우를 지칭한다. 만일 이동 헌혈차가 어떤 특정 장소에 고정되어 지속적인 채혈을 시도한다면 이는 시장 찾아 나서기가 아니라 지나가는 시장잡기가 될 것이다.

물론 시장 찾아 나서기가 성공하게 되면 이들을 고정 시장으로 설정하여 대응하는 지나가는 시장 찾기 전략이 시행될 수 있다. 예를 들어 아침에 공원을 찾는 운동객들을 대상으로 무료 생즙 시음회를 벌이는 것은 시장 찾아 나서기 사례의 하나이며 이것이 성공적인 홍보가 되어 공원 주요 접근로에 생즙 이동 판매소를 상설적으로 개설했을 경우 이것은 지나가는 시장잡기가 될 수 있다.

- 경기도 연천군 문화관광 해설사들은 경순왕릉이나 숭의전 등 관내에 위치한 역사유적지를 방문하는 사람들을 대상으로만 해설서비스를 제공하는 것이 아니라 연천군내의 초등학교를 방문하여 학생들을 대상으로 자기 고장의 관광자원에 대한 이해를 돕고 자긍심을 높이기 위한 찾아가는 해설서비스를 벌이고 있다. 이들은 이러한 활동을 관내 초등학교는 물론 인근 서울지역의 초등학교를 대상으로 확대해 나갈 계획이라고 한다. 이러한 해설 서비스야 말로 시장 찾아 나서기의

모범사례라고 할 수 있다.

- 이동도서관과 지하철 패션쇼, 단국대가 시도한 인사동 거리에서의 도자기교실은 이러한 시장 찾아 나서기의 성공사례이다. 또한 앞서 지나가는 시장잡기의 사례에서 언급한 경기대 박물관의 경우를 시장 찾아 나서기에도 적용할 경우, 박물관이 소장한 민화의 가치를 인식시키고 민화에 대한 이해를 돕기 위해 학교 내 위치한 엘리베이터 내 공간을 활용해 민화사진을 바꾸어가며 전시하는 것을 들 수 있다. 이러한 노력이 시도된다면 이것은 시장 찾아 나서기의 사례라고 할 수 있을 것이다.

4) 복합시장을 겨냥한다(한 가지 자원(기능)으로 두가지 이상의 시장을 겨냥): one source multi-use 전략

시장 찾기의 마지막 전략으로서 복합시장을 겨냥하는 사례로서 들 수 있는 것은 다음과 같다.

- 강원도 모대학 기숙사는 학생들을 위한 기숙시설임은 물론 여름 방학중에는 이 지역을 찾는 피서객을 위한 숙박시설로서 활용되고 있다. 이 경우 기숙사를 건립할 당시부터 이러한 복합시장을 겨냥하고 설계되었을 수도 있으나 세입증대나 지역사회 협력 차원에서 나중에 시도된 전략일 수 있다. 여하튼 대학기숙사의 여름철 피서객을 위한 숙박시설 운영은 복합시장 겨냥사례에 합당하다고 판단된다.
- 최근 대부분의 스키장은 주로 평일 대만 등 동남아 스키 관광객으로 성시를 이루고 있다. 이들은 수년전만 하더라도 스키장에 눈 구경을 하러오는 정도였으나 이제는 아주 적극적인 겨울철 스포츠 관광객으로 바뀌고 있다. 이와 같이 주중에는 동남아 관광객이 그리고 주말에는 내국인 관광객이 이용하는 스키장은 복합시장을 잘 찾아내거나 겨냥한 사례라고 할 수 있을 것이다.

- 모나코의 파출소는 관광안내소를 겸하고 있다. 이들은 경찰관이며 또한 관광안내원이기도 하다. 이 경우 모나코 파출소는 복합시장을 겨냥하고 있다고 판단되며 이러한 노력은 자체의 특성 즉 자원성을 잘 찾아내어 시장 찾기와 연결한 성공사례라고 할 수 있을 것이다.

복합시장 고려 시 유의사항 중 하나는 복합시설(또는 복합기능)과 복합시장은 다르다는 점이다. 복합시설의 예를 들자면, 쇼핑센터와 영화관을 함께 건립하는 것은 오히려 지나가는 시장 잡기의 사례로 볼 수 있으며, 복합시장은 한 가지 시설을 거의 기능을 바꾸지 않고 이용자만 확대하는 전략을 의미한다.

복합시장 고려 시 또다른 유의사항은 시장성이 클 경우의 시장세분화에 따른 차별화 마케팅전략과는 다르다는 점이다. 다시 말해서 시장세분화의 차별화 마케팅 전략은 시장의 규모가 크고 소비자 욕구가 다양할 경우, 소비자 욕구나 싸이코 그래픽에 따라 시장을 세분화 한 후 각각의 세분시장에 차별화된 마케팅을 구사하는 것으로 비차별화된 마케팅을 구사하는 것보다는 소비자 지향적이라고 볼 수 있다. 반면에 복합시장은 시장의 크기가 작을 경우 기존의 자원성을 활용하여 또다른 시장을 개척한다는 차원에서 오히려 특정시장을 대상으로 한 시장찾기 전략과 유사하다고 볼 수 있다.

※ 시장찾기 사례: 경기도에 외국인 관광객을 유치하기 위해서는 과연 어떤 시장을 대상으로 어떤 상품개발이 필요할 것인가?

지난 2005년 경기방문의 해를 맞이해 경기도내 관광인들이 머리를 싸매고 고민한 주제이다. 과연 650만 외국인 관광객들이 거의 70% 가량이 서울을 중심으로 관광을 하고 있는 상황에서 어떻게 이들을 경기도로 끌어들일 것인가? 경기도만이 가지고 있는 자원성을 바탕으로 어떠한 외국인 시장과 연계해야 만이 실제로 경기도 방문이 가능하겠는가?

일단 외국인 시장을 크게 미주, 구주인 시장과, 일본 시장, 동남아 시장, 그리고 중국인 시장을 세분화 한 후에 이들을 대상으로 경기도만이 가지고 있는 자원성 찾기에 근거한 상품개발과 시장찾기를 통한 연계를 고려하고자 한다.

우선 서울 체류 주한 미군이나, 경기도내 주둔 주한 미국인 가족을 대상으로 경기도가 가지고 있는 도예체험, 농촌체험 등 적극적 한국문화 체험을 상품으로 개발할 수 있을 것이다. 특히 주한 외국인 학교와 자매결연을 통해 농촌체험 행사를 시행한다면 더욱 특정시장 대상의 상품개발이 될 수 있다. 또한 수원 화성을 돌아보는 주한 외국인 걷기대회 같은 차원의 상품개발이라 볼 수 있다.

그리고 일본인 관광객을 대상으로는 도내 김치 공장을 자원성으로 활용하여 '김치 아카데미'를 개최할 수 있을 것이다. 이 경우 대부분의 서울 소재 호텔들이 이미 이러한 프로그램을 제공하고 있으므로 더욱 시장을 좁혀서 일본 소재 불고기 집인 야키니꾸 주방장을 대상으로 이러한 프로그램을 개발할 경우 이탈리아의 피자학교와 같은 효과를 기대할 수 있을 것으로 생각된다[6].

한편 중국인 관광객을 대상으로는 이들에게 잘 알려진 '삼성' 브랜드를 활용하여 도내에 위치한 삼성 분당 프라자, 삼성 에버랜드, 삼성 전자, 그리고 삼성 아파트 모델하우스 등을 연계한 삼성 투어 프로그램 개발은 경기도의 자원성을 활용한 상품개발의 사례가 될 수 있을 것이다.

---

6) 이러한 상품을 만들어 내는데 있어서 공무원들이 나서지 않아도 스스로 홍보차원에서 이러한 아마추어 관광상품을 만들어 낼 수 있도록 하는 제도적인 틀이 필요하다. 그것이 바로 관광진흥법 안에 규정된 관광지, 관광사업 등의 개념 외에 관광상품을 포함하여 관광진흥개발기금을 프로페셔널 관광만이 아닌 아마추어 관광에도 지원하는 방안을 강구해야 할 것이다. 여기서 관광상품이란 기존의 문화관광 축제, 대형 이벤트, 여행사의 기획여행 상품, 상기한 김치아카데미와 같은 체험상품, 그리고 기념품을 포함한다.

동남아 관광객을 대상으로는 이미 여주군 광덕리에서 배따기 체험 행사를 개최함으로써 특히 대만관광객에게 호평을 받은 바 있다. 이 지역 리더에 의해 최초로 구상된 외국인 배따기 체험은 이 지역의 영동고속도로를 통과하는 동남아 관광객들을 지나가는 시장잡기 차원에서 끌어들여 성공한 사례라 볼 수 있으며 이제는 배따기 행사 이외에 김치 만들기 체험 등 4계절 체험으로 확대되고 있는 상황이다. 이러한 노력을 통해 지역주민 소득 증대는 물론 이웃한 대형 음식점들의 수입증대에도 크게 기여하고 있다는 소문이며 이를 통해 광덕리 마을은 외국인 농촌체험 전용마을로 차별화할 계획을 수립하고 있는 중이다.

단상 13 시장 찾기의 대상, 방문객만은 아니다.

시장 찾기의 1차 대상은 일반 소비자 즉 방문객이다. 그러나 이들만큼 명소마케팅에 있어서 중요한 시장 찾기 대상은 특정 장소가 가지고 있는 자원성을 알아주고 필요로 하는 참여시장을 포함해야 한다. 이들 참여시장은 투자자, 자원봉사자, 물적 자원제공자 등을 지칭하며 이들을 찾아내는 작업도 시장찾기의 4가지 기법에 따라 추진할 수 있다. 다시 말해서 명소마케팅의 대상은 일반 소비자 즉 이용시장과 참여시장을 모두 포함해야 될 것이다.

5. 한국적 관광개발을 위한 명소마케팅 실천전략

5.1 아마추어 관광 개발

한국적 관광개발을 위한 명소마케팅의 첫 번째 실천 전략은 관광모자론에 입각한 아마추어 관광개발이다. 가능한 모든 주체가 각자가 가지고 있는 자원성을 바탕으로 이를 체험상품으로 개발하여 일반에게 공개하는 전략이다. 이러한 아마추어 관광개발 전략은 선진국이 추진하고 있는 공공부문 여가시설의 확충과 비교하여도 뒤질 바 없는 우리나라 특유의 여가 공간 확충 대책이라 할 수 있다. 다시 말해서 우리나라의 경우 재원 측면에서 선진국과 같은 수준으로 공공부문의 여가시설 투자가 어려우므로 기존의 여가시설로 활용 가능한 자원을 공익적인 차원에서 이용함으로써 국가 전체로 볼 때는 건전한 여가활용을 통한 생산성 증진, 개인적인 차원에서는 삶의 질 향상, 그리고 활용자원 차원에서는 인지도 증대 및 공공지지(public support) 확보 등을 들 수 있을 것이다.

이러한 아마추어 관광개발 전략은 지역주민과 외지인, 내국인과 외국인을 구분 하지 않음으로써 지금까지의 관광개발 전략과는 상이한 최소한의 투자로 최대의 이익을 볼 수 있는 고부가가치 관광전략이기도 하다.

외국인의 입장에서 볼 때 남대문 시장투어와 같은 아마추어 관광 상품은 한국에서만 경험할 수 있는 고품질 관광 상품이며 만일 외국인들이 불편해 하시 않을 정도의 기초적인 관광인프라 시설(화장실, 휴식공간, 대형버스 주차장 등)만 보완된다면 보편성과 의외성의 조화차원에서 한국의 국제관광 경쟁력을 상승시킬 수 있을 것이다. 템플스테이가 그러하고 홍대 앞 문화거리가 그러하다. 내국인이 자연스럽게 많이 찾는 그곳이 바로 외국인에게는 전형적인 한국문화 체험이 가능한 관광명소가 될 수 있는 것이다.

외지인의 입장에서 볼 때 해병대 캠프와 같은 아마추어 관광상품은 아주 매력적인 체험프로그램으로 신청자가 줄을 설 정도이며, 지역주민에게 특별히 우대되어 개방된다면, 지역주민의 입장에서 볼 때도 자긍심을 느낄 수 있을 만한 여가공간일 수 있다. 더욱이 해병대 캠프는 홍보가 잘 된다면 일본 수학여행객에게 잊을 수 없는 체험거리가 될 수 있을 것이다. 이렇듯 아마추어 관광상품 개발은 지역주민의 자랑스런 여가시설, 외지인이 인정하는 향토적인 관광상품, 그리고 외국인에게는 다른 나라에서는 찾을 수 없는, 한국에서만 맛볼 수 있는 다양한 고품질 관광상품이 가능해지는 것이다.

5.2 시장침투형 개발

시장침투형 개발의 반대는 시장창출형 개발이다. 시장창출형 개발이란 자원성이 있고 없고가 문제가 아니라 잘만 개발 하면 수요를 창출할 수 있다고 생각하는 개발 전략이다. 이와는 반대로 시장침투형 개발이란 명소마케팅 개념에서 언급한바와 같이 어떤 대상지건 간에 그 장소는 일정한 자원성을 가지고 있고 이미 이러한 자원성에 따라 이를 알아주는 사람들이 존재하므로 일차적으로 이들을 대상으로 관광상품을 개발하는 전략을 의미한다. 즉 이렇게 이미 알아주는 사람들을 대상으로 필요로 하게 그리고 쓰게 만든 다음 그들의 구전이나 또는 그들의 재방문에 따라 시장을 확대해 나가는 전략이다.

시장침투형 전략은 명소마케팅 개념과 같이 자원성 파악과 그리고 이에 따른 시장찾기가 우선되는 지속가능한 개발방식인 반면에 시장창출형 전략은 기존의 대다수 지자체의 관광개발 전략과 같이 어떻게든지 만들어 놓으면 사람들이 올 것 이라고 믿는 '공급이 시장을 창출한다'고 생각하는 방식이다. 시장침투형 방식은 소규모 투자로 크지는 않지만 확실한 효과를 기대할 수 있는 반면, 시장창출형 방식은 대규모 투자가 요구되며 수요예측이 성공한다면 큰 효과를 볼 수 있으나 현재의 기술로는 그 확률이 그다지 높지 않은, 다시 말해 실패의 가능성이 큰 개발방식이다. 한마디로 이야기해서 시장침투형 전략은 있는 것을 가지고 엄선해서 먼지만 털어 엮어내고 구슬을 꿰어 이를 목에 걸어줄 사람을 찾는 구슬꿰기 전략인 반면, 시장창출형 전략은 대규모 시설에 의존해 수요를 끌어내고자 하는, 현재 아랍에미레이트의 두바이가 시도하는 인공섬 개발과 같은 바람몰이 전략인 셈이다.

5.3 복합개발

복합개발은 복합시장을 겨냥하는 개발방식과 복합기능을 추구하는 개발방식을 모두 포함하는 개념이다. 특정한 자원성을 가지고 개발을 시도할 때 주요 타깃 마켓 이외에 이러한 자원성을 활용하여 접근할 수 있는 또다른 시장도 고려해야 함은 물론 기존의 기능과 연계되어 매력창출에 시너지 효과를 낼 수 있는 다른 기능도 포함할 수 있는 방식이다.

극단적으로 표현하자면 관광지 개발은 관광객을 위한 시설에만 초점을 맞추고 있었다. 그러나 우리나라의 경우 이러한 관광객만을 위한 시설개발로 수지를 맞출 수 있는 여건을 가진 곳은 그리 많지 않다고 생각된다. 즉 수도권 지역 이외의 지역에서 이렇게 관광객만을 순수하게 타깃으로 해서 수익을 낼 수 있는 곳은 아마도 강원랜드의 카지노시설 이외에는 아직까지 우리의 시장여건과 기술여건으로는 어려울 것으로 판단된다.

그러므로 복합개발의 차원에서 관광지 개발을 관광객만을 위한 관광개발이 아니라 주거단지가 관광휴양으로 차별화 된 휴양형 주거단지로 개발되는 것이 올바른 시도라고 볼 수 있다. 이미 2003년 국무총리 조정실이 기획하여 토지공사가 발주한 제주도 휴양형 주거단지 개발 연구용역이 그러한 시도를 반영하고 있다[7].

5.4 단계적 개발

단계적 개발이란 최초에 구상된 개발 컨셉을 여건과 사정이 허락하는 한

7) 필자가 참석한 한국관광공사가 주관한 제주도 관광개발 관련 자문회의 석상에서 흥미있는 토론이 있었다. 이곳에 참석한 저명한 건축학과 교수가 제기한 의문에 따르면 "왜 지금까지 제주도 관광개발이 관광객을 위한 개발계획으로 일관되어 왔는지 모르겠다. 사람이 사는 차별화 된 도시를 만든다고 시도했으면 아마도 더 훌륭한 관광지가 만들어졌을지도 모른다"고 지적하였다. 이러한 질문에 선뜻 관광인의 입장에서 변명하기를 도시건설과 관광지 개발 주무부서가 다르기 때문에 그러 했을 것이라고 생각했지만, 지금까지 관광개발 전문가 어느 누구도 제기한바 없는 신선한 충격이었다.

도내에서 단계적으로 추진함을 의미하며 이에 따라 각 단계에 따른 독립적이고 연속적이며, 자생적인 기능이 부여되어야 하며, 이러한 기능이 단계별로 연계되어 최종적인 기능을 달성할 수 있도록 계획됨을 말한다. 이러한 단계적 개발을 추진하기 위해서는 마스터플랜에 따른 메타 컨셉하에 단계적으로 성취해야 될 단계별 컨셉이 별도로 구상되어야 하며, 이를 실현하기 위한 재무분석이 단계별로 별도로 이루어져야 한다.

물론 마스터플랜에서 제시된 최종적인 컨셉이 달성되기까지는 투자회수가 불가능 하겠지만 각 단계별로 세입과 세출에 따른 현금 흐름도는 별도로 작성되어야 할 것이다. 이에 따라 단계별로 조직계획은 물론 단계별 마케팅계획도 수립되어야 할 것이다. 지금까지 대규모 투자가 요구되는 장기간 소요 관광개발계획 수립에 있어서 이러한 단계별 계획은 단지 연차별 투자 계획으로 대치되어온 실정이었으며, 마스터플랜이 최종적으로 구체화되기 이전까지는 관리운영에 따라 수지발생의 개념은 존재하지 않았다. 그러므로 실질적으로 장기간 소요되는 관광개발사업[8]의 경우 당초 계획된 구상으로는 관광행태 변화에 잘 대응 할 수 없게 됨은 물론 민간자본의 조달차원에서도 설득력을 가질 수 없게 되는 경우가 많았다.

5.5 매체/인력개발

기존의 관광개발은 시설중심의 하드웨어 개발 위주였다. 최근 들어 이에 대응하는 소프트웨어 개발이 주창되어 기존의 관광자원을 활용해 프로그램을 만들고 이를 시장과 연계하는 관광상품 개발이 시도되고 있다. 각 지자체가 열을 올리고 있는 축제도 엄밀히 말해서 소프트웨어 개발의 대명사

8) 국토연구원(2001) "지역개발 측면에서 본 문화·관광사업 실태와 대책"에 따르면, 관광진흥법에 의한 지정관광지 197개소를 대상으로 조사한 바에 따르면 2000년 말 현재 투자실적은 총 2조 9,026억 원으로 계획대비 11.5%에 불과하며 특히 민자유치 실적은 9.2%에 이르고 있는 실정이다. 또한 관광지 개발은 지정 후 개발사업 완료까지 거의 20년 이상이 소요되는 것으로 나타났다.

임에도 불구하고 몇몇 축제는 하드웨어 시설에 치중하고 있음을 볼 수 있다. 아마도 전형적인 소프트웨어 위주의 축제가 이루어지는 데는 시간이 좀 걸릴 것 같은 생각이 든다. 축제와 관련해서 많은 지적이 있기는 하지만 상대적으로 짧은 시간에 지금수준으로 온 것은 지자체 행정공무원들의 열성 때문이라고 강조하고 싶다. 앞으로 더 높은 수준의 차별화 된 축제가 이들의 손에 시행될 수 있을 것이라 확신한다.

하드웨어 개발, 소프트웨어 개발과 더불어 추진할 수 있는 개발의 유형이 바로 매체개발이다. 매체개발의 중요한 유형은 인터넷 포털사이트 개발이며 정부차원에서는 2003년부터 2년간 해양수산부가 경기대 명소마케팅 연구실 컨소시움이 공동으로 수행한 '해양관광정보 포털시스템 구축을 위한 정보화 전략계획 수립과 포털사이트 구축'을 위한 용역이 시도일 것이다. 이 용역결과를 통해 현재 바다여행이란 포털 사이트(www.seantour.com)가 구축되이 있다.

여러 가지 여건 때문에 정보화 전략계획에서 기획된 내용대로 구축되어 있지는 못하지만 이 포털 사이트가 추구하는 정신은 생활 여건이 어려운 우리 어촌을 있는 모습 그대로도 알아 줄 수 있는 도시 수요자들과 연계시킬 수 있도록 각종 정보를 집대성하는 동시에, 취약한 어촌의 자연환경과 인문사회 환경을 보호하기 위해서 인터넷 사전교육을 통한 공급자 중심의 관리정책을 시도하려는 데 있었다. 하지만 콘텐츠 개발과 수집보다는 하드웨어 개발을 우선시하는 시각 때문에 예산이 제약되어 도시 수요자들이 관심을 끌만한 콘텐츠 개발이 충분이 이루어지지 못한 점, 그리고 더욱이 어촌 주민들이 이러한 정보시스템을 통해 자신들이 어떤 이익을 얻을 수 있으며 어떻게 자신들과 주변 자원을 관리해 나가야 함을 교육하는 예산이 크게 배당되지 못한 점, 그리고 이 모든 것을 단기간에 처리하고자 했던 성급함이 포털 사이트 활성화에 저해요인이었던 것이 분명하다.

그러나 정보매체를 통해 수요자와 공급자를 연계하고 공급자가 교육을 통해 콘텐츠 프로바이더가 되는 동시에 상품기획자가 되도록 구상된 정보화전략계획은 어디에 내 놓아도 뒤떨어지지 않는 계획이었다. 지금까지 이러한 포털사이트 구축을 위한 정보화 전략계획이 대부분 IT 기술자에 의해 포털사이트 구축의 일환으로 피상적으로만 수립되어 있던 것에서 관광전문가와 IT 기술자가 공동으로 수립한 것은 매우 의미있는 일이었다고 판단된다.

또한 문화관광 해설사[9] 양성 또한 매체개발의 중요한 형태이다. 어떻게 말하면 문화관광 해설사 양성과 운영을 통해 한국관광의 질을 가장 투자비를 적게 들이고 업그레이드 했다고 이야기 할 수 있다. 문화관광 해설가 운영을 통해 고급 유휴인력을 활용할 수 있었을 뿐더러, 관광객 경험의 질을 향상시킴은 물론, 관광자원을 보호하면서, 주변관광 자원 소개를 통해 체류시간을 연장시키고, 지역 특유의 향토음식이나 관광기념품 등을 소개함으로써 지역경제 활성화에 기여할 수 있었다.

---

9) 매체개발의 형태로써 문화관광 해설사 즉 과거 문화유산 해설사의 태동을 살펴보면 다음과 같다.

경기대학교 소성관광 종합연구소(소장 嚴瑞浩)는 경기향토 역사문화 교실 수강생 및 수원 화성 안내 자원봉사자 등 67명을 대상으로 1999년 10월 22일(금), 27일(수), 28일(목), 11월 3일(수) 4일간 총 12시간의 관광지(화성) 해설가 양성교육을 국내 최초로 시행하였다. 이러한 수원화성 해설가 양성교육과 인증시험을 주관한 사례를 토대로 「관광지 해설가 인증제도 시행에 관한 연구」 보고서를 1999년 12월 간행하였고 이를 관련 부처에 배포하였다.

화성해설가 양성교육을 수료한 자를 대상으로 한 인증시험 역시 경기대학교 소성관광 종합연구소가 주관하여 1999년 11월 4일 시행하였다. 인증시험 결과 응시인원 총 65명 가운데 내국인 대상 화성해설가는 57명, 외국인 대상 화성해설가(영어)는 18명, 화성해설가(일본어)는 14명 배출되었다(중복 응시 가능). 인증서는 동년 11월 5일 경기대학교 소성관광종합 연구소장 명의로 경기대학교에서 수여되었다.

한편, 전남도립 담양대학 문화관광 정보센터는 2000년 9월 28일부터 11월 29일 까지 총 63시간의 양성교육을 통해 관광지(가사문화)해설가 59명을 양성하였다. 이어서 문화관광부 등록 NGO인 관광문화시민연대(대표 엄서호)와 담양군청이 관광지(가사문화) 해설가 교육생 59명을 대상으로 "관광지(가사문화) 해설사 인증시험"을 2000년 11월 29일 담양대학 소강당에서 실시하여 인증시험 결과 34명의 가사문화 해설가를 배출하였다.

이와 같은 선도적인 관광지 해설가 양성교육의 사례를 바탕으로 문화관광부에서는 2001 한국방문의 해, 2002 월드컵, 아시안게임 등 국가적 대형행사를 맞이하여 우리 문화유산을 내・외국인들에게 정확히 전달한다는 취지로 2001년 1월 27일 「2001년 문화유산 해설사 양성/활용 사업계획 확정(관정 91700-68)」을 각 지자체에 통보하였고, 이에 따라 각 지자체 별로 문화유산 해설사 양성교육이 시행되었다.

이제 문화관광 해설사는 그 자체가 관광자원이 되었을 만큼 한국관광의 선진화의 기반을 이루고 있다. 향후 문화관광 해설사의 새로운 비전은 우리나라 특유의 IT인프라를 활용하여 현장의 각종 관광정보를 생생하게 전달하고 응답하는 콘텐츠 프로바이더라고 할 수 있을 것이다. 이들을 통해 각종 지자체의 문화관광 웹 사이트를 운영하게 하는 것은 웹사이트 관리 효율성 증대와 소비자와의 커뮤니케이션 확대 차원에서 매우 바람직한 측면이 있다. 단지 이를 위해서는 문화관광 해설사가 좀더 젊어질 필요는 있을 것이다.

하드웨어 개발, 소프트웨어 개발, 그리고 매체 개발 이외에 휴먼웨어 개발도 한국적 관광개발에 필요한 요소이다. 어떻게 있는 자원을 가지고 구슬을 꿰어 낼 것인가를 구체화하는 과정에 있어서 구슬을 골라내는 일, 그리고 구슬을 꿰는 일, 그리고 구슬을 목에 걸어주는 일을 주도할 인력이 필요한 것이다. 이제 한국적 관광개발에 무엇보다도 중요한 것은 시설이 아니라 소프트웨어이며, 이것을 수요자와 연계할 매체개발, 그리고 이 모든 것을 현장에서 실천할 휴먼웨어 개발이 필요한 것이다. 한국적인 섬세함, 예민함, 친절함 이 모든 것을 엮어 현장에서 한국적인 서비스로 구현할 사람이 그 무엇보다도 필요하다.

인력개발과 관련된 문제에 있어서 대학교육 기관은 무엇보다도 자기 성찰이 필요하다. 과연 대학이 배출하는 인력이 현장에 많이 투입되고 있는가? 그렇게 많이 투입되지 못한다면 과연 공급과잉이 아닌가? 아니면 수요를 제대로 창출하지 못하고 있기 때문인가? 또한 현장에 졸업생들이 투입되고 있다면 과연 제대로 기능을 발휘하고 있는가? 기능을 제대로 발휘하지 못한다면 무엇이 문제이고 이것이 어떻게 교육과정이나 학생선발에 있어서 반영되고 있는가? 이러한 물음에 대해 심각한 고민이 있어야만 할 시점이다. 한국적 관광개발을 이루기 위해 적정규모와 적정수준의 인력개발은 필수적인 요건인 것이다.

韓國的 觀光開發論

한국관광 제 빛 살리기

제6장

한국적 관광개발 전략과 적용사례

1. 벌통형 관광개발 전략: 한국적 관광개발의 기본모형

1.1 배경

앞서 지적한 한국 특유의 관광여건과 관광행태, 이와 연계 되어 제기되는 한국적 관광개발의 과제, 그리고 필자가 지속적으로 주장하는 한국적 관광개발의 이론적 근거인 명소마케팅을 모두 고려하여 제시할 수 있는 한국적 관광개발의 기본 모형은 '벌통형 관광개발 전략'이다. 벌통형 개발전략을 통해 해결하고자 하는 관광개발의 과제는 다음과 갈다

① 자연환경이 수려한 곳마다 인접하여 숙박시설이 반드시 위치해야만 하는가? 좀 떨어진 곳에 위치시킴으로써 당일관광으로 다녀오는 대신에 자연환경을 보존할 수 있는 방안은 없는가?

② 광역 관광권의 경우 관광지마다 분산 개발되는 숙박시설이나 기타 편의시설의 경우 공급 과잉은 아닌가? 아니라면 비수기는 어떻게 타개할 수 있는가?

③ 대표적인 관광지로 인식되는 국립공원 집단시설 지구와 같이 상업용 숙박시설이 집단적으로 허용되는 곳에 있어서 인접한 주민주도형 숙박시설이 과연 경쟁력이 있을 수 있는가? 주민주도형 숙박시설을 살리고 상업형 숙박시설도 살리는 방안은 무엇인가?

④ 관광시설을 지역주민도 같이 이용하며, 또한 지역주민 대상 음식점과 유흥시설을 관광객이 사용함으로써 이용률과 만족도를 모두 높일 수 있는 방법은 없는가?

⑤ 관광객만을 수용하는 관광지도 좋지만 도시와 관광이 접목된 관광도시는 불가능한 것인가?

상기한 과제들을 해결할 수 있는 바탕이 벌통형 관광개발 전략이며 이러한 방식은 한국적 관광개발의 첫 번째 실천모형이 될 수 있다.

1.2 벌통형 관광개발 전략 적용

자연환경이 주 매력요소인 광역관광권내에서는 ① 광역 관광권내 기존 도시 및 취락 지역을 거점으로 한 집중개발과 ② 단위 관광지의 숙박시설 최소화 전략, ③ 거점지역과 단위 관광지 간 완충지역 설정으로 개발 통제, 그리고 ④ 거점지역과 단위 관광지의 교통연계 강화에 의해서 관광객들을 거점지역으로 유도하여 숙박시키는 전략이 바로 벌통형 관광개발전략이다.

벌통형 개발전략의 적용을 통해 ① 단위 관광지내 숙박시설 최소화로 자연환경 훼손을 방지하고 ② 거점지역의 시설집중에 의한 숙박유도로 비수기에 대처할 수 있을 뿐만 아니라 ③ 개발이익의 지역 환원을 극대화 할 수 있다.

그림 6-1 벌통형 관광개발 전략

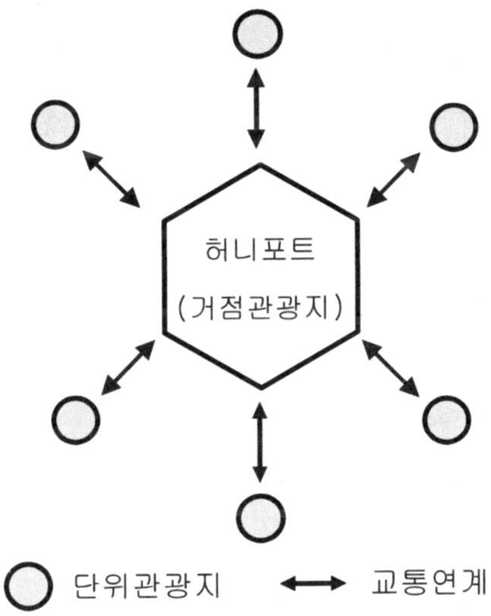

다시 말해서, 관광객을 '벌'이라 비유할 때, 기존 도시나 취락지역(강원도 영월읍)에만 '벌통'(숙박시설등 관광유흥시설)을 위치시킴으로써 이 꽃(동강), 저 꽃(청령포, 고씨동굴 등)을 돌아다닌 벌을 한 '벌통'에 모음과 동시에 꿀도 모을 수 있도록 유도하는 방식이다. 그러므로 이곳, 저곳에 벌통을 벌려 놓지 않아 자연환경도 보호할 뿐더러 '벌통'에 의해 모아진 '꿀'이 외지인이 아닌 그 지역주민에 의해 거두어지도록 하는 방식이다.

따라서 벌통을 잘 놓아야만 지역의 자연환경도 보존되고, 지역주민도 살고, 인근의 지역주민도 혜택을 볼 수 있다. 또한 벌통형 개발전략을 적용한다 하더라도 단위 관광지와 벌통이 위치한 거점지역 사이에 완충지역을 설정하는 보완책이 없다면 결국 벌통의 기능을 저하시키는 결과를 초래하고 말 것이다.

1) 벌통형 개발 네 가지 원칙

① 단위 관광지의 관광호텔 등 숙박시설 최소화(공공주도의 자연친화적 숙박시설과 주민주도의 민박형 숙박시설은 허용)
② 인근 도시/취락지역을 거점으로 숙박시설 등 관광편의시설 집중개발
③ 거점지역과 단위관광지 사이에 도로변 중심으로 완충지역 설정: 무분별 개발 통제로 거점지역 유인력 제고
④ 거점관광지와 단위관광지의 교통연계 강화

2) 벌통형 개발전략의 실제

① 거점지역을 신규로 조성하기보다 기존 도시/취락지역으로 설정(도시 인프라를 활용함, 수요변화에 능동적 대처, 기존 관광시설 이용증대, 야간관광활성화)
② 단위관광지의 당일 관광지화(관광자원 개발유도)와 생태적 수용력을 고려한 공공부문 운영 숙박시설(청소년, 노년층, 장애인 대상)과 주민운영 민박 허용
③ 거점개발과는 광역 관광권역 내 구성 요소간의 시스템적 개발이라는 점이 다르다. 즉 거점지역은 개발을 촉진하고 단위관광지는 가능한 개발을 억제함으로써 유기적 관계 형성

3) 벌통형 개발전략의 장점

① 단위관광지의 자연환경 훼손 최소화
② 단위관광지의 숙박시설 비수기 타개
③ 단위관광지 안이나 인접지역의 주민운영 관광시설(민박, 농어촌 체험마을)의 경쟁력 회복
④ 거점지역 지가 인상 등 개발이익의 지역환원 극대화

⑤ 거점지역과 단위관광지간 무분별 개발 규제로 효율적 국토이용 도모
⑥ 관광객과 지역민의 거점지역 시설 공동사용으로 이용률 증대
⑦ 거점지역 내 기존 유흥시설 등 이용으로 부정적 관광영향의 총량 감소
⑧ 거점지역 야간관광 등 도시 관광 활성화
⑨ 거점지역 내 숙박시설의 경우 단위관광지 보다는 수요변화에 능동적 대처 가능
⑩ 단위관광지와 거점지역 간의 다양한 교통수단 개발로 관광객 만족도 증대

4) 벌통형 개발전략의 단점

① 가능하면 관광자원에 가까이 숙박하고 싶은 관광객 욕구에 부응치 못함
② 거점지역내 지가가 상대적으로 높으므로 숙박시설 투자비 증가
③ 외지인 투자유치에 걸림돌이 될 수 있음

5) 벌통형 개발전략의 적용 조건

① 자연경관 위주의 관광자원에 특히 적용가능
② 관광객이 한번의 여행에 이동가능한 범역(광역 관광권)에 적용
③ 여건에 따라 주 벌통과 보조 벌통을 함께 설치 가능
④ 광역 관광권내에서 민간부분이 전적으로 투자하는 리조트 개발은 또 다른 벌통(허니 포트)으로서 인정하여 개발 가능함
⑤ 군 단위나 도 단위 관광종합개발이나 두개 이상의 지자체가 공동으로 수립 할 수 있는 권역 관광종합개발 계획에 적용 가능함

벌통형 개발전략이 적용될 경우 단위관광지를 둘러본 관광객들이 그곳

에서 숙박하지 않고 인근의 도시나 취락지역 즉 거점지역으로 돌아와 그곳의 숙박시설과 편의시설 등을 이용하게 함으로써 관광객들이 벌통에 모이도록 유도하는 전략이다. 이러한 전략을 통해 관광객들이 지출하는 경비를 가능하면 지역에 떨어지게 함으로써 지역경제 활성화에 도움이 될 수 있다. 한편, 관광객 차원에서는 경치가 수려한 곳에서 잘 수 없다는 불만은 있을 수 있지만, 더 많은 대안을 가지고 숙박시설과 음식점 선택할 수 있으며 관광객만 상대하는 음식점이 아니라 이미 지역주민에 검증된 음식점을 찾음으로써 만족을 배가할 수 있을 것이다.

한편, 단위관광지에서는 대규모 숙박시설을 가능한 한 억제하고 문화관광, 생태관광과 관련 된 체험상품 위주의 개발 즉 관광자원 개발로 초점을 맞춤으로써 자연환경 훼손을 최소화 할 수 있으며 동시에 단위관광지나 인근지역의 주민운영 관광사업의 경쟁력을 제고할 수 있을 것이다. 즉 관광개발로 인한 과실이 가능하면 외지로 나가기보다 지역에 떨어지게 하는 전략이라 할 수 있다. 벌통형 개발전략을 통해 자연환경도 보존하고, 단위관광지내 지역주민도 살고, 인근 도시의 주민들도 혜택을 입고, 다음세대의 관광객들도 만족할 수 있는 지속가능한 관광이 창출될 수 있다.

〔그림 6-2〕와 같이 기존에 시행되어온 설악산권 관광개발을 벌통형 개발전략을 적용하여 분석하여 보면, 1960년 후반부터 추진되어 온 설악동 숙박시설 등 관광시설 개발이 설악산 집단시설지구가 아닌 속초시에 집중되어야 했음을 시사해 주고 있다. 현재 성수기에 겪고 있는 설악동 입구의 교통 혼잡은 특색 있게 개발된 대중교통 이용으로 상당부분 해소 될 수 있다.

더욱이 현재 속초시가 관광휴양도시를 지향하고 있는 입장에서 당초의 도시계획을 속초, 설악권역의 거점지역으로서 설악산과 연계되었더라면 개발이익의 지역환원 극대화뿐만 아니라, 최근 고사위기에 몰리고 만 설악동 집단시설 지구 개발의 자연환경 훼손도 막을 수 있었을 것이다. 또한 속

그림 6-2 벌통형 개발전략 모형(속초 · 설악권 사례적용)

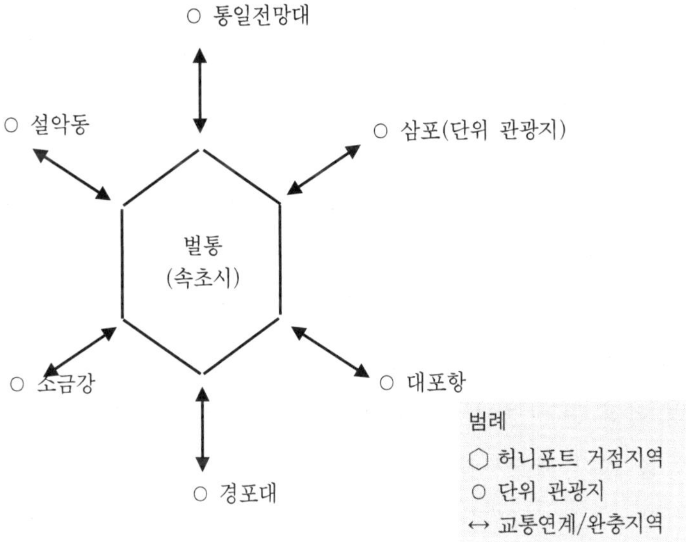

초시를 거점도시화 하는 벌통형 개발전략은 향후 금강산 개발과 연계될 경우, 그리고 DMZ의 생태관광 상품화가 실현되는 경우 더욱 그 기능을 발휘할 수 있었을 것이다. 그러나 현재의 개발방식은 이러한 시스템적 접근을 하고 있지 못하므로 속초, 설악권의 자연환경 훼손과 비수기 문제를 야기하고 있으며, 궁극적으로 설악권의 관광매력을 저하시키고 있는 실정이다.

설악산 국립공원에서도 볼 수 있듯이 현재 국립공원 관리에 있어서 가장 큰 문제점 중 하나는 국립공원 내 사유지의 매입부진과 이로 인한 사유재산권 침해에 대한 보상 미비이다. 이러한 문제는 국가재정과 관계되므로 단기간에 해결될 문제라고는 생각되지 않는다. 그러나 단기적으로 국립공원 내 위치한 대부분 취락지역을 자연 상태의 모습을 그대로 살리면서 자연친화적 숙박시설로 개선되도록 지원한다면, 집단시설 지구내 상업적 숙박시설과 차별화되어 주민소득 증대에 크게 기여할 수 있음에도 불구하고 실제로는 그러하지 못한 경우가 대부분이다. 그 이유는 주민들의 인식부족에도 있겠고, 국립공원 관리공단의 이해부족도 문제가 되겠지만, 가장 큰 이유는 기존의 국립공원 관리체계가 대부분 집단시설지구를 국립공원 내에 설치함으로써 근원적으로 취락지구가 경쟁력이 없도록 만들었다는 점과 깊은 연관이 있다.

그러므로 집단시설 지구를 국립공원 구역 내에서 제척함으로써 이러한 공원내 취락지구의 경쟁력을 회복할 수 있을 뿐만 아니라 집단시설 지구내 관광시설의 경쟁력도 증대될 수 있다. 다시 말해서 국립공원의 경우 지정 초기부터 집단시설 지구의 기능을 인근/도시 취락지구에 부여하는 '별통형 개발전략'이 적용되었더라면 환경훼손이나, 관광시설 사업성미비, 주민시설 경쟁력 약화 등 오늘날 대부분의 집단시설 지구가 겪고 있는 대부분의 문제점 등을 많이 해소시킬 수 있었지 않았을까 생각된다.

미국의 옐로스톤 국립공원의 경우에는 공원 진입 시 마지막으로 위치한 도시가 바로 벌통의 기능을 담당하고 있어 각종 숙박시설과 유흥 오락시설이 위치하고 있다. 대신 공원 내에서는 일년 전부터 예약을 해야만 할 정도로 인기가 좋은 통나무집, 캠핑장 등 자연친화적 숙박시설만이 있어 관광객의 차별화 된 요구에 부응하고 있는 실정이다. 특히 우리나라의 경우 탈출형 관광과 목적형 관광이 공존하고 있으므로 이러한 벌통형 개발전략이 공원관리에 매우 효율적이라고 판단된다.

강원도 폐광지역 개발에도 이러한 벌통형 개발전략이 적용될 수 있다. 낙후 된 폐광지역의 경제 활성화를 명분으로 지연환경이 수려하기로 이름난 정선, 태백, 삼척, 영월지역의 1억 3천 만평이 14개 지구, 총 5천 7백여 실의 숙박시설 계획 때문에 상당부분 훼손될 위기에 처해 있다. 이같이 숙박시설을 지구별로 분산해서 건설하는 대신에 고한읍이나 태백시와 같은 기존 도시/취락지역에 벌통인 숙박시설과 카지노 등을 집중시켜 관광휴양도시를 추구하는 것이 단위 관광지인 스키장, 골프장, 테마파크 등에 각각 숙박시설을 위치시켜 자연환경을 훼손하고 비수기를 심화시키는 것보다 더 유효한 개발 전략이 될 수 있었을 것이다. 즉 장기적으로 고한읍과 태백시가 하나의 관광휴양도시로 통합 발전될 수 있도록 큰 그림을 그리는 것이 지역개발에 더 큰 기여를 할 수 있었을 것이라 판단된다.[1)]

현재 강원랜드가 추진 중인 스키장 개발에서 스키장내 숙박시설을 가능한 한 최소화함으로써 기존 도시/취락 지역의 숙박시설을 살리려는 노력은 늦게나마 벌통형 개발전략의 개념을 적용하고 있는 사례라 볼 수 있다.

1.3 벌통형 개발전략 적용사례 1: 주민과 함께하는 동강유역 발전방안[2)]

1.3.1 개요

본 내용은 2000년 영월 동강댐 논란을 검토하기 위해 국무총리실 소속 영월댐 공동 조사단의 문화분과 위원으로 필자가 참여하면서 제출한 보고서에 포함된 내용을 근거로 재 작성하여 세미나 등에 발표한 내용에서 발췌하였다.

본 내용에서는 관광인으로서 그간 잘못된 관광에 대한 반성의 차원에서, 그리고 생태관광을 올바른 관광을 위한 대안의 차원에서 인식하고, 최근 전 국민의 관심 속에서 보전하기로 결정된 영월지역의 동강을 대상으로 생태관광을 적용하기 위한 방안을 논의하고자 한다.

---

1) 기존의 폐광지역 개발에 있어서 카지노를 고한읍에서 상당거리 떨어진 지역에 위치시킨 계획은 사실상 벌통형 개발전략과는 상치된 시도라 볼 수 있다. 물론 그 당시의 분위기로서는 카지노 도입에 대한 부정적 시각이 매우 강했으므로 기존 도시와 가까이 하기는 상당히 어려운 점이 많았을 것이라는 것은 이해가 되지만, 그렇다 하더라도 이왕 그러한 부정적 시각의 카지노 시설을 도입하기로 한 이상 그 긍정적 효과를 최대화하기 위해 고한읍에 위치시켜 벌통의 기능을 강화 시켰더라면 카지노를 통한 직접적 수입증대는 차치하고 자연환경 훼손 방지와 개발이익 지역 환원 등 벌통형 개발전략에 의한 전후방 효과를 극대화 할 수 있었지 않았나 하는 생각이 든다.

2) 이 부분은 영월댐 공동조사단의 문화분과 엄서호 위원이 연구책임자로 진행한 "영월댐 건설여부에 따른 관광효과 분석(2000)"의 최종보고서 내용을 근거로 재구성 되었고, 수차례 관련 심포지엄과 워크숍에서 발표된 내용이다.

영월지역에는 수도권과 인근 지역의 물 부족 현상 및 홍수피해를 해소하기 위해 1992년부터 한강유역 수자원 종합개발계획의 일환으로 댐 건설이 계획되어 실제로 1996년과 1997년에는 영월 댐 건설을 위한 기본설계 및 실시설계가 이루어졌다. 그러나 댐 건설의 주된 대상인 동강이 1998년에 KBS에 의해 집중적으로 소개된 이후 관광객이 여름 휴가철의 경우 하루 약 20,000명에 이르는 등 그 이용이 급증하고 있으며 또한 이 지역의 환경가치를 높이 평가하는 사람들이 점차 늘어남에 따라 영월 댐 건설에 대한 끊임없는 찬반토론의 결과, 지난 6월 3일 환경의 날을 즈음하여 댐 건설 철회라는 결정이 내려지게 되었다.

동강보존이야 말로 20세기 개발위주의 패러다임으로부터, 21세기 보전위주의 패러다임으로 전환하는 결정적인 계기를 만들어 낸 사건이라고 볼 수 있다. 동강보존이 결정된 이후 동강을 어떻게 관리해야만 하는가에 관한 검토가 관련 부처별로 이루어지고 있으며, 현재 강원도가 주관하여 동강 종합관리계획이 수립되고 있는 과정에 있다. 동강 종합관리계획의 중요사항은 역시 동강의 자연환경을 현 상태로 보존하면서, 어떻게 지역주민 생활의 질을 개선할 것인가, 그리고 더 나아가서 주변지역의 경제 활성화에 어떻게 기여하게 될 것인가에 관한 부분 즉 지속가능한 동강관리일 것이다.

동강의 지속가능한 관리를 위한 수단중의 하나가 바로 생태관광이라고 할 수 있으며 이는 지금까지의 대중관광시대에 있어서 단기적 차원의 경제적 이익만을 고려하는 환경훼손형 관광이 아니라 자연환경도 보호하면서, 관광객의 자연체험을 극대화하고, 지역주민의 소득증대도 꾀하는 자연친화형 관광이라고 할 수 있다.

동강의 보존 결정은 많은 사람들의 관심과 노력이 집중된 결과이므로 동강 보존이후의 동강관리도 최대의 관심사일 수밖에 없다. 본 발표는 이러한 환경보전의 최대 관심사례인 동강지역에 생태관광을 적용함으로써 현재 시시각각 파괴되고 있는 동강의 자연환경 보호는 물론 관광객들에 의해 점차 변질되어 가는 고유한 지역문화의 보전, 현재 제한된 지역에 집중되는 경제적 효과를 동강지역에 고르게 분포하도록 하는 문제, 그리고 소비지향적인 관광행태를 자연체험을 통한 생산적 관광행태로 이끌어 내기 위한 방안을 제시하고자 한다[3].

1.3.2 적용내용

기본목표
여기서 주민은 동강 생태계 보전지역 내 주민, 동강 인근 지역(영월, 정선 등지) 주민으로 구분하고, 동강의 자연환경 보존을 최우선으로 하면서 이들에게 골고루 혜택이 돌아갈 수 있는 차원에서 생태관광 도입에 의한 동강유역 발전방안을 모색한다. • 자연생태계의 보호와 자연환경의 보전 • 지역특유의 인문,사회적 이미지보전과 주민의 자긍심 함양 • 생태적 수용력범위 내에서의 관광객 환경체험 극대화 • 지역주민(동강 생태계보전지역내 주민과 인근지역 주민)의 동강 생태관광 도입에 의한 이익 배분과 동강관리 과정에 직접참여 • 생태관광 유지에 필요한 예산의 지속석 확보

3) 본 보고서 내용은 2001년 작성된 것이다. 현재의 영월동강 모습은 어떠한가? 제대로 동강의 자연환경이 보존되고 이에 따라 생태관광도 자연스럽게 이루어지고 있어 방문객 지역주민 모두 만족하고 있는가? 실상은 그러하지 않은 것 같다. 영월댐 논란으로 얻어졌던 화제성은 이제 약효가 떨어져서 이곳을 찾는 방문객수는 과거와 같지 않다. 게다가 주민들 소원대로 무분별하게 주택개량이 이루어졌고 동강을 가로 질러 큰 교량도 놓여져 과거 아름다운 동강모습은 이미 사라졌다.
당시 영월댐 조사단의 일원으로 참가한 필자의 생각에도 이렇게 하자고 영월댐 반대를 한 것은 아니었다. 물론 영월댐 반대는 동강만의 문제가 아니라 우리나라 환경정책의 흐름을 바꾸는 계기가 된 것은 사실이다. 그러나 이러한 결과가 나타나도록 방치한 데에는 환경단체는 물론 환경부, 특히 강원도의 책임이 크다.
지역주민들의 생각이 아직도 지원금을 조금 더 타내는데 쏠려 있다면 그것은 더욱 문제이다. 아무것도 없이 맨손으로 시작하는 다른 지역의 농촌체험마을 주민과 달리 동강주민들은 아무런 목표와 전략 없이 상당금액의 정책 지원금을 가지고 시작했기 때문에 큰 시행착오를 겪지 않을 수 없다. 이들이 아무런 자원도 없는 보통 농촌마을의 주민과 같이 초심으로 돌아가 다시 시작하지 않는 한 동강특유의 매력은 점차 감소되어 될 것이며 현재 대부분 동강주민이 원하는 대로 여타 유원지 수준으로 변모할 경우, 기존 관광객도 관심조차 두지 않게 될 것은 자명하다.

I. 생태계 보전지역 지정의 보완책으로써 완충지역 지정

1. 문제제기

"현재의 생태계 보전지역 지정만으로는 동강보존도 어려워지고, 지역주민에게 돌아가는 것도 없다".

기존의 생태계 보전지역 지정만으로 동남천, 기화천, 그리고 생태계보전지역과 인접한 주요 접근로 주변(예: 삼옥리, 고성산성, 광하지구 등)에 예상되는 난개발과 이에 따른 환경오염을 막을 수 없다. 이러한 주변의 환경오염 시설은 동강 수질에 결정적인 악영향을 줄 수 있음에도 현재의 생태계보전지역 지정만으로는 이를 규제할 수 없는 실정이다.

또한, 생태계 보전지역에 인접한 접근성 좋은 지역은, 외지인에 의한 무분별한 관광, 유흥시설 개발로 동강의 고유한 생태관광 이미지가 훼손되어 타 관광지와 차별화 되지 못하므로 궁극적으로, 21세기 가장 각광받는 관광형태인 생태관광 시장을 포기하는 결과를 초래하게 될 것이다. 더욱이, 동강 생태계보전지역내의 민박과 같은 지역주민 주도의 생태관광시설 또한 주변의 관광, 유흥시설에 비해 가격이나 시설차원에서 경쟁력이 떨어져 관광수입이 격감하게 되므로 결국, 동강보존으로 인한 이익은 지역주민이 아닌 외지인에 돌아가게 될 것이다. 만일 생태계보전지역의 지정 없이 강원도가 추진하는 대로 자연휴식지로만 지정될 경우 이러한 부정적 현상은 더욱 빨리 가시화 될 수 있다.

한편, 영월읍 등의 기존 관광·유흥시설도 이렇게 동강 생태계보전지역에 무차별하게 등장하는 외지인 난개발 시설에 관광객을 빼김으로써 급격한 관광수입 감소가 예상된다. 그러므로 생태계보전지역 지정만으로는 동강보존도, 지역주민 편익도 모두 성취하기 어려울 수 있다.

따라서 동강 생태계 보전지역의 외곽에 이러한 난개발과 환경오염원을 규제할 완충지역의 설치가 절대적으로 요구된다. 이러한 완충지역의 지정 없이는 동강의 자연환경 보존은 물론 생태관광을 통한 지역주민의 이익 배분은 부정적일 수밖에 없다. 그러므로 현재의 동강 생태계보전지역 지정은 동강보존을 원하는 사람에게도, 동강보존에 의해 겪게 되는 고통을 최소한 만회하려는 지역주민에게도 크게 도움을 주지 못하는 방안이다.

동강과 창녕의 우포늪은 다르다. 동강은 보존하기로 결정하는 과정에 있어서 이미 전국적인 인지도[4]를 갖게 되어 잘만 관리될 수 있다면, 생태관광의 유인력 차원에서 볼 때 우포늪과는 비교할 수 없을 정도로 크다.

2. 벌통형 방식에 근거한 완충지역 벨트 지정

완충지역은 ① 동강주변의 외지인에 의한 난개발을 규제하는 하는 차원에서, ② 동강 인근주민의 입장도 고려하면서, 그리고 ③ 동강 생태계보전지역의 생태관광 매력도를 높이는 차원에서 지정되어야 된다.

그림 6-1-1 동강유역 교통현황도

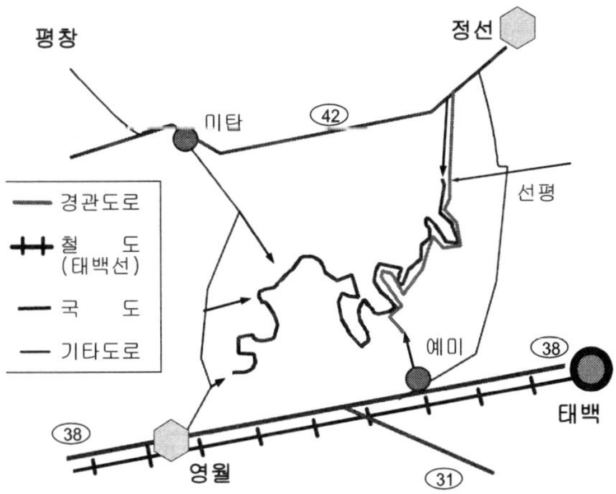

동강주변 교통 현황도에 근거해 볼 때 동강 생태계보존지역이 지정된 후에 외지인에 의한 난개발이 이루어 질 수 있는 지역은 쉽게 예상될 수 있다. 즉

4) 브랜드 이미지는 브랜드 인지도와 브랜드 수준으로 구성된다. 동강의 브랜드 인지도는 이미 보존 과정을 통해 크게 제고 되었으며, 생태계 보전지역과 완충지역 지정을 통해 동강 생태계 보존, 관리 될 수 있다면, 브랜드 수준도 상승하게 될 것이다.

삼옥리, 고성산성 주변, 미탄, 광하지구 등 생태계 보전지역과 주요 접근로가 만나는 곳에 통제소가 설치될 경우 바로 통제소와 인접하여 관광유흥시설이 무분별하게 들어설 것으로 예상되므로 이 지역의 완충지역 지정이 요구된다.

또한, 기화천과 동남천, 조양강 등 동강과 합류되는 하천의 주변지역도 시간이 지남에 따라 무분별한 개발이 예상되므로 직접적인 동강의 수질오염을 방지하기 위해 완충지역의 지정이 요구된다. 물론 완충지역 지정에 있어서 재산권 침해를 최소화하기 위하여 면적 형상의 지정보다는 주요 접근로를 따라 선형의 완충지역 벨트지정도 고려해 볼 수 있다.

2.1 벌통형 방식의 적용

벌통형 방식을 이용하여 정선과 영월을 주 허니포트로 설정하고 단위관광지인 동강과의 사이에 보조 허니포트인 예미와 미탄의 교통 결절점으로서의 기능을 강화한다. 주 허니포트인 정선과 영월, 보조 허니포트인 예미와 미탄에 관광객 숙박을 유도하기 위해 동강 생태계보전지역 내에는 생태적 수용력 범위내의 제한된 숙박만을 허용하고 대부분 당일관광을 하도록 한다. 동강과 허니포트 간의 교통연계를 강화하기 위해 환경친화형 셔틀버스 등 대중교통을 강화하고, 동강내 주차장은 지역주민용을 제외하고는 제한한다. 그리고 동강을 포함한 주변의 관광지(예: 청령포, 장릉, 고씨동굴 등)들을 단위관광지로 두면서 점차 이 시스템을 태백 폐광카지노와 연계시킨다. 이를 실현하기 위해 동강을 중심으로 영월군, 평창군, 정선군을 포함한 강원도 차원의 광역 생태관광계획 수립이 요구된다. 따라서 벌통을 잘 놓아야만 동강도 보존되고, 지역주민도 살고, 인근의 지역주민도 혜택을 볼 수 있다. 완충지역의 보완이 없는 생태계보전지역 지정은 결국 벌통을 외지인의 손에 쥐어 주는 꼴이다.

2.2 벌통형 방식에 근거한 완충지역 벨트 지정

- 동강지역의 주 허니포트는 영월읍과 정선읍으로, 그리고 보조 허니포트는 예미와 미탄으로 설정하여 숙박시설 등 관광편의시설을 집중시킴으로써 일반 관광객의 숙박을 유도하는 한편, 동강 생태계보전지역 내에는 생태적 수용력에 근거한 제한된 인원만 숙박하도록 함으로써 고품질 생태관광을 유도한다.

그림 6-1-2 동강 유역의 벌통형 방식 적용

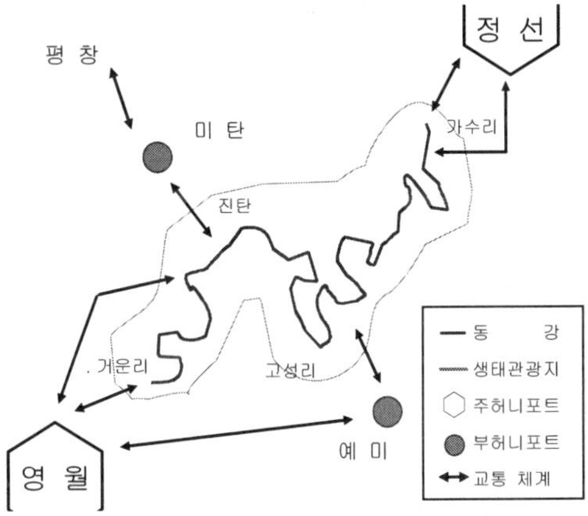

- 이러한 방식에 의거 동강 생태계 보전지역의 차별화 된 고품질 생태관광에 의한 수입증대를 꾀하고, 외지인이 아닌 동강 인근 지역(영월, 정선, 예미, 미탄)에도 관광에 의한 부수적 이익을 나눌 수 있다.
- 그러므로 완충지역은 원칙상 동강 생태계보전지역과 주요 접근로를 통해 벌통형 지역과 연결되는 지역에 완충지역 벨트가 지정되어야 될 것이다.

II. 벌통형 방식에 근거한 동강 안내 통제시스템 설치

1. 안내통제 시스템의 구성요소

1) 안내통제소(체크 포인트): 입장료 징수, 차량통제, 화장실, 회차공간과 초소
2) 방문자 안내센터: 방문객의 동강관련 사전 환경교육과 필증 배부, 동강의 생태관광, 레저활동 관련 자료 배포, 특산물 판매, 화장실, 주차장
3) 셔틀버스: 환경친화형 버스, 버스내에서 동강 안내 정보 제공, 버스요금에 동강입장료 포함

2. 안내통제 시스템 설치 원칙

- 안내통제소와 방문자 안내센터는 별개로 설치한다.
- 안내통제소는 가능한 한 국도에서 동강으로 진입하는 초입부에 설치하여 차량을 통제한다.
- 방문자 안내센터는 동강의 주 벌통형 지역이나 보조 벌통형 지역에 위치한다.
- 동강 출입은 환경친화형 셔틀버스에 의해서만 가능하며, 통과교통은 원칙적으로 불허한다(단 지역주민 차량은 허용).

3. 방문자 안내센터의 시설과 기능

- 지역경제 활성화에 기여할 수 있도록 기존의 도시, 취락지역인 영월, 미탄, 예미 등 벌통형 지역에 설치한다.
- 방문자 안내센터에서는 동강 관련 일정 시간의 사전 환경교육을 시행하고 수료자에 한해 필증을 배부하며, 필증을 받은 사람만을 대상으로 동강출입을 허가한다(열차 내와 인터넷을 통한 동강관련 사전 환경교육도 인정함).
- 방문자 안내센터를 방문한 관광객은 이곳에서 환경교육을 받은 후 셔틀버스에 의해서만 동강진입이 허용되며, 이용차량은 방문자 안내센터 주차장이나 인근 주차장에 주차하도록 한다(방문자 안내센터는 원칙적으로 일정규모의 주차공간을 완비한다).
- 방문자 안내센터에는 화장실 등 편의시설과 동강관련 사전 환경교육을 위한 교육장, 특산물 판매소 등이 위치한다.
- 동강 방문자는 벌통형 지역에 위치한 방문자 안내센터를 필히 경유하게 함으로써 숙박, 식사, 유흥에 의한 관광지출이 이곳에서 일어날 수 있도록 유도한다.

4. 안내통제소 설치의 목적

안내통제소는 가능한 한 벌통형 지역에 인접한 동강 진입로 부근에 설치하고 완충지역 벨트를 통해 동강 생태계 보전지역에 진입하는 관문의 역할을 담당한다.

1) 방문객 관리는 동강보존에 결정적인 영향
2) 동강보존에 의한 지역경제 활성화에 직접적 영향(주차장과 이주단지 연계)
3) 동강 생태관광의 품질과 유형을 결정짓는 요소
4) 동강 관리를 위한 입장료 징수 차원에서 중요함

5. 안내통제소 위치선정

1) 영월권

31번 국도에서 동강으로 진입하는 입구(삼옥교 입구에 별도의 안내통제소 설치필요)

- 동강을 당일로 관광(문산나루터를 이용한 당일 래프팅, 도보에 의한 어라연 생태관광)하기 위해 방문하는 차량 원칙적으로 전면통제(지역주민 차량과 등록된 래프팅 관련 차량 제외)
- 방문자 안내센터는 영월읍에 설치하고 사전 환경교육과 필증 배부
- 영월 방문자 안내센터부터 동강까지 환경친화형 셔틀버스 운행(동강입장료 포함)과 버스내 동강안내
- 숙박은 영월읍의 숙박시설을 이용하도록 유도하고 동강 이외 청령포, 장릉 등 관광유도(벌통형 관리방식 적용)
- 철도이용 관광객을 수용하기 위해 셔틀버스 영월역 정차와 열차 내 환경교육, 필증 배부, 영월역에서 동강까지 자전거나 전동차 등 환경친화형 교통수단 운행
- 안내통제소에 의한 차량통제로 기존 삼옥리 지역 주민의 반발이 예상되며, 이를 해소하기 위한 대책이 요구됨

2) 정선권

광하교 주변지점(동남천권에 별도의 안내통제소 설치필요)

- 동강내 군도를 통과하는 차량을 전면 통제(지역주민 제외)
- 방문자 안내센터는 향후 이용추세를 보아 정선읍에 설치가능

- 향후 동남천권에 별도의 안내통제소 설치 검토 필요

3) 미탄권

42번 국도에서 동강으로 진입하는 삼거리 지점

- 동강을 당일로 관광(진탄나루터를 이용한 당일 래프팅, 도보에 의한 생태관광)하기 위해 방문하는 관광객과 숙박관광객을 통제
- 사전 예약된 민박을 제외하고는 미탄의 숙박시설 이용하도록 유도
- 미탄에 방문자 안내센터 설치와 사전 환경교육과 필증 배부
- 미탄 방문자 안내센터부터 동강까지 환경친화형 셔틀버스 운행과 버스내 동강 이용안내 및 주의사항, 벌칙사항 등 소개

4) 예미권

38번 국도에서 동강으로 진입 지점

- 동강을 당일로 관광(고성산성 관광과 백운산 등산 등) 또는 숙박관광(래프팅, 생태관광)을 목적으로 하는 차량과 관광객 통제
- 예미에 방문자 안내센터 설치와 사전 환경교육, 필증 배부
- 예미 방문자 안내센터부터 동강까지 환경친화형 셔틀버스 운행과 버스내 동강 이용안내 및 주의사항, 벌칙사항 등 소개
- 철도이용 관광객을 수용하기 위해 셔틀버스 예미역 정차와 열차 내 환경교육, 필증 배부
- 군도를 이용한 통과교통은 원칙적으로 통제(지역주민 예외)
- 고성산성 입구에 동강전시관 설치

표 6-1-1 안내통제소 위치와 기능

시설/위치	영월권(주벌통형)	정선권(주벌통형)	미탄권(보조)	예미권(보조)
안내통제소	31번국도동강입구	광하교부근	42번국도삼거리	38번국도동강입구
방문자 안내센터	영월읍	향후 수요에 따라 설치고려	미탄	예미
기타	삼옥교통제소	동남천 통제소 통과교통불허		통과교통불허

6. 안내통제 운영

- 안내통제소의 경우, 초기에는 강원도 주도아래 지역주민을 고용하여 동강 생태계보전지역 관리주체가 운영하나 단계적으로 지역주민이 주가 되는 동강관리위원회에 운영권을 이양하도록 함
- 방문자 안내센터의 경우, 초기에는 기존의 건물을 활용하되 궁극적으로 별도의 주차장을 완비한 독립건물을 갖도록 함
- 셔틀버스는 기업과의 스폰서 쉽(예: 차량 제조사 등) 아래 운행하도록 함

III. 구역별 테마부여에 의한 생태관광 활성화 방안

그림 6-1-3 구역별 테마설정

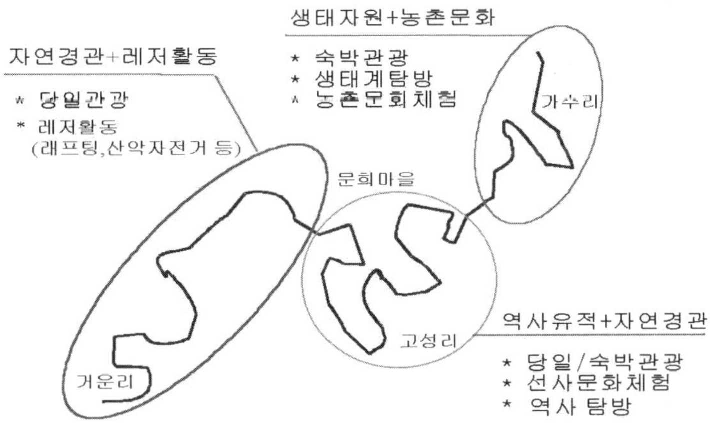

1. 구역별 테마설정

<table>
<tr><th colspan="7">동 강</th></tr>
<tr><td>가수분교</td><td>A</td><td>남운교</td><td>B</td><td>진탄나루터</td><td>C</td><td>거운교</td></tr>
<tr><td colspan="3">가탄-유지-하메-수동-점재</td><td colspan="2">나리재-소동-소사-가정-문회</td><td colspan="2">문산-어라연-만지-섭새</td></tr>
<tr><td colspan="3">생태자원+문화자원</td><td colspan="2">역사유물+경관자원</td><td colspan="2">경관자원+활동자원</td></tr>
</table>

2. 체험형 관광상품의 개발

지역특유의 이미지를 활용한 축제와 이벤트, 여행상품개발, 관광기념품 등 향토적 관광상품개발이 요구된다.

표 6-1-2 체험형 관광상품 개발

관광상품	특성	관광매력	내용
고인돌마을	고대시대 문화체험	상상속의 활동체험	선사시대 의식주문화 체험 석기, 토기제작 수렵, 어로활동
동강 아라리요	전통문화 체험	전통에 대한 자부심	농촌활동체험 아리랑 배우기
물살을 가르며	래프팅 학교	다양한 레저체험	단체위주의 수련 프로그램
자연과 친구가 되자	생태학교	교육/인성 함양	환경교육 프로그램 봉사활동
수냉고를 아시나요	용출수 이벤트	피서효과	누가누가 오래 참나? (나리재, 소사나루, 문희마을 등)
동강을 따라서	자연체험	자전거 타며 경치감상	귤암리에서 시작 가수리를 지나 고성리까지의 탐방로 짧은 시간에 동강의 경관 감상가능
내이름 상표 머루주 담그기	자연체험	체험활동	자기 이름을 상표로 한 머루주를 담가 저장함으로써 재방문 매력 제공

3. 동강 고품질 관리 정책

- 성수기/비수기의 가격을 차별화를 통해 수요조절(성수기에는 입장료를 높게 책정)
- 예약제를 도입하여 입장을 제한하는 방법으로 방문수요를 생태적 수용력 범위 안에서 조절하여 가치있는 자연환경을 보전
- 테마를 지닌 소규모/단체의 지식축적, 체험을 위한 신상품개발과 향토성 있는 상품개발
- 질 높은 서비스를 통한 공급자 위주의 관리방식에 의해 동강 이외의 다른 지역에서 느낄 수 없는 고품질 관광활동의 실현

Ⅳ. 주민관광 사업의 시행

지역개발의 궁극적인 주체인 지역주민이 적극적으로 참여하는 지역자본에 의한, 지역주민을 위한, 지역주민이 주도하는 관광사업이다. 그래서 개발이익이 지역에 바로 환원되고 지역의 특성을 살릴 수 있다.

1. 민박, 향토 음식점, 동강 구멍가게, 이동 판매대 운영 및 유기농 농산물 판매 등을 통해 수입증대
2. 동강 해설가(가이드), 레저활동 도우미, 관리인 등의 고용창출(특정지역은 동강 해설가를 동반하지 않고는 입장을 제한함- 옵션관광)
3. 동강 입장료 수입과 기타 재원에 의한 동강보전기금 조성과 이를 활용한 기술지원, 자금지원을 통해 자립기반 조성
4. 향후 동강주식회사를 제3섹터로 설립하여 전국적 인지도를 가진 동강브랜드를 활용한 각종 캐릭터, 향토상품 개발(예: 동강 할미꽃), 관광상품 개발 등 수익사업과 완충지역에 도시 귀농인을 대상으로 한 동강 생태마을 조성과 분양사업을 시행함

Ⅴ. 동강 생태계보전지역 내 시설 및 활동구상

그림 6-1-4 동강 생태계 보전지역내 시설 및 활동구상

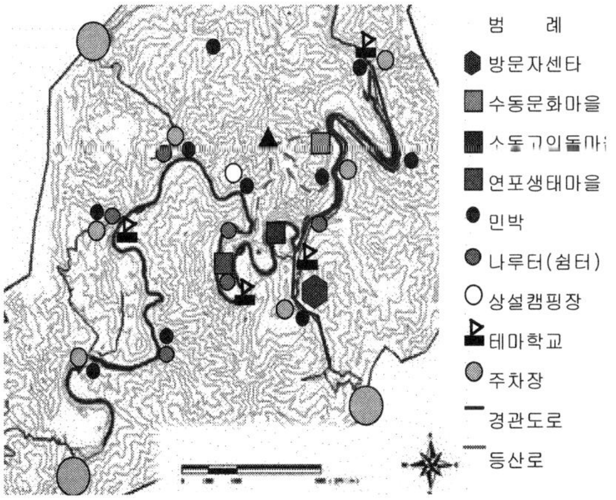

1. 숙박시설

동강내의 기존 농가를 중심으로 주택개량(예, 미사용 담배건조장의 민박시설화)을 보조하여 양성화시키고, 사용시에 예약제도를 필수로 이용하게 하여 수요를 조절하고 기준 이상의 숙박객들은 주 허니포트인 정선과 영월을 비롯해서 보조 허니포트인 미탄, 예미지역의 숙박시설로 유도한다.

2. 동강 전시관

- 동강의 역사와 문화, 자연현황, 보존 과정을 한눈에 볼 수 있도록 자료전시관 운영, 고성산성과 연계

3. 수동 민속마을

- 동강유역의 고유문화와 농촌생활 체험을 위한 살아있는 동강 민속촌
- 동강의 다양한 먹거리를 즐길 수 있는 장터분위기의 휴식공간 조성

4. 소동 고인돌마을

- 선사시대체험활동으로서 2박3일, 3박4일 동안 이 마을에서는 선사시대의 주거공간 내에서 석기제작, 불피우기, 전통적인 수렵/어로활동체험 등의 색다른 경험을 할 수 있음(예: 스페인의 "선사시대의 휴일" 프로그램)
- 선사유적지를 중심으로 한 교육활동/전시 장소 및 프로그램(예: 강화 고인돌축제)

5. 연포 유기농 시험장

- 동강 특유의 유기농업을 선도하기 위한 시험장 운영

6. 테마학교

- 분교 활용화 방안으로 방학시 가수분교, 운치분교, 소성분교, 연포분교, 문산분교, 거운분교 등을 이용 생태학교, 래프팅학교, 아리랑학교, 역사학교 등 다양한 프로그램 제공 및 환경교육장소로 활용

7. 경관도로

- 자전거, 전동차 등 환경친화형 관광교통 수단 배치, 동강 마라톤 등 개최

8. 종다양성 연구소와 생태관광 연구소

- 종다양성 연구소, 생태관광 연구소를 설치하여 지속적으로 동강보존을 위한 자연생태계 연구와 동강 특유의 생태관광 프로그램 개발을 추진함으로써, 세계적인 생태관광 명소로 발전 시킴

9. 가수리 생태마을 시범지구

- 가수리 주민은 물론 동강 생태계보전지역내에서 이주를 원하는 주민을 대상으로 동강 특유의 자연친화형 주택을 조성할 수 있도록 지원하고, 민박과 더불어 단체방문객을 수용하기 위한 자연친화형 편익시설도 함께 조성하여 지역주민도 이용하게 함으로써 생활의 질을 향상시킬 수 있다.

VI. 제언

1. 완충지역의 조속 지정

완충지역은 주민의 재산권 피해를 최소화하기 위하여 생태계보전지역과 안내통제소를 잇는 접근로 주변과 동강으로 유입되는 하천 주변에 벨트형으로 지정될 수 있다. 완충지역 내에는 도시권 귀농인을 대상으로한 동강 생태마을을 조성 분양하여 동강 보전기금으로 확충한다. 또한 필요하다면, 동강 생태계 보전지역내 주민들 중에서 서비스업에 종사하기를 원하는 사람의 고용창출과 동강보전기금의 확보를 위해 특정 안내통제소 주변, 즉 완충지역내에서 별통형 지역과 인접한 곳에 자연친화형 상업지구를 조성하여 분양 또는 일부 시설(예: 동강 특산물 판매장)을 직영할 수 있다.

결국 동강보존을 통해 지역주민의 편익을 제고하기 위해서는 생태계 보전지역 주변의 외지인 난개발을 막기 위한 완충지역의 지정이 조속히 요구된다.

2. 동강의제 21 추진

지역주민, 해당지역 지방자치단체들 및 환경관련 민간단체들과 공동으로 '동강의제 21'을 결성하여 생태관광지로서 동강의 지속가능한 관리를 추진한다. 동강은 국민적 지지를 바탕으로 보존결정이 내려진 만큼 동강의 관리도 강원도의 시각보다도 국가적 차원의 관점에서 추진되어야 할 것이다. 한편, 동강의 보존이 우리나라는 물론 세계적인 환경운동 사례로 인정되는 만큼 동강관리계획의 수립과정도 세계적인 모범사례로 평가받을 수 있도록 노력해야 할 것이다.

3. 동강의 정주환경 개선

동강의 정주 환경 개선으로 동강 특유의 환경을 고려한 '동강 생태주택 모형'을 개발하고 이를 동강내 전 지역에 확산하다. 또한 동강내 방문자들을 위한 선진화 된 편익시설을 주민들이 함께 무료로 이용하게 함으로써 생활의 질을 개선할 수 있다. 특히 동강내 초등학교 분교에 원어민 영어교육과 특별활동을 동강보전 기금에서 전액 보조함으로써 선진국 수준으로 향상시켜, 고품질 교육환경을 조성할 수 있다.

4. 생태관광을 추진하기 위한 리더쉽 교육과 시범 사업 필요

댐 건설 추진 및 백지화 과정에서 발생한 지역 주민들의 소외감과 불신감을 해소하기 위한 노력과 이를 통해 지역공동체를 복구하기 위한 노력이 필요하다. 즉 동강보존과 지역주민 편익증진을 함께 도모할 수 있는 생태관광 도입이라는 공동 목표를 달성함으로써 상기한 결과가 성취될 수 있다.

생태관광에 대한 주민들의 인식을 제고하기 위해 해외 성공사례에 대한 벤치마킹이나 워크숍이 요구된다. 이를 통해 지역 리더들을 발굴하고 양성하여 동강관리의 주역이 되도록 한다. 또한, 주민들의 생태관광의 효과에 대한 믿음이 부족하고, 그 동안의 고통과 상실에 대한 보상 욕구가 강하므로 생태관광의 효과를 조속히 보여 줄 수 있는 시범 사업들을 발굴, 추진하는 것이 필요하다. (동강 해설가 양성에 의한 생태관광 투어 상품, 지역주민 레저 도우미, 이동 판매대 운영 등)

5. 동강보전 기금 확보와 경제적 자립기반 조성

동강의제 21에 의거 지역주민, 지자체(정부) 그리고 시민단체를 중심으로 동강관리주체를 설립하고 동강보전을 위해 동강지역의 입장료와 시설 이용비(주차비용, 래프팅 비용의 일부, 유적지/박물관 관람료 등)를 징수하여 동강보전기금을 정립한다. 이 기금을 활용하여 동강지역 주민들이 자립기반을 조성할 수 있도록 지원한다. 그리고 이러한 경제적 자립에 의해 지역주민들이 관광사업에 종속되지 않고 고품질의 지속가능한 관광을 유지할 수 있도록 한다.

6. 동강유역 생태관광계획 수립과 동강 웹사이트 운영/민박예약제 실시

현재 자연휴양림의 인터넷 숙박 예약제도를 참고하여 동강내 민박 예약제를 실시하며, 벌통형 방식의 동강유역 적용을 위해 환경부, 강원도는 물론 인접 지자체와 공동으로 동강유역 생태관광 계획의 수립이 요구된다.

표6-1-3 생태관광 동강 적용의 원칙

	생태관광 구성요소	동강적용의 원칙
소비자 차원	자연친화적 관광	-녹색관광 캠페인 전개 -ROS 적용에 의한 행위제한
	지역몰입형 관광	-향토상품(볼거리,먹거리,놀거리) 개발 -민박활용
	체험관광	-테마마을 조성(수동 민속마을, 소동 고인돌 마을, 연포 생태마을, 가수리 생태마을 등) -기존분교를 활용한 각종 테마학교 운영
공급자 차원	지속가능한 관광	-벌통형 방식 적용 -ROS적용에 의한 자연보존과 행위제한 -생태계 보전지역 지정 -동강의제 21 제안
	품질관광	-성수기/비수기 입장료 차별화 -휴식년제, 향토상품개발 -동강내 숙박 예약제 -벌통형 방식에 의한 교통 통제
	아마추어 관광	-농민 자립기반 구축(동강보전기금 지원) -주민관광사업 육성(리더쉽 교육과 해외연수)

※ **참고문헌**

박종관(1998). "영월·정선지역 주민들의 동강 및 영월댐 건설에 관한 인식조사", 『대한지리학회지』, 33(4): 655-665.

박휘(1999). 『생태관광 도입을 통한 동강의 지속가능한 발전 계획』, 서울대 환경대학원 석사 논문.

엄서호(2000). "관광명소 만들기:이론과 실제" 『관광농업연구』, 제4호.

영월댐 공동조사단 문화분과위원 엄서호(1999). 『영월댐 건설여부에 따른 관광효과 분석』.

ETB/EDG(English Tourist Board/Employment Development Group)(1991). Tourism and the environment: Maintaining the balance. English Tourist Board/Employment Development Group: Government Task Force Report, Glasgow and Associates.

McCool, S. F.(1995). "Linking tourism, the environment, and concepts of sustainability: Setting the stage", In S. F. McCool, A. E. Watson(Comps.), Linking tourism, the environment, and sustainability -topical volume of complied papers from a special session of the annual meeting of the National Recreation and Park Association(pp. 3-7); 1994 October 12-14; Minneapolis, MN., Gen. Tech. Rep. INT-GTR-322, Ogden, UT: USDA, Forest Service, Intermountain Research Station.

1.4 벌통형 개발전략 적용사례 2: 금강산 관광개발 계획, 과연 지속가능한가?[5)]

1.4.1 개요

북한의 금강산관광지구법에 의해 금강산 관광개발은 가속화 될 전망이

5) 본 내용은 엄서호(2002), "금강산 관광개발계획의 지속가능성 분석", 경기관광연구(6)에 게재된 논문을 전문 게재한 것이다.

다. 현대아산은 해금강 해변지구 남단을 기점으로 원산 명사십리까지 100여 킬로미터에 달하는 지역 중 9개 지구를 대상으로 관광호텔과 가족호텔 등 숙박시설과 골프장, 스키장, 테마파크, 카지노 등 관광레저시설에 총 18억불 이상을 투자하여 제주도나 설악산과 같은 종합 관광단지로 개발한다는 금강산 관광종합개발계획을 발표한 바 있다.

금강산 종합개발계획은 아직까지 법정계획은 아니지만 계획 내용을 살펴 볼 때, 1970년대 중반 설악산 개발을 추진할 당시의 상황과 개발방식이 아주 유사하다. 관광수입 증대를 통한 경제 활성화 차원에서 금강산 주변지역 중 자연경관이 수려한 곳마다 숙박시설과 골프장 등 관광 레저시설을 배치하는 숙박시설 분산형 개발방식을 채택하고 있다.

그러나 이러한 지구별 개발방식은 현재의 설악산이 보여주고 있는 갖가지 문제점들을 상기해 볼 때 세계적인 생태관광지를 지향한다는 금강산의 경우에 적합한 자연친화적 개발방식이 아니다. 설악산의 경우 국립공원 내에 설악동 지구를 포함한 5개의 집단시설지구마다 숙박시설이 대규모 건설되어 자연경관을 훼손하고 있으며, 성수기에는 수많은 관광객으로 인한 교통혼잡과 환경오염이 극심한 실정이다. 더욱이 주목할 만한 사실은, 가장 큰 규모로 개발된 설악동 지구내의 관광업체들 조차 관광시설 노후화에 따른 이용자수 감소와 국립공원에 대한 각종 규제 때문에 속초시 주변에 건설되는 신규 관광시설에 비해 날이 갈수록 경쟁력을 잃어가고 있다.

이러한 점을 감안하여 금강산 관광종합개발 계획에 있어서 9개 지구마다 관광호텔, 가족호텔 등 관광 숙박시설을 위치시키기보다는 오히려 숙박시설을 억제하는 것이 바람직하다. 대신에 통천과 고성에 관광 숙박시설을 집중시켜 관광거점화 한다면 관광객들이 금강산 등산이나 해금강 관광, 그리고 골프 등 각종 레저활동에 참여한 후 거점지역에 와서 숙박을 함으로써, 설악산에서 드러난 바 있는 관광지 내 숙박시설 건설에 의한 환경훼손 문제 등을 최소화 할 수 있을 것이다.

통천에 숙박시설이 집중되어 금강산권의 거점 관광지구기능을 담당하는 관광휴양도시로 발전하도록 방향을 잡는 한편, 고성은 금강산 권 개발이 완성되기까지 보조 관광휴양도시의 기능을 담당하도록 한다면, 해금강, 온정리, 시중호 등의 자연환경 훼손을 방지하면서 생태관광지로서 관광 매력도를 유지할 수 있다. 그리고 이러한 접근 방식을 통해 설악산과 차별화되어야 만이 수요를 지속적으로 확보할 수 있어 현대 아산이 사업성을 살리면서 금강산 개발을 주도하도록 하는 확실한 방안이 될 수 있다.

실제로 통천에서 해금강, 온정리, 시중호, 동정호와의 시간거리는 세월이 지남에 따라 더욱 앞당겨질 것이 분명하다. 그러므로 단위 관광지구보다는 각종 규제가 상대적으로 덜해 다양한 숙박시설과 관광편의시설 개발이 가능한 통천이나 고성에 관광객을 머물게 하면서, 각종 교통수단을 이용하여 당일로 금강산, 해금강, 온정리, 시중호 등을 방문하도록 유도하는 전략이 요구된다.

이러한 방식을 소위 '벌통형 개발전략'이라 하는데, 관광객을 벌로 비유할 때, 기존 도시나 취락지역에만 벌통을 놓음으로써, 이 꽃, 저 꽃을 돌아다닌 벌을 벌통으로 유도하고, 이렇게 모아진 꿀을 해당 지역 주민이 취득하는 방식이다. 따라서 벌통을 통천과 고성에 놓아야 만이 숙박관광객을 유인하여 단위관광지의 자연환경도 보존되고, 관광 비수기 타개에 기여할 수 있을 뿐만 아니라, 도시 기반시설 확충 등 도시개발을 촉진함으로써 그곳에 거주하는 주민들에게 개발이익이 가능한 많이 돌아가게 될 것이다.

한편 해금강, 온정리, 시중호 등 단위관광지에도 관광호텔 등 기업형 숙박시설 대신에 주민주도의 민박형 숙박시설과 공공주도의 청소년 등 특정 계층을 위한 자연친화적 숙박시설을 육성함으로써 거점 관광지구의 숙박시설과 차별화 하여 경쟁력을 갖출 수 있다.

앞으로 금강산 관광개발이 통천과 고성을 관광휴양도시화 하는 벌통형 개발전략을 강구하지 않는다면 지금의 설악동 집단시설 지구와 마찬가지로 머지않아서 온정리와 삼일포, 해금강 등의 자연환경도 훼손되고 교통 혼잡과 시설노후화 때문에 관광객이 외면하는 관광지가 되고 말 것이다. 또한 우리 정부도 민간주도의 금강산 종합개발계획에 관여하지 않는다는 자세보다는 통일 이후 금강산과 설악산 그리고 DMZ를 아우르는 관광권역 개발에 대한 비전을 가지고 북한 측과 접촉하도록 노력해야만 할 것이다.

금강산이 처음으로 일반인에게 개방되는 날, TV인터뷰에 응한 북한측 안내원의 "금강산은 설악산과 같이 되어서는 안 된다"는 말을 우리 모두가 깊이 되새겨보아야 할 문제이다.

1.4.2 적용내용

I. 금강산 관광개발계획의 개요

현대 아산은 금강산 해금강 해변지구 남단을 기점으로 원산 명사십리까지 100여 킬로미터에 달하는 지역을 대상으로 해변지역 3개소(고성만, 해금강, 원산), 호수지역 3개소(삼일포, 시중호, 동정호), 그리고 산악지역 2개소(온정리, 통천)를 2020년을 목표연도로 3단계에 걸쳐 개발하는 금강산 관광종합개발계획을 수립하였다.

1단계 사업의 목표연도는 2000년부터 2005년까지로 고성만, 온정리, 해금강, 삼일포 4개소를 대상지구로 선정하고 있으며, 2단계 사업의 목표연도는 2006년부터 2010년까지로 온정리, 삼일포, 통천을 대상지구로 선정하였다. 그리고 3단계 사업은 2011년부터 2020년까지를 목표연도로 정하고 온정리, 삼일포, 해금강, 통천의 보완개발과 더불어 시중호, 동정호, 원산 등의 신규 관광개발을 계획하고 있다.

이상의 개발사업은 아직 까지는 확정된 법정계획이 아니더라도 총 8000실 이상의 신규 숙박시설과 99홀의 골프장, 20면의 스키장, 테마파크와 카지노 등을 포함한 총 투입금액 18억불에 이르는 대규모 관광개발사업이라 할 수 있다.

이러한 개발사업을 지구별로 자세히 살펴보면, 온정리 지구 호텔 9개소, 가족호텔 1개소, 해금강 지구 호텔 16개소에 가족호텔 2개소, 삼일포 지구 호텔 5개소와 가족호텔 1개소, 시중호 지구 호텔 8개소와 가족호텔 1개소, 통천 지구 호텔 2개소와 가족호텔 1개소, 동정호 지구 호텔 1개소, 그리고 원산 지구 호텔 1개소를 계획하고 있다.

이상의 금강산 개발계획을 지속가능한 관광차원에서 분석하자면 다음과 같이 세 가지 차원에서 의문점이 제시될 수 있다. 첫째로, 금강산 종합개발계획은 민자유치에 의해 사업이 시행될 예정이므로 단위사업별로 민자유치가 관건인데 과연 도입시설이 민간부문에서 관심을 가질 정도로 사업성이 있는가에 대한 질문이 선행되어야 할 것이다. 둘째로, 생태관광지를 지향하는 금강산 관광개발이 설악산 개발에서 경험했던 자연친화적이지 못한 개발방식을 되풀이해서 과연 설악산과 차별화 될 수 있겠는가에 대해 의문을 제기할 수 있다. 그리고 셋째로 현재의 개발방식이 관광개발의 최종목표인 지역경제 활성화를 위한 최적방안인가에 대한 물음이다.

II. 금강산 관광개발계획의 문제점

1. 사업성 있는가?

우리나라의 경우 관광사업에 투자시 반드시 고려되어야 될 요소는 비수기 문제이다. 4계절이 뚜렷하다는 기후조건이 관광사업에는 투자규모를 크게 하는 요인이 될 수 있다. 예를 들자면, 미국 플로리다 관광시설의 경우 기후가 연중 비교적 차이가 없으므로 한 가지 시설로 사시사철 운영이 가능한 반면 경우 우리나라 무주리조트의 경우에는 겨울을 위한 스키장이 앵커 어트랙션이지만, 겨울 스키 수요에 맞춘 숙박시설에 여름과 봄가을에도 관광객을 유치하기 위해서는 여름을 위한 시설과 봄가을을 위한 별도의 시설 개발이 필요하다. 다시 말해 우리나라의 경우에는 계절성 때문에 1계절형 지역보다 투자비가 적어도 2배 이상이 들어가야만 비수기 문제를 조금은 해결할 수 있다는 점이다.

금강산의 경우 해변지역은 현재 설악산 주변의 동해안에서 볼 수 있듯이 물에 들어갈 수 있는 기간이 극히 제한적이므로 해변지역의 숙박시설은 지중해 연안의 해변 휴양지와 달리 1계절형일 수밖에 없다. 향후 체험관광 수요가 증대된다면 보는 관광 위주의 동해안은 접근성뿐만 아니라 갯벌 체험을 포함한 체험활동 측면에서 서해안보다 경쟁력이 떨어질 수 있다.

한편, 테마파크는 도시주변에 위치해야만 사업성을 보장받는 도시형 관광자원이다. 지금까지 제주도 중문단지에 계획된 테마파크 부지가 주인을 만나지 못하고 있는 상황을 보면 금강산 지구에 테마파크를 개발해 수지를 맞출 수 있을지 극히 우려된다.

지금까지의 우리나라 관광개발은 계절적인 문제와 초기투자가 많은 반면 회임기간이 길다는 특성 때문에 성공한 사례를 열거하기가 매우 어렵다. 그러나 수도권과 일부지역을 제외하고는 숙박시설을 포함한 대규모 관광개발은 어려울 수밖에 없음에도 불구하고 과거 IMF 이전 대기업들이 부동산 투자의 차원에서 리조트개발을 추진한 사례가 있다. 이러한 과정에서 만들어진 우리나라 특유의 잘못된 현상은 모든 관광지가 관광시설보다는 숙박시설 위주로 구성되게 되었다는 점이다.

우리나라에서는 콘도미니엄이 관광지 개발을 위해 필요한 재원조달의 거의 유일한 수단이었기 때문에(골프장을 제외하고는) 12월초부터 2월말까지 3개월간이라는 제한 된 스키시즌의 조건 속에서도 투자재원 조달을 위해 분양이 가능한 콘도미니엄을 최대 규모로 지을 수밖에 없었다. 이러한 현상은 비단 스키장만이 아니라 요즈음 개발된 골프 리조트 등지에서도 볼 수 있는 우리나라 특유의 실정이다. 이러한 콘도미니엄 중심의 관광개발은 분양을 통해 대규모 관광지 건설을 완성하는 데는 기여하였다. 그러나 운영에 있어서는 비수기 때문에 오히려 그 큰 규모의 숙박시설을 유지 할 수 있을 만큼의 영업이익이 창출되지 못하므로 숙박시설은 노후화되고 단지의 활력은 떨어지고 있는 실정이다[6]. 한편 이러한 숙박시설 위주의 대규모 개발방식은 환경훼손을 유발할

---

6) 관광호텔은 콘도미니엄과 같이 투자금액을 건설 이전에 회수할 수 없고(다시 말해 투자비 없이 건설을 시작할 수 없고), 운영을 통해서만 투자비를 회수할 수 있다는 점에서 다르다. 반면에 콘도미니엄은 분양을 통해 투자비를 조달하여 그 투자비를 다른 시설(예: 스키장)을 건설하는데 쓰므로 정작 관광지 완성 후 콘도미니엄 시설 운영을 위한 영업비용을 다시 소비자에게 전가시키고 있는 실정이다.

수밖에 없기 때문에, 우리나라 관광지 개발을 현재와 같이 숙박시설 위주로 만든 주범은 바로 콘도미니엄이라는 개발수단이었다고 말할 수 있을 것이다.

2. 자연친화적인가?

금강산 권과 같이 해변과 산악, 호수지역이 연계된 자연형 관광자원의 경우 관광사업시 동해안 단위시설 이상의 금강산 종합개발계획 내용은 1976년 이후 설악산권 개발을 추진할 때 시도했던 방식과 아주 유사한 단위관광지구별 개발방식이며 이는 현재의 설악산권 관광개발의 문제인 환경훼손, 교통혼잡, 비수기 문제, 개발이익 지역환원 문제 등을 똑같이 야기할 것이 분명하다.

9개 지구별로 관광숙박시설을 유치할 때 경관이 좋은 곳을 부지로 선정할 수밖에 없으므로 자연경관이 훼손될 수밖에 없다. 더욱이 이곳에 관광객들이 머물면서 일어날 수밖에 없는 성수기시 교통혼잡, 환경오염 등은 결국 생태관광지로서 금강산의 매력을 반감하는 결과를 초래할 것이다.

3. 지역경제 활성화를 위한 최적안 인가?

현재의 금강산 개발방식은 관광지구별로 숙박시설과 편의시설을 개발하는 분권형 개발방식이다. 이러한 경우 민자유치의 활성화는 기대할 수 있을지도 모르지만 금강산권 전체 차원에서 각 지구의 개발이 상승효과를 가져오게 하는 시스템적인 개발을 유도하기에는 어려운 점이 많을 것이다. 그러므로 북한은 고용효과 그리고 관광수입에 의한 세수증대와 같은 직접적 개발이익을 제외하고는 간접적 개발이익을 기대하기 어려울 것이다.

그러나 관광개발의 전후방 효과는 개발방식 여하에 따라 극대화 할 수 있기 때문에 북한과 같이 사회주의 체제에 있을 경우 효과적인 개발방식에 더욱 강력한 전후방 효과를 기대할 수 있을 것이다.

III. 금강산 개발방식의 대안: 벌통형 개발전략의 적용

금강산 종합개발계획은 아직 법정계획은 아니지만 내용을 살펴볼 때, 과거 설악산 개발방식과 흡사하다. 이를테면 자연경관이 수려한 곳마다 관광호텔 등 숙박시설을 배치하는 숙박시설 분산형 개발방식을 채택하고 있다는 점이다.

그러나 현재 설악산이 보여주고 있는 갖가지 문제점들을 상기해 볼 때 이러한 방식은 세계적인 생태관광지를 지향한다는 금강산의 경우에 적합한 자연친화적 개발방식이 아니다. 설악산의 경우 국립공원 내에 설악동 지구를 포함한 5개의 집단시설지구마다 숙박시설이 대규모 건설되어 자연경관을 훼손하고 있으며, 성수기에는 수많은 관광객으로 인한 교통혼잡과 환경오염이 극심한 실정이다. 더욱이 가장 큰 규모로 개발된 설악동 지구내의 관광업체들 조차 관광시설 노후화에 따른 이용자수 감소와 국립공원에 대한 각종 규제 때문에 속초시 주변에 건설되는 신규 관광시설에 비해 날이 갈수록 경쟁력을 잃어가고 있다.

이러한 점을 감안하여 벌통형 개발전략을 금강산에 적용하면 다음과 같다.

1. 해금강, 온정리, 삼일포 등 단위 관광지구에 숙박시설 개발 최소화

해금강, 온정리, 삼일포 등 단위 관광지구에는 관광호텔, 가족호텔 등 숙박시설 건설을 억제하는 것이 바람직하다. 이를 통해 숙박시설 중심의 지구개발을 막고 당일 관광지화 함으로써 숙박시설 건설에 의한 환경훼손과 관광객 체류에 의한 환경오염을 최소화 할 수 있나. 단 지구별 특성에 따라 골프장 등 관광레저시설은 자연친화적으로 배치할 수 있도록 허용한다. 예를 들면 스키장의 경우도 숙박시설이 위치할 수 없으므로 스키 시즌 중에만 오픈함으로써 과투자를 방지하고 비수기에 대처할 수 있다. 다시 말해서 단위 관광지에 건설되는 관광레저시설은 숙박시설을 포함하지 않도록 하여 통천, 고성에서 머물도록 계획되어져야만 한다.

이렇게 단위관광지에 기업형 숙박시설을 허용하지 않는 방식은 기존의 관광개발 사례에 비하여 관광레저 시설의 투사 유치 시 불리한 조건으로 작용할 수도 있겠지만, 금강산과 같이 자연환경이 주 매력요소인 경우에는 숙박시설과 관광레저시설의 투자단위를 분리시키는 것이 현재의 숙박시설 중심 관광지 개발을 지양하기 위한 유일한 방안이다. 즉 숙박시설 분양에 의존하지 않는 적정규모의 관광레저시설 개발을 유도함으로써 자연환경도 보존하고 사업성도 제고할 수 있는 방안이라고 생각된다.

2. 통천과 고성을 관광 거점지역으로 개발(숙박시설 집중시킴)

대신에 기존 도시지역인 통천에 숙박시설과 관광편의시설을 집중 시켜 금강산 관광의 거점기능을 갖는 관광휴양도시로 발전하도록 하는 한편 고성은 통천이 제 기능을 갖기까지 보조역할을 담당하게 하는 것이 바람직하다.

이러한 방식을 소위 '벌통형 개발전략'이라 하는데, 관광객을 벌로 비유할 때, 기존 도시지역인 통천과 고성에 벌통을 놓음으로써, 이 꽃, 저 꽃을 돌아다닌 벌을 벌통으로 유도하고, 이렇게 모아진 꿀을 해당 지역 주민이 취득하게 하는 방식이다.

따라서 숙박관광객을 한곳에 유인함으로써 지구별 관광숙박시설 배치 시 닥치게 되는 비수기문제를 최소화 할 수 있으며, 주간에는 통천과 고성을 떠나 관광지구에서 당일관광을 마친 관광객들이 다시 관광거점 지구로 돌아옴으로써 기존의 도시 유흥 시설을 활용한 야간관광 활성화도 꾀할 수 있다[7].

카지노는 부정적인 영향에도 불구하고 관광수입원으로서의 중요성 때문에 우리나라와 같은 기후적 조건과 금강산과 같이 대규모 개발에서는 관광객의 체류시간 증대, 재방문, 그리고 비수기 타개를 위한 필수시설이라고 할 수 있다. 카지노의 부정적 폐해를 최소화하면서 긍정적 영향을 최대화하기 위해서 카지노를 통천과 같은 관광거점 지구에 두는 것이 합리적이다. 또한 거점기능 확보를 위해 기반시설 확충 등 도시개발이 촉진됨으로써 개발이익이 주민에게 많이 돌아가게 될 것이다.

통천에 관광휴양도시로 거점기능을 부여하기 위해서는 통천을 신의주 경제특구와 같이 경제특구로 지정하고 관광휴양도시로서 차별화 된 도시계획을 수립하여 컨벤션과 관광휴양이 복합된 환동해권 국제도시 개발을 추진해야 할 것이다. 한편 단위 관광지에는 숙박시설을 포함하지 않는 관광레저시설을 지구별 특성에 맞게 유치할 필요가 있다.

고성은 금강산권의 거점으로서 통천의 도시개발이 이루어지는 시점까지만 현대아산이 숙박시설을 유치하면서 금강산권 관광의 거점기능을 갖는 휴양도

---

7) 현재 중문단지를 비롯한 관광지의 경우 단지 내 상주인구만으로는 독립적인 상가형성이 불가해 야간관광이 활성화되지 못하고 있는 실정이다.

시로서 육성해나가야 할 것이다. 그리고 통천이 거점기능을 갖는 관광휴양 도시화되는 시점에서는 금강산 관광의 보조 벌통 기능을 담당하도록 해야 한다.

한편, 해금강, 온정리, 시중호 등 단위관광지에도 관광호텔 등 기업형 숙박시설 대신에 주민주도의 민박형 숙박시설을 육성하도록 한다. 또한 청소년, 노년층과 일년 전에 예약을 한 가족중심 관광객을 위한 공공주도형 자연친화적 숙박시설(예: 통나무집)을 생태적 수용력을 감안하여 개발함으로써 통천, 고성의 관광휴양도시 숙박시설과 차별화 된 품질관광으로 경쟁력을 갖출 수 있다[8].

3. 통천과 단위관광지의 교통연계 강화

관광거점 지구인 통천에서 해금강, 삼일포, 온정리, 시중호 등 단위 관광지와의 시간거리는 날이 갈수록 더욱 앞당겨질 것이 분명하다. 그러므로 관광객들이 관광거점인 통천에 숙박하면서 다양한 교통수단(예: 셔틀버스, 경전철, 자전거 등)을 이용하여 당일로 금강산, 해금강, 온정리, 시중호 등을 방문하도록 유도하는 것이 생태관광지로서 금강산의 매력도를 증진하는 유일한 길이다. 통천에는 앞으로 공항이 건설될 예정이므로 관광거점의 역할이 더욱 가능하다.

앞으로 금강산 관광개발이 통천과 고성을 관광휴양 도시화하는 벌통형 개발전략을 채택하지 않는다면 지금의 설악동 집단시설 지구가 성수기에 진입도로부터 주차장이 되는 것과 마찬가지로 머지않아서 온정리와 삼일포, 해금강 등의 자연환경도 훼손되고 교통혼잡과 시설노후화 때문에 관광객이 외면하는 관광지가 되고 말 것이다.

70년대 중반 설악산 개발 당시 벌통이 현재의 설악동 집단시설지구가 아닌 속초시에 놓여졌고 속초시가 관광휴양도시로서 도시계획의 기본방향이 잡혔더라면 훨씬 매력 있는, 그리고 금강산 개발에도 경쟁우위를 점할 수 있는 여

8) 현재 국립공원내 집단시설지구는 주로 외지인에 의해 투자되어 관광거점 기능을 담당하면서 지역주민 중심의 취락지구의 숙박기능까지 흡수하고 있는 실정이다. 한편 지역주민은 차별화된 자연친화적 민박 등으로 경쟁하지 못하고 유사집단시설 지구로 전락하고 있는 실정이다. 그러므로 주민이 할 수 있는 시설과, 기업이 할 수 있는 시설이 서로 경쟁하지 않도록 분리하는 것이 타당하다.

건이 조성되었으리라 확신한다. 그러나 현재와 같이 속초시에서 차로 20여 분밖에 걸리지 않는 국립공원 내 설악동에 각종 규제에도 불구하고 숙박시설을 집중시킴으로써 경쟁력을 잃게 될 것이라는 예측을 할 수 있었겠는가? 문제는 우리가 설악산 개발에서의 시행착오를 그대로 금강산 개발에 옮겨놓고 있는 것이다.

VI. 제언

금강산 관광이 시작되면서 북한측은 주민과의 접촉을 최소화하면서, 환경 훼손도 방지할 목적으로 한국관광객을 유람선에 숙박시키는 방안을 강구하였다. 아이러니컬하게도 이것이 바로 본 발표에서 제안하는 벌꿀통 방식이 적용된 사례이며, 벌통형은 북한 땅이 아닌, 바로 유람선에 놓여지게 됨으로써 북한측이 원하는 주민접촉을 최소화하였을 뿐만 아니라, 현대 측에게 숙박뿐만 아니라 야간활동에 의한 수익증대를 가져다 줄 수 있었다.

이것은 벌통형 방식이 다른 목적으로 관광에 적용된 사례이지만, 앞으로 금강산 관광종합개발계획에 벌통형 개발전략이 지속가능 한 관광차원에서 강구되지 않는다면 생태관광지로서 금강산의 매력도를 유지할 수 없을 뿐더러 현대아산의 민자유치도 성사되기 어려울 수밖에 없다. 왜냐하면 현재의 계획 내용은 사업성, 자연친화력, 개발이익 지역환원 등이 고려된 최상의 대안이 아니기 때문이다.

한편, 통일 이후 금강산과 설악산이 DMZ과 함께 동북아 생태관광의 중심지가 될 수 있는 잠재력을 가지고 있기 때문에, 정부도 민간이 하는 일이라고 금강산개발을 뒷짐 지고 보아 넘길 일만은 아니다. 금강산과 설악산이 서로 상생하면서 차별화될 수 있도록 남북당국이 장기적인 안목을 가지고 금강설악권 관광개발계획을 수립하는 것이 시급하다.

2. 아마추어 관광개발 전략: 농촌관광과 어촌관광 개발의 틀

2.1 농어촌 관광개발과 아마추어 관광

최근의 관광행태를 볼 때, 스트레스 해소를 위해 집을 떠나는 '탈출형 관광'으로부터 축제, 레저 스포츠, 각종 체험활동 참여를 목적으로 떠나는 '목적형 관광'으로 변모하는 모습이 확연하다. 이제 단순히 '보는 관광'에서 오감을 통해 문화, 역사, 자연을 체험하고자 하는 '체험 관광'으로 변화하는 추세이다.

이제 우리 사회의 모든 영역이 관광이라는 모자를 쓰고 자기만이 가지고 있는 영역을 체험상품으로 개발함으로써 급증하는 목적형 관광수요에 능동적으로 대처할 수 있을 것이다. 체험관광을 통한 건전한 여가활용은 생산성 증진에 크게 기여할 수 있을 뿐만 아니라 농촌 어촌 체험관광을 통해 지역경제 활성화에 한 몫 할 수 있다.

농촌의 자연체험, 농사체험, 농산물 채취체험, 계절체험, 농촌문화체험은 도시민에게 귀중하고 생산적인 여가상품이 될 수 있다. 이와 마찬가지로 어촌의 자연환경과 생활문화, 그리고 각종 어로활동을 있는 그대로 구슬 꿰듯이 엮어 체험상품을 만들어 주5일 근무제 확산에 따른 급증하는 도시민들의 목적형 관광수요와 연계시킨다면 어촌관광의 근원적 문제로 제기 되어왔던 접근성 문제와 열악한 시설 문제, 그리고 비수기 문제를 단번에 뛰어 넘을 수 있을 것이다. 왜냐면 자녀를 동반한 가족 중심의 체험형 관광객들에게 있어서는 열악한 숙박시설을 참아 낼 수 있는 교육적 이해심과 자녀들을 위해 시간과 공간을 뛰어 넘는 열성이 있기 때문이다.

농촌과 어촌을 체험관광의 장으로 만드는 과정에 있어서 유의해야 할 점 몇 가지가 있다.

첫 번째는 어촌에 관광이라는 모자를 씌울 때 반드시 관광은 부업이고 어업이 주업인 아마추어관광의 정신을 잊어서는 안 된다는 점이다. 모자 쓴 모습이 멋있게 보인다고 유니폼까지 관광으로 갈아입는 프로페셔널 관광을 추구하였다가는 십중팔구 경험부족에 의한 사업 실패나 외지인의 무분별한 투자를 자초하는 결과를 초래하게 될 것이다.

농촌관광을 도입함에 있어서 우려되는 점은 모든 농촌을 관광지화 하려는 의도가 아닌가 할 정도로 관광을 만병통치약으로 여기는 경향이다. 분명한 것은 농촌관광과 어촌관광의 도입에 있어서 관광을 전업으로 이어갈 프로페셔널 관광과 농업을 바탕으로 소득증대를 꾀하는 부업으로서 아마추어관광으로 세분화하여 접근해야 할 것이다. 모든 농촌마을과 어촌마을을 프로관광으로 가지고 갈 수는 없다.

그러나 대부분의 마을들은 농촌, 어촌체험 행사를 진행하가면서 성급하게 프로관광을 지향하는 경향이 있다. 그들이 해왔던 농사일 보다는 그렇게 어렵지도 않으며, 반응도 커서 재미도 있을 수 있다. 그러나 그렇다고 모든 마을이 프로관광을 할 수는 없다. 그리고 해서도 아니 된다. 왜냐하면 자원성 차원에서도 프로관광으로 지속할 만큼 모든 마을이 풍부하지도 않으며, 특히 서비스 차원에서도 모든 마을이 항상 문을 열어 놓고 언제든지 손님을 맞을 수 있을 만큼 이용성이 크지도 않다. 농민들과 어민들은 단지 그들이 원할 때 만, 원하는 만큼의 사람을 받기 원한다. 그리고 농촌, 어촌 방문객 모두가 그렇게 농어촌의 열악한 시설에 대해 참을성을 가지고 이해할 만큼 목적형 관광객이 아니다. 아이들 때문에 좀 고생이 되더라도 참을 수 있지만 보다 더 나은 시설이 있다면 바로 그곳으로 옮겨 갈 만큼 붙임성이 적은 사람들이다.

농촌체험을 시행하는 마을 가운데서 프로관광으로 성공하려면 무엇보다도 프로다운 관리운영이 있어야 할 것이다. 물론 현재의 농어촌 마을 가운데서 프로관광으로 선두를 달리는 마을들도 적지 않다. 그러나 분명한 것은 모두가 다 그렇게 될 수는 없다는 것이다. 모두가 된다고 해도 문제이다. 왜냐하면 전국의 농어촌 마을이 어떻게 차별화 되어 관광객을 유치할 수 있겠는가? 더욱이 농촌체험 프로그램은 물리적 여건상 그리고 신속한 정보교환으로 인해 전국의 마을이 거의 비슷하지 않을 수 없기 때문이다.

그러므로 인력과 자원성이 갖추어진 일부 마을은 프로관광을 지향해도 되지만 나머지는 즉, 대부분의 마을은 비록 수입이 크지는 않더라도 현재 종사하고 있는 농업과 어업을 바탕으로 한 부업관광 즉 아마추어관광에 만족해야 할 것이다. 다시 말해서 아마추어 관광이란 1) 본인이 생긴 모습대로 있는 그대로를 활용하여, 2) 하고싶은 만큼, 하고싶은 때에, 3) 원하는 사람들만을 대상으로 하는 관광을 지칭한다. 많은 투자가 필요 없이, 현재의 농어촌 모습, 있는 그대로의 모습을 가지고도 그것을 원하는 사람을 대상으로(비록 그 숫자는 작을 수밖에 없지만), 할 수 있는 만큼의 체험관광을 하는 것이 바로 아마추어 관광이고 바로 지속가능한 관광이다.

이러한 접근은 명소마케팅 개념에서 언급한 바와 같이 각 마을이 가지고 있는 자원성(농촌문화, 농사기술, 농산물, 그리고 농촌다움 등)을 가지고 농촌의 열악한 시설과 투박한 서비스에도 불평하지 않는 순수한 목적형 관광객들(알아주고 필요한 사람)을 대상으로 농어촌 체험을 한다면 여기서 진정한 일대일 도농교류가 일어날 수 있을 것이다.

프로관광에서 서비스란 자기를 다 버리고 남을 위해 봉사하는 것인데 어떻게 순수한 농어민에게서 이러한 서비스를 바랄 수 있겠는가? 오히려 이들은 순수한 농어촌 체험의 주관자로서 농어민이 아니라 이미 관광서비스업에 종사하는 사람으로 분류될 수밖에 없을 것이다. 그러므로 그러한 사람들에게는 농어촌은 농어업의 장소가 관광지가 될 수밖에 없다. 다시 말해서 프로관광으로 방문객을 대하면 그것은 이미 일대일 도농교류가 아니다.

과거 관광농원 정책은 어떤 면에서 볼 때 현재의 농촌체험마을 정책을 가져오게 한 밑거름은 되었지만, 정책시행의 결과만을 놓고 볼 때 지금까지 농사만 지어 온 농민을 갑자기 프로페셔널 관광업으로 전환시키는 식의 정책이었다고 볼 수 있다. 관광사업이란 초기투자가 큰 반면에 회임기간이 긴 사업으로 우리나라의 경우에는 특히 사계절로 인해 비수기 문제가 크므로 고도의 경영기술을 요하는 사업이다. 그럼에도 불구하고 농촌의 주민소득증대 차원에서 일반 농민들을 대상으로 한 이 정책은 실패할 수밖에 없는 태생적인 문제를 가지고 있었다고 할 수 있다. 또다른 실패이유는 소비자들의 인식문제이었다. 그 당시까지 많은 사람들이 농촌관광을 대중관광의 차원에서만 인식하여 왜 관광농원에 노래방이 없으며 왜 관광농원에 수영장이 없고 눈썰매장이 없냐고 투정하는 수준이었다. 그러므로 대부분의 관광농원이 이들의 수준에 맞추기 위해 현재의 소프트웨어 위주 농촌체험 프로그램 보다는 비교적 대규모 투자가 요구되는 시설위주의 종합관광 서비스업으로 포지셔닝 할 수밖에 없었다[9].

두 번째로, 행정당국은 지역자본을 바탕으로 한, 지역주민에 의한, 지역주민을 위한 주민 관광사업이 자리를 잡아가기 위해 펜션 등 외지자본의 무분별한 지역 침입을 제도적으로 막아낼 수 있는 방안을 강구해야 한다. 도시로 떠났던 젊은이들이 다시 돌아와 부모님이 하시던 농어촌 민박을 보다 서비스마인드를 가지고 관광펜션업으로 성공시킬 때 까지 농어촌의 자연환경과 농어촌문화, 농어촌주민을 지켜내는 것이 바로 행정당국의 할 일이다.

세 번째, 이를 위해 적극적인 행정지도는 물론 지역주민을 대상으로 농어촌 자원관리와 서비스 관리에 관한 지속적인 교육이 병행되어야 할 것이다. 바쁜 농어민을 불러서 하는 교육이 아니라(그래서 교육 참여자는 늘

9) 갖가지 시련 속에서 현재 까지 살아남은 관광농원은 이미 프로관광이라고 인정할 수 있다. 이들에 대해서는 일반 농촌체험마을과 차별화 된 집중적인 금융지원이 필요하다. 또한 이들이 관광진흥법의 관광사업으로서 관광진흥개발기금의 지원을 받도록 하는 것도 중요한 지원수단이 될 수 있을 것이다.

오는 사람일 수밖에 없다.) 현장으로 찾아가는 형태의 교육이 필요하다. 농어민 교육은 지나쳐도 해가 되지 않는 농어민 마인드 개선에 필요한 수단이다.

네 번째로, 도시의 관광수요와 농어촌체험을 바로 연계시킬 수 있도록 맞춤형 관광정보 제공을 위한 관광포털 사이트의 활성화가 시급하며, 농어촌 현지에서 콘텐츠 프로바이더 역할을 담당할 젊은이들의 수혈을 위해 농어촌 관광 전공자들의 병역특례제도 도입도 고려해 볼 만 하다. 도시민들을 대상으로 한 가족 중심의 농어촌체험 관광 활성화를 통해 농어촌도 살고 도시민도 재충전되는 윈윈전략의 시행에 국민적 관심과 노력이 필요한 시점이다.

관광의 개념이 농어촌에 접목되면서 유의해야 될 사항이 있다. 그것은 일반적으로 관광은 불특정 다수를 방문객으로 받아들이기 때문에 농어촌 체험을 원하는 목적형 방문객으로부터 탈일상성을 추구하는 탈출형 방문객까지 다양한 계층이 농촌을 방문하게 된다. 이들을 가리지 않고 농어촌 관광 진흥이라는 목표 아래 모두 수용한다면 농어촌의 자연, 인문환경이 도시 방문객의 무차별한 관광요구에 의해 훼손될 가능성이 높을 뿐만 아니라 궁극적으로 관광목적지로서 매력도가 저감될 수 있다.

관광객이 시도 때도 없이 찾아오게 되면 이들을 붙잡기 위해 항시 문을 열고 기다려야 되는 일이 쉽지 않을 것이며, 또한 점차 많이 오게 될 경우에도 이들을 지속적으로 유지하는 일이 어려울뿐더러, 농어촌 관광명소로 성공하여 지속적으로 관광객이 몰려드는 경우조차(이렇게 되는 경우는 극히 일부에 불과하겠지만)도 결국 도시자본의 유입을 막을 수는 없게 될 것이다.

다시 말해서 관광을 잘 관리하지 않으면 농어촌을 활성화 하는 대신에 농어민이 농어촌을 떠나게 함으로써 결국 농어촌을 망치는 결과도 초래될 수 있다는 의미이다. 그러므로 농어촌에 관광이 접목될 경우 이는 불특정 다수를 대상으로 하는 일반 관광의 개념이 농어촌을 아는 특정인을 대상으로 하는 도시와 농어촌 교류의 형태를 띠어야만 할 것이다. 농촌을 이해하는 사람이 또는 농촌에 연고를 가지는 사람이 농촌을 방문해야만 농민이 생산해낸 우리 농산품의 가치를 제대로 인정할 수 있을 것이며, 농민도 특유의 인심으로 정성스레 그들을 대접할 수 있을 것이다.

결국 서로를 이해하는 마음이 도시와 농촌을 대등한 관계에서 교류하도록 이끄는 힘이 될 것이며, 이러한 대등한 교류를 통해서만이 농어촌 환경이 지속적으로 보전될 수 있으며, 이를 통해 농어민의 생활의 질이 제고될 수 있을 것이다.

2.2 아마추어 관광 적용원칙 10가지

1) 가능하면 있는 것을 그대로 활용하여 시작하라.

일단 팜스테이부터 시작함이 타당하다. 시설 지원 없이 소프트웨어 지원만 가지고 시작하는 것이 향후 자금 지원 시 무엇을 어떻게 사용해야 되는지를 알게 함으로써 적절한 출발이 가능하게 할 수 있다.

2) 있는 그대로를 알아주는 사람을 데려오라.

농촌의 열악한 시설도 이해할 수 있는 사람부터 타깃으로 설정하라.

3) 농촌관광을 통해 일확천금을 꿈꾸지 말라.

농촌관광을 통해 성공한다하더라도 결국은 도시자본에 의해 잠식당할 확률이 높다. 그저 농촌관광을 통해 소득증대에 일부 기여할 수 있으며, 잘하면 도시로 나갔던 자제들이 돌아와서 부모가 하던 일을 계승하여 성공시킬 수 있다고 생각하는 것이 중요하다.

4) 리더가 중요하지만 점차 참여자를 늘려가는 것이 매우 중요하다.

초기에는 마을 리더가 중요하지만 동참하는 집단을 갖는 것이 성공의 지름길이다.

5) 농촌관광의 성공은 환경농업에서부터 시작된다.

농촌체험 프로그램을 통해 수입을 얻기 보다는 소비자에 신뢰감을 주고 대신 유기농산물 판매를 통해 수입을 증대할 수 있다.

6) 농업을 통해 자립기반이 먼저 조성되지 않는다면 싸구려 관광에 종속될 수밖에 없으며 공급자 위주의 품질관광이 불가능하다.

농촌살림이 농업을 통해 안정됨이 없이 서둘러 농촌관광을 도입하고 전적으로 이에 매달린다면 고품질 관광이 아닌 싸구려 대중관광에 종속될 수 밖에 없을 것이며, 이러할 경우 환경파괴와 차별적인 매력성 부족으로 인해 농촌을 지키는 것이 아니라 농촌을 버리는 일이 될 것이다. 결국 농촌관광이 농민을 농촌에서 떠나게 만드는 수단이 되고 말 우려가 있다.

모든 도시민을 다 상대하기 보다는 농민이 주도하여 소비자를 선택하고 그들에게 있는 그대로의 모습을 자신 있게 보여주고 가르쳐 주는 것이 오히려 도시민에게 감동을 줄 수 있으며 지속적인 매력을 유지할 수 있게 된다. 대부분의 농촌체험마을들은 더 많은 도시민을 유치하기 위해 연수형 단체방문객을 수용하기 위한 시설 설치를 원하는 경우가 많은데 이들 단체 방문객이야 말로 농촌다움을 맛보기 원하는 목적형 관광객은 아니므로 시설이 노후화 될 경우 언제든지 다른 곳으로 옮길 수 있는 믿지 못할 집단이다.

7) 아마추어 농촌관광을 유지하기 위해서는 상시 운영되는 앵커 시설을 설치하고 이를 관광센터로 복합화 할 필요가 있다.

농사에 몰두하던 농민들을 어떻게 관광체제로 쉽게 전환시킬 수 있을 것인가? 이것이 아마추어 관광의 성공 열쇠이다. 즉 마을 내 각종시설을 가능하면 하나의 상시 운영 시설로 복합화시키고 고정인력을 투입함으로써 인건비 절감을 포함한 운영합리화는 물론 아마추어 관광의 중추기능을 맞도록 관광센터화 한다면 이곳을 통해 민박예약, 마을 해설/안내, 프로그램 제공이 상시 가능할 수 있다. 별도 인력과 부지를 가지고 이러한 관광센터를 설치하기 보다는 기존의 시설들을 복합화 함으로써 부가적으로 관광센터 기능을 갖도록 할 수 있다. 경남 사천시 대나무마을이 농촌체험마을로서 잘 운영되고 있다는 평가를 받을 수 있는 이유 중 하나는 대나무 찜질방이 고정인력을 가지고 상시 운영됨으로써 이곳이 전체마을의 농촌관광을 통제하는 관광센터 기능을 담당하고 있기 때문이다.

8) 귀농인도 농촌관광의 주요 주체가 되어야 한다.

도시에서 귀농한 사람들이 알고 있는 인맥과 기술, 도시사람의 취향에 관한 지식은 지속가능한 농촌관광에 매우 중요한 요소이다.

9) 아마추어 관광, 프로관광 세분하여 정책적으로 지원하라.

아마추어 관광차원에서 농촌관광을 성공적으로 육성하기 위해서는 프로관광 지향 마을과 아마추어 관광 지향 마을 또한 세미프로 관광 지향 마을을 선별하여 정부와 지차체가 지원하는 것이 중요하다.

10) 농어민 교육을 강화하고, 농촌에 젊고 유능한 인력을 수혈할 수 있는 방안을 확충하라.

현장을 찾아가는 교육을 통하여 농어민의 참여를 극대화 할 뿐더러 교육의 질을 강화하여 마인드 개선을 꾀하는 것이 매우 중요하다. 그리고 기존의 사무장 제도를 보완하여 젊고 유능한 인력을 유치하기 위해 인건비 단가를 높이고 병역특례 혜택을 받도록 하는 것도 필요하다.

단상 14 도농산촌 교류를 위한 법률 제정과 관련하여

도시와 농산어촌 교류를 촉진하고자 하는 법률 제정과 관련하여 필자가 생각하는 아마추어 관광 관련 내용을 요약하면 다음과 같다.

1. 도농교류의 주체 관련

- 도농교류 민간 활동의 지원대상으로서 단지 도시민이 농산어촌지역을 대상으로 행하는 금전 또는 물품의 기부 및 서비스의 무상제공과 자매결연 및 도농교류 협력사업이외에 기존 친환경농산물 직거래를 바탕으로 한 생협과 주부단체 등의 활동도 도농교류 사업으로 포함할 수 있도록 도농교류 협력사업의 범위를 확대할 필요가 있다.
- 도농 자매결연의 주체가 마을 대 도시민(기업, 기관 및 단체) 뿐만이 아니라 단위 농가 대 개개 도시민도 포함하며 이를 활성화 할 수 있도록 할 필요가 있다.(예: 개인의 도농교류 활동(체험, 휴양활동 및 농산물 현지 구매비용)에 대한 소득공제 혜택 부여 등과 도농교류카드 사용시 포인트 적립 등)

2. 농업을 기반으로 한 아마추어 체험 · 휴양사업(제1종 농산어촌마을 체험휴양사업)과 전적으로 체험 · 휴양사업에 전념하는 프로페셔널 체험 · 휴양사업(제2종 농산어촌마을 체험휴양사업)의 구분과 이에 따른 차별화 지원이 요구됨

- 체험.휴양사업의 등록에 있어서 본 법에서 다루어야 하는 범위와 관광진흥법에서 관광사업의 유형으로서 포함해야 되는 범위를 명확히 해야만 될 것임. 이렇게 해야만 의제처리에 있어서도 형평성 문제가 제기되지 않을 것임.
- 그러므로 농업을 근간으로 한 비지속적 영업(상시적 영업이 아님)에 대한 내용이 체험휴양사업의 정의에 포함되어야 할 것이며, 또한 농수산물 판매액수가 전체 매출액의 일정부분 이상을 차지해야 만이 본 법에서 정하는 아마추어 체험휴양사업(제1종 체험휴양사업)으로서 정의되도록 해야 됨.
- 이법에서는 아마추어 체험휴양사업만 지원하고 프로페셔널 체험휴양사업(제2종 체험휴양사업)은 관광진흥법 신규 관광사업으로 등록/관리되도록 해야 차별성을 유지할 수 있을 것임. 기존의 관광농원은 프로페셔널 체험휴양사업으로 분류되어 이법에서는 언급되지 말아야 할 것임

3. 농산어촌마을 체험휴양사업의 책임 소재 명확화

- 농산어촌마을 체험휴양사업의 등록에 있어서 책임소재를 명확히 하기. 마을 협회가 아니라 법인 구성(예: 영농법인)과 대표 및 임원 선임이 요구됨.
- 체험 휴양마을 등록 기준에 있어서 마을해설사, 체험지도사 약간명 이상을 보유하게 함을 유도할 수 있다.
- 해설사 자격기준(시행령)으로 '해당지역 거주 2년이상 경과자에 한하여'를 규정해야 할 것임. 체험지도사는 외지인이 할 수도 있지만 마을해설사는 가능하면 지역민 위주로 육성하는 것이 타당함. 자원성 차원에서도 프로관광으로 지속할 만큼 모든 마을이 풍부하지도 않으며, 특히 서비스 마인드 차원에서도 모든 마을이 다 관광으로 갈 수는 없다.

4. 민간차원의 도농교류 활성화를 위한 가칭 '도농교류 서비스업'의 신설

- 도농교류의 촉진을 위해 도시민과 농수산물 직거래, 농산어촌 체험 프로그램을 연계하는 인터넷 정보사업, 여행사업, 그리고 투자유치를 위한 부동산중개업 가운데서 도농교류 실적이 우수한 업체를 도농교류 서비스업으로 등록하여 지원하는 방안을 모색한다.

2.3 아마추어 관광개발 전략 적용 사례: 충남 부여군 반산권 농촌마을 종합개발 계획 관광부문

2.3.1 개요

다음 사례는 농림부 농촌마을 종합개발사업의 하나로 지정된 충남 부여군 반산권역의 종합개발계획 수립을 위한 농촌공사 자문의 일환으로 2005년 수립된 계획내용[10] 중 일부를 발췌한 것이다.

여기서 유의해서 보아야 될 포인트는 명소마케팅 개념에 의해 어떤 자원성이 반산권에서 도출되었으며, 어떤 시장을 대상으로 표적시장이 설정되었는지 이다. 그리고 이러한 자원성과 시장성이 어떻게 결합되어 '풀벌레

10) 본 계획 수립을 위해 경기대 관광대학 명소마케팅 연구실의 박남규 연구원과 이동윤 연구조원이 참여하였다.

마을 자전거이야기'라는 컨셉으로 구체화 되었는지 살펴 볼 수 있다. 그리고 어떤 시설이 농촌체험 마을의 관광지휘소 기능을 가지게 되는 가도 관찰 포인트 중의 하나이다.

그리고 이러한 자문내용이 실제로 얼마나 반영될 수 있었으며, 본 계획에서 제안한 여러 가지 제안, 특히 자전거 면허시험장과 벌통형 개발전략이 제대로 적용되었더라면 현재의 부여 반산권이 어떻게 달라졌겠는가도 향후에 중요한 관찰거리가 될 수 있을 것이다.

2.3.2 적용내용

Ⅰ. 여건 분석

1. 부여군 반산권역 내 자원분석

1) 자원성 키워드

반산저수지, 한국곤충학습원, 종합운동장, 해동백제, 백제요, 원앙연못, 고려인삼창, 겨울철새도래지, 농촌마을, 밤, 취나물, 수박, 낚시터, 메기양식장, 고인돌, 열녀비, 사당, 서당골, 총명탕, 거목

2) 한국 곤충체험 학습원

- 2000년 이래로 애완곤충을 판매
- 현재 곤충 체험을 실시하고 있음
- 주소: 충남 부여군 규암면 수목리 446-2

Implication

- 곤충은 특이한 소재로 유치원, 학생, 일반인에게 흥미유발
- 이미 곤충 학습원에 체험 프로그램 실시중
- 곤충 체험 학습원과 주변 농가 농촌체험 연계 상품 개발 가능
- 곤충을 캐릭터화한 미국의 '벅스라이프' 상영 및 캐릭터 개발 가능
- 올챙이, 개구리, 미꾸라지 사육 및 교육 실시한 경험 있음
- 토끼, 새 등을 그물망에 가두어 아이들에게 관람시킬 계획 추진중
- 매년 수천마리 곤충 마을에 방사→마을 전체가 청정 마을로 인지될 가능성 있음
- 곤충과 자전거, 자연과 철새가 하나가 되는 마을 이미지 구축

3) 고려인삼창

- 한국담배인삼공사가 소유한 인삼 가공공장으로 매년 많은 수의 외국인 방문객 방문
- 현재는 인삼창 만을 돌아보고 돌아가는 실정이나 반산저수지 개발 시 지나가는 시장을 잡을 수 있는 잠재 고객층 보유
- 고려인삼창 입구 바로 앞 반산저수지 진입로임 → 마을 관광안내도를 설치, 접근성 개선

4) 종합운동장

- 나복리에 부여 종합운동장 건설 중
- 종합운동장의 규모를 볼 때 주차장이 클 것으로 예상되며, 주중 운동장 사용 수요층이 적을 것으로 예상- 주차장 활용 가능
- 종합운동장 주변을 벌통형 개발전략에 따른 '미니포트'로 조성, 방문자센터와 중형 숙박시설 도입 검토, 자전거 면허시험장 설치, 전기자동차 환승장 이용, 야간에 자동차 극장 활용 가능

2. 접근성 분석

1) 자가용

① 서울 → 천안 → 1번국도 → 23번국도 → 공주 → 부여 → 백제교 → 규암리 → 4번국도 → 홍성방향으로 2km → 백제중학교 → 반산저수지

② 서울(경부고속도로) → 천안-논산간 고속도로 → 서논산IC → 부여 → 백제교 → 규암리 → 4번국도 → 홍성방향으로 2km → 백제중학교 → 반산저수지

③ 인천(서해안고속도로) → 홍성IC → 청양 → 부여 → 백제교 → 규암리 → 4번국도 → 홍성방향으로 2km → 백제중학교 → 반산저수지

④ 공주 → 40번국도 → 부여 → 백제교 → 규암리 → 4번국도 → 반산저수지

2) 버스

서울(남부터미널) → 부여(시외버스터미널) → 시내버스 이용

3) 기차

서울역 → 논산역 → 부여(버스이용) → 시내버스 이용

- 부여군까지의 접근은 경부 고속도로와 천안~논산간 민자 고속도로 및 서해안 고속도로를 통해 접근할 수 있음.
- 지금 건설 중인 서천-공주간 고속도로 개통 시 부여 반산권역으로의 접근성이 크게 향상될 것임.

3. 관광객 현황분석

1) 월별 관광객수

표 6-2-1 부여군 월별 관광객수 (단위: 명)

구분	내 국 인	외 국 인	계
1월	52,371	2,382	54,753
2월	37,657	2,158	39,815
3월	59,752	5,856	65,581
4월	253,441	8,215	261,656
5월	273,072	7,704	280,776
6월	114,783	2,216	116,999
7월	77,717	5,670	83,387
8월	138,487	7,082	145,569
9월	103,166	8,589	111,755
10월	659,267	14,848	674,115
11월	96,029	7,294	103,323
12월	38,975	3,603	42,578
계	1,904,690	75,617	1,980,307

※ 자료: 부여군 통계연보(2002년)

▷ 부여군 전체로 봤을 때 12월~3월,7월은 관광객 수가 매우 감소하는 비수기이고, 4월~6월, 10월에 관광객 집중 현상을 보임

2) 주요 관광자원 관광객 수

표 6-2-2 부여군 주요관광지 관광객 수와 변화 추이

구분		2000	2001	2002	2003
부소산성	계	683,260	639,712	573,852	675,449
	내국인	659,519	667,378	545,727	657,166
	외국인	23,741	26,334	28,125	18,283
정림사지	계	155,903	125,238	120,624	149,861
	내국인	130,095	105,238	120,624	149,861
	외국인	25,808	22,554	20,723	11,777
능산리 고분군	계	129,544	135,203	104,874	136,068
	내국인	127,907	133,984	104,320	135,853
	외국인	1,637	1,219	554	215
박물관	계	420,751	502,366	407,362	398,671
	내국인	408,287	494,098	399,817	390,215
	외국인	12,464	8,268	7,545	8,456
무량사	계	39,567	37,618	53,959	75,714
	내국인	39,339	37,063	53,148	74,624
	외국인	228	555	811	793
구드레 관광지	계	-	212,598	676,505	322,857
	내국인	-	205,242	658,646	307,427
	외국인	-	7,356	17,859	15,403
궁남지	계	-	-	-	289,372
	내국인	-	-	-	280,762
	외국인	-	-	-	8,610
성흥산성	계	-	-	-	39,285
	내국인	-	-	-	39,133
	외국인	-	-	-	152

※ 자료: 부여군 통계연보(2003년)

Implication
• 4 · 5월과 6월, 10월에 관광객 집중은 축제에 기인한 것으로 판단 됨. • 역사/문화 자원을 보기 위해 부여에 오는 관광객을 곤충과 자전거로 반산저수지 주변으로 오게 하는 전략이 요구됨 • 문화 유적에 대한 관심으로 관광객 수가 급상승 했으며, 이들 중 내국인은 곤충에 외국인은 인삼과 된장에 초점을 맞추어 반산권역으로 유입시키는 전략이 요구됨

4. 분석 종합

반산저수지 주변은 그 자체만으로는 자원성 면에서 전국적인 명소가 되기에는 한계가 있으나 종합운동장을 미니포트로 조성하고, 저수지를 중심으로 마을 전체를 청정지역으로 유지할 수 있다면, 인근의 백제 문화권 수학여행객 등을 유인하여 민박, 농가체험, 농산물 판매의 직간접 수입을 올릴 수 있다고 사료된다.

반산저수지 전체를 기존의 곤충체험 학습원을 바탕으로 자전거와 곤충을 주제로 테마화 한다면 교육적인 기능을 부여하는 동시에 각종 취미를 가진 동호인들의 아지트가 가능하게 될 수 있다. 또한 이를 통해 탐조관광객 및 인삼 제조창 방문자 등 지나가는 시장을 잡는 것도 가능할 것이다. 결국 농촌마을 종합개발사업을 통해 마을 주민들에게 주업인 농사를 계속 유지하게 하면서 부가적인 소득을 발생시켜 나감으로써 난개발 및 도시화를 방지하여 녹색공간을 확보할 수 있다.

5개 마을 이장을 인터뷰한 결과 농촌개발사업에 대한 이해도가 낮은 편이며 막상 자본이 투여되는 시점에서 무엇을 해야 하는지에 대한 구체적인 방안을 제시하는 사람은 부재하였다. 특히나 찜질방, 마을회관, 마을 입구 건물 등 복지시설에 대한 관심이 높은 반면 수익을 창출하는 사업에는 의견이 매우 부족한 편이었다.

표 6-2-3 여건 종합 분석

구분	내용	비고
자원성	▪ 반산저수지의 수변공원화 가능, 곤충 체험장을 통한 연계 상품 창출, 고려인삼창의 이용, 겨울철에는 철새도래지, 각종 농산물, 농촌 체험거리 다양, 원앙연못, 저수지 아래쪽이 과거 공동묘지여서, 예전에 도깨비불 출몰	상품개발의 소재
접근성	▪ 종합운동장 건설로 인한 도로 확장과 고속도로 신설 중 백제 재현 단지 조성으로 인해 도로가 신설중임, 고속도로 인터체인지와 인접	허니포트의 위치
시장성	▪ 주 5일근무제 이후 여가에 대한 수요 증가, 교육적 체험관광에 대한 수요 증가, 취미에 대한 수요 증가와 목적형 관광의 증가, 철새 관련자, 곤충에 대한 수요자, 가족단위 휴양형 관광객, 한국 전통 체험, 인삼창 방문객, 자전거 면허시험 및 안전교육, 농촌관광 체험, 기업연수, 대학생MT, 청소년 수학여행, 연인	문화와 자연체험의 연계
개발 가능성	▪ 반산저수지를 중심으로 반산권역 전체를 주제공원화 하여 농촌관광 기반형으로 개발하며 특정 관심분야를 충족시키고 교육적 효과를 극대화 시키며, 향수를 자극함	동화와 캐릭터, 곤충과 자전거 이용

II. 시장 분석

1. 시장세분화(Segmentation)

- 반산권역의 시장은 크게 일반 시장과 참여 시장으로 구분하여 제시하고자 함.
- 이용시장은 이용시장에 따라 단체 중심의 체험, 가족단위의 체험과 교육, 연인 및 동호회로 구분하고 이용시기에 따라 주중과 주말로 분리하여 분석함.
- 참여시장은 자원봉사시장과 자전거 동호회로 구분하여 분석함.

그림 6-2-1 시장세분화 및 프로파일 분석 방법

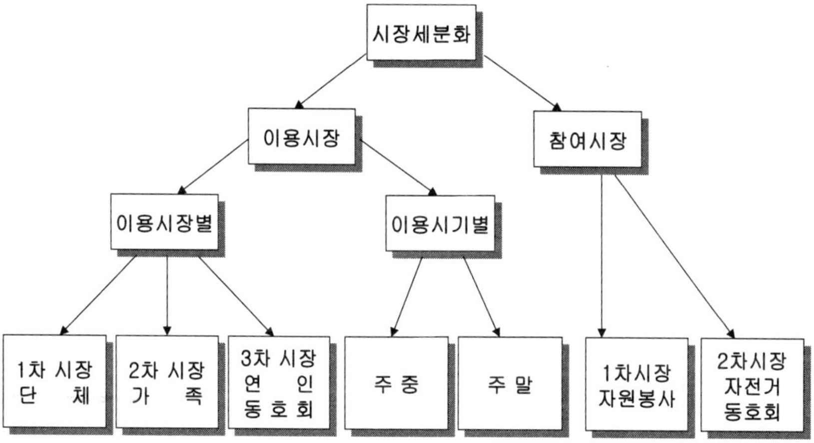

1.1 이용시장의 분석

- 반산권역의 입지여건, 시장분석을 통해 세분시장을 3가지(단체, 가족, 연인 및 동호회)로 구분하였음.

표 6-2-4 이용시장별 추구편익

구분	단체(수학여행)	가족	연인 및 동호회
대표목적 요인	단체중심의 자연 및 환경체험	가족단위의 자연 및 환경체험	자연속의 친교와 휴양
인구 통계적 특성	- 유치원, 초·중고생 - 수도권 및 충청권 소재 학교(수학여행)	- 어린자녀를 둔 30~40대 가족 - 수도권 및 충청권 거주자	- 20~30대 친구,연인 - 수도권 및 충청권 거주자
방문행태	- 단체위주 - 관광버스 이용	- 가족별 - 자가용 이용	- 다양한 방문형태 (친구, 연인, 동호회) - 자가용 이용
목적 중요도	1. 체험·교육 2. 단체활동 3. 경관감상	1. 체험·교육 2. 가족나들이 3. 휴식	1. 경관감상 2. 일상을 벗어남 3. 인근자원과 겸목적
이용시기	- 주중, 방학 중	- 주말, 휴가	- 주말, 휴가

추구편익	1. 다양한 체험 및 프로그램 2. 단체활동 가능 3. 저렴한 비용	1. 가족이 함께 할 수 있는 체험 2. 편리한 접근성 3. 주변자원과 연계성	1. 주변자원과 연계성 2. 편리한 접근성 3. 양질의 시설 및 서비스 4. 저렴한 비용
선호시설	1. 학생들의 커뮤니티 공간 2. 다양한 교육시설	1. 가족체험 시설 및 공간 2. 안내시설 3. 판매시설(농·특산물)	1. 안내시설 2. 판매시설 3. 편의시설 (산책로, 벤치 등)

1.2 이용시기의 분석

- 반산권역은 체험교육과 자연속의 휴양의 성격을 갖는 시설로서, 주말과 주중으로 주 이용시장이 다를 것으로 분석 주요 시장을 도출하면 다음과 같다.

표 6-2-5 이용시기별 추구편익

구분	주중	주말
대표목적 요인	- 단체 중심의 체험교육	- 가족단위의 체험교육 - 자연속의 친교와 휴양
방문행태	- 단체위주 - 관광버스이용	- 가족별 - 가족 연합형 - 친구, 연인, 동호회 - 자가용 이용
목적중요도	1. 체험·교육 2. 단체활동 3. 경관감상	1. 체험·교육 2. 가족나들이 3. 휴식
추구편익	1. 양질의 교육시설 및 프로그램 2. 단체활동 가능 3. 저렴한 비용	1. 가족이 함께 하는 공간 및 프로그램 2. 양질의 시설 및 서비스 3. 편리한 접근성 4. 주변자원과 연계성
프로그램 전략	- 학생 단체 프로그램 운영	- 가족별 체험 프로그램 운영

2. 표적시장 설정(Targeting)

2.1 표적시장별 마케팅 방향

표 6-2-6 표적시장 별 마케팅 방향

<table>
<tr><th>표적시장</th><th>추구편익</th><th colspan="2">부분별 마케팅 방향</th></tr>
<tr><td rowspan="2">단체</td><td rowspan="2">1. 다양한 체험 및 프로그램
2. 단체 활동 가능
3. 저렴한 비용</td><td>시설 및 장비부문</td><td>- 학생들의 커뮤니티 공간(휴게공간)
- 대규모 수용시설(편의시설, 버스주차장)
- 다양한 체험 교육시설</td></tr>
<tr><td>운영·프로그램 부분</td><td>- 방문자 유형별 가격차별화 전략
- 방문 유형별 프로그램의 개발
- 프로그램 종류의 다양화(선택의 폭 제고)
- 참여 커뮤니티(온라인) 구축</td></tr>
<tr><td rowspan="2">가족</td><td rowspan="2">1. 가족이 함께 할 수 있는 체험
2. 편리한 접근성
3. 주변자원과 연계성</td><td>시설 및 장비부문</td><td>- 편리한 주차장
- 특산물 판매 시설</td></tr>
<tr><td>운영·프로그램 부분</td><td>- 가족이 함께 하는 프로그램
- 패키지 요금제
- 방학, 휴가철 특별 프로그램 운영
- 주변문화자원과 연계 프로그램 운영
- 농·특산물, 지역특산품 직거래</td></tr>
<tr><td rowspan="2">연인 동호회</td><td rowspan="2">1. 주변자원과 연계성
2. 편리한 접근성
3. 양질의 시설 및 서비스
4. 저렴한 비용</td><td>시설 및 장비부문</td><td>- 주변자원과 연계 교통수단
- 편리한 주차장</td></tr>
<tr><td>운영·프로그램 부분</td><td>- 주변 자원과 연계
- 온라인 예약 시스템</td></tr>
</table>

2.2 시기별 표적시장 설정

- 학기중인 봄(3~6월)과 가을(9~11월)의 경우 주중에는 학생 단체를 타깃으로 하며, 주말에는 체험과 휴양을 위한 가족단위 방문객을 타깃으로 설정함.
- 방학/휴가에 해당되는 여름(7~8월)과 겨울(12~2월)은 인근 백제 관광지와 연계하여 자연속의 친교와 휴양을 즐기는 단체와 가족단위를 타깃으로 설정함.

2.3 대상권역 초기 방문 수요 예측

- 부여군 주요 관광지 중 가장 방문객 수가 많은 부소산성을 부여군의 최소 방문객수로 본 후 그 중 5%(33,772명)를 초기 반산권 방문객 수로 가정함.
- 부소산성의 입장객 수는 입장료를 받는 관광지로서 입장객수가 정확한 자료임.
- 반산권역 방문자 중 30%인 약 1만 명 정도는 가족 방문객, 70%인 약 2만 명 정도는 단체 및 연인·동호회로 가정함.
- 대상권역 인근의 휴양림 방문객수가 2~3만명임을 볼 때 부여 최소 방문객수의 5%인 33,772명은 반산권역 방문예측의 타당한 수준으로 판단됨 (부여의 총 방문객수는 주요 관광지에 중복 가능성이 많으므로 사용하지 않았음).

표 6-2-7 인근 휴양림 방문객 수

휴양림	1995	1996	1997	1998	1999	2000	2001	2002	2003
성주산	79,220	41,073	58,603	31,181	37,928	32,208	28,981	24,229	31,690
만수산	12,831	14,229	9,440	6,655	6,581	11,077	11,075	10,071	11,182
칠갑산	7,240	8,400	14,982	29,290	37,887	40,136	44,687	33,561	26,122

※ 자료: 산림청(2002), 국유 휴양림 운영관리의 효율성 제고를 위한 경영진단.

III. 관광기반 조성계획

1. 컨셉 설정: "풀벌레 마을의 자전거 이야기"

- 체험: 곤충 체험, 농사짓기 체험, 곶감 만들기(재방문 유도)
- 교육: 풀, 곤충, 인삼, 철새, 전래동화
- 민박: 신청한 집을 중심으로 민박집 주인의 자원성 부각 및 테마화
- 활동: 종합운동장 및 자전거도로, 자전거 면허 따기, 산책, 불꽃놀이, 인공백사장을 중심으로 한 활동

그림 6-2-2 권역별 테마

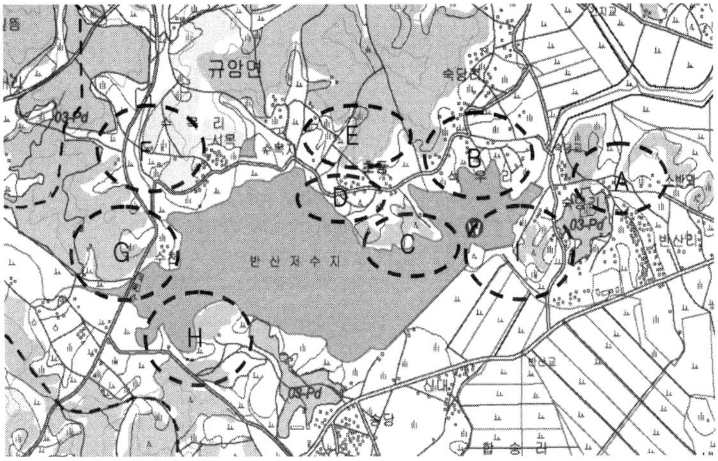

표 6-2-8 권역별 테마

구 분	내 용	비 고
A권역	반산권 관광의 중심지 이른바 '미니포트'로서 방문자센터, 자전거면허시험장, 주차장, 전기카트, 코끼리 열차 환승장, 찜질방(헬스장 포함) 설치	방문자센터에서 벅스라이프 상영, 민박예약/배당, 편의시설 제공, 농산물 직판, 체험소개, 캐릭터판매, 자전거박물관.
B권역	인공백사장(저수지 수질 개선 후 시공)과, 화장실 설치, 간이무대	인공백사장에서 아웃 도어게임(비치볼게임/족구) 실시, 간이무대에서 공연 및 행사 진행
C권역	전망대(철새 조망과 테마 까페) 설치	전망대 조성 시 아래층은 철새를 테마로 한 카페 및 매점, 옥상은 전망대로 조성
D권역	마을회관의 숙박시설화, 주민 포장마차, 수련 재배원	마을회관을 리모델링하여 숙박시설로 활용, 주민포장마차를 선도시설로 인근 가옥을 식당/상가화 함.
E권역	한국 곤충 학습장, 원앙연못, 텃새공원	곤충학습장을 찾는 방문객을 마을 전체의 수요로 보고 방문자 편의 시설, 기념품 판매장 구비

F권역	기능인 유치 단지(예: 된장마을)	마을의 차별화에 기여할 수 있는 기능인을 유치하여 테마화 함
G권역	취나물 통로 개설 및 직판대 취나물 체험장과 가공공장(취나물 국수 등)	취나물 체험장 설치
H권역	도깨비를 소재로 한 간이무대 설치 및 화장실 낮에는 마술쇼 공연, 저녁에는 불꽃놀이 실시(도깨비 동산)	간이무대의 벽을 도깨비를 소재로 한 각종 그림(벽화)으로 전시
I권역	바람동산(조정연습장 입구), 야생초화류 정원, 산책로, 풍차, 화장실 설치	바람동산이라는 테마로 연날리기, 바람개비, 풍차 조성 및 자전거 관련 이벤트 시행

2. 주요 도입 시설 및 활동

2.1 주요 도입 시설

표 6-2-9 주요 도입시설

도입시설	시설종류	규 모	적지 선정	도입 활동
반산방문자 센터	복합용도건물 (우선적으로 기존 한국곤충 체험학습원이 기능담당)	100평 지상 2층, 지하1층	종합운동장 옆	반산권역 관광자원 안내, 예약 및 소정의 교육 등 관광지휘소 기능
주민 포장마차	간이식당 기능	4개소	마을회관 부지	지역 전통 음식
간이 무대	간이무대 및 화장실	무대: 30평 객석: 40평 각 2개소	인공 백사장/공동묘지 인근	각종 대회 및 공연활동
자전거면허 시험장	주차장과 병행 이용	200평	종합운동장 주차장	유아들의 교통 교육
자전거 도로	자전거 및 인라인 스케이트	반산저수지 주변		야간을 위한 조명 설치 / 안전시설
야생화초류 정원	야생화		바람동산 인근	자연의 신비 체험

자전거 스테이션	정비소, 세차장, 파출소, 용품 판매장, 자전거 박물관(대여소)	각 20평	5개소 저수지 주변 분산배치	스테이션별 자전거 도우미 배치
동화 이야기 부스	기존 시설 내 설치	각 3 평	관련 소재 위치 지점 5개소	예: 거목과 자전거 파출소, 로빈후드이야기
이동매점	차량을 이용한 이동매점		저수지 주변 자전거 도로 주차	구급약 구비

2.2 기타 도입 활동

① 자전거 경찰: 체험 도우미로서 경찰차 색으로 도색된 자전거를 타거나 인라인 복장의 자전거 경찰 도입(관광안내, 각종 지원, 신호위반 단속/경고)

② 자전거 스테이션의 상세 내용

- 지점 1: 반산 방문자 센터내 자전거 박물관/ 자전거 대여소
- 지점 2: 수목리 마을회관 부근 거목 위 자전거 파출소(로빈후드 집 스타일/나무사다리)
- 지점 3: 취나물 체험자 주변 자전거 용품 판매장
- 지점 4: 공동묘지 부근 자전거정비소
- 지점 5: 조정연습장 부근 자전거 세차장

③ 동화이야기 부스 상세내용 : 동화이야기는 방문객이 읽을 수 있도록 게시됨과 동시에 스피커로 이야기가 소개 되며, 관련 그림이 전시되어 있음.

- 부스 1: 반산 방문자 센터 내 곤충이야기
- 부스 2: 전망대 내 철새이야기
- 부스 3: 거목 위 자전거 파출소 내 로빈 후드 이야기
- 부스 4: 공동묘지 자전거 정비소 내 도깨비 이야기
- 부스 5: 자전거 세차장 내 바람이야기

2.3 자전거 관련 이벤트

자전거 관련 이벤트는 바람동산의 이벤트 광장에서 시행된다.

※ 자전거 관련 이벤트 사례: 자전거 자장면 배달 경주대회

- 굴렁쇠(자전거 바퀴 굴리기)
- 자전거 인력거 끌기 대회
- 세발자전거 경주대회
- 자전거 묘기 부리기 대회
- 영화속의 자전거 패러디

Ⅳ. 사업계획

1. 관광 상품개발

1) 배추도사 무도사 캐릭터 재활용

반산권역은 전형적인 한국의 시골농촌으로서 배추도사 무도사를 대표적인 캐릭터로 표방, 동화라는 테마를 가지고 접근한다. KBS 만화 캐릭터로 현재 인지도가 거의 없는 상태이며 사람들에 의해 사용되지 않음. 다른 곳에서는 정통성을 획득하기 힘들지만, 농촌과 동화라는 테마가 만나는 지역에서는 최고의 자원성과 정통성을 가지며, TV 만화였으므로 충분한 화제성을 지니고 있고 동화라는 테마 자체가 무수히 많은 연상성을 불러일으킴, 문화 컨텐츠의 '원소스 멀티유즈'개념으로 다양한 응용이 가능.

※ 배추도사 무도사를 활용한 마을 CI 작업도 가능

2) 철새 관련 동화 이야기

- 황금알을 낳는 거위, 미운오리 새끼 / 미운오리새끼와 황금알을 낳는 거위는 인형극 형식으로 꾸며 간이무대에서 동호회에 의해 시연한다.
- 겨울철 철새 사진전은 테마 카페에서 시행한다.

3) 곤충체험 학습장에서의 동화 이야기

- 개미와 배짱이 / 곤충의 경우 우리나라보다 외국의 경우가 먼저 활발히 발달하였다. 그래서 이를 응용하여 '벅스라이프', '개미' 애니메이션을 이용한다. '벅스라이프', '개미'는 DVD 상영관을 만들어 방문자센터에서 상영하며 저작권에 대한 문제를 검토한다.

4) 바람동산

- 저수지 오른쪽 아래쪽에 갈대가 바람에 하늘거리는 모습을 볼 수 있다. 이곳에 바람개비 동산을 두어 사람들이 바람개비를 만들어 보게 한다.

저수지하면 일반적으로 개활지이므로 바람을 연상할 수 있다. 또한 자전거를 타면 바람이 부는 것을 바람개비와 연상 시켰다.

- 야생화초류 정원을 조성하여 풀과 벌레의 생태 체험.

5) 곶감 만들기 체험

- 할머니가 손자에게 들려주는 곶감이야기를 연계시킨다. 반산저수지 주변에는 감나무가 많다. 사업자를 선정 곶감 생산시설을 만들게 한다(생산형이 아닌 체험형). 소비자는 감을 따는 체험과 곶감을 만드는 체험을 해보고 자신의 명찰을 달아 곶감 건조대에 말린다. 후에 곶감이 만들어 지면 와서 자신이 만든 곶감을 먹는다(재방문 유도) : 오징어 등 어느 정도 형태가 있는 모든 농·수산물에 적용가능)

6) 캐릭터 상품의 판매

- 방문자 센터에서는 벅스 라이프 캐릭터 등 각종 곤충을 소재로 한 장난감, 프라모델, 인형, 나무 조형 제작, 판매가능

7) 스폰서 쉽의 도입

자전기 경찰 관련 하여 의류업체 스폰서 쉽 가능

8) 입구의 일원화

- 기존의 디즈니랜드와 같은 테마파크가 쓰고 있는 전략으로서 들어오는 곳과 나가는 곳이 같으면 사람들은 그곳을 들어갈 때와 나갈 때 그곳에 배타성을 부여 할 수 있다. 방문자 센터를 통하지 않고는 안으로 들어갈 수도 나갈 수도 없게 동선을 설치하되 나가는 길에는 길 양옆을 따라 캐릭터 상품을 판매하여 나가는 사람들로 하여금 자신이 이 마을에서 본 거의 모든 캐릭터를 집으로 가져 갈 수 있게 해준다. 방문자 센터가 사전 교육과 자전거 대여를 통해 이러한 기능을 대신하게 된다.

9) X-game(Extreme game) 대회장 설치 및 대회 실시

- 곡채이 초청 묘기 시범

10) 인공 백사장

- 비치발리볼 등 배구 가능, 썬텐 가능.
- 대형 풍선(곤충, 동화 캐릭터)

11) 여름철 수상스포츠 및 아웃도어 워터 게임 시행

- 아웃도어 워터 게임이라 함은 물위의 통나무 빨리 건너기 등을 말하는 것인데, 이를 위해 물 주변 울타리 설치 및 안전요원 배치 그리고, 물아래 바닥정비 등이 선행 되어야 한다.

12) 안내 브로셔 제작 필요

2. 체험 프로그램 및 이벤트 개발

1) 세분 시장별 프로그램

각 방문자별(연령별, 개인, 단체 등)로 즐길 수 있는 프로그램을 열거한 표는 다음과 같음.

표 6-2-10 체험 프로그램별 세부시장

분류	곤충 박물관	농촌 체험	자전거면 허시험장	종합 운동장	레포츠	저수지 경관	원앙 연못	해동 백제
유치원생	■	■						
초등학생	■	■	■					
중·고생	■	■	■	■				
대학생	■	■	■	■	■			
기업체				■				
가족	■	■	■			■		
노년층	■						■	■
고려인삼창 방문객	■	■						
주변관광지 방문객	■	■						
지나가는 관광객						■	■	

2) 이용시기별 프로그램

- 방학 주중에는 학생과 유치원생, 주말에는 가족과 연인을 대상으로, 그리고 학기 주중에는 연인과 외국인, 주말에는 가족과 연인을 대상으로 반산권 방문객을 유치한다. 평소에는 자신들의 주업인 농사일을 하다가 주말 또는 농사일이 없을 때만 방문객을 대상으로 민박 등에 종사한다. 또한 청정마을 친환경 농산물을 브랜드 화 하여 방문객을 대상으로 판매하는 것이 중요.
- 봄에는 야생화나 유기농 채소의 씨앗을 뿌리는 체험을 하고 이름표지판을 설치하여 소유 의식으로 동기를 부여하고 재방문의 효과도 가져옴.
- 여름에는 곤충학습장에서 살아있는 곤충과 자연환경을 느끼고 접할 수 있는 생태 및 환경 교육을 받고 인공 백사장에서 아웃도어 스포츠를 즐김(예:X-GAME 대회 등)
- 가을에는 유기농채소의 수확과 산림욕을 즐김(산책로와 풍차 등의 가을경관 감상)
- 겨울에는 철새의 생태계 관찰.
- 봄부터 가을까지(여름에 다소 적음) 초등학교 학생들을 대상으로 자전거면허시험을 실시한다. 이때 이론적 교육 등은 반산센터 주변에서 받으며, 의무 교육을 이수하면, 간단한 필기시험을 보고, 실기시험을 실시한다.
- 계절별로 한 가지씩 테마를 정하여 축제와 이벤트 등을 개최함으로써 재방문을 유도한다. (예: 곤충 방사, 된장독 개봉, 감따기, 밤줍기, 철새보기 등)

3. 홍보/촉진 전략(Promotion)

- Promotion은 '풀벌레마을'의 이미지에서의 '곤충'과 자전거 마을의 '자전거'를 중심으로 함.
- 반산권역의 전국적 명소가 될 수 있도록 단계별 홍보/ 촉진전략을 수립하며, 홍보매체, 홍보방법을 구체화하며, 오프라인(off-line)과 온라인(on-line) 홍보를 병행함.

- on-line의 경우 정보제공을 위한 홈페이지 구축. 온라인 커뮤니티 대상 홍보의 경우 자전거, 인라인 동호회와 곤충에 관심이 있는 사람들, 아이들에게 곤충에 대한 교육을 시키고 싶어 하는 사람들과 자전거를 교육시키고 싶어 하는 사람들, 그리고 반산저수지에 여러 가지 복합적인 목적으로 관광을 오고자 하는 사람들의 집단을 대상으로 커뮤니티를 통한 홍보에 주력함.
- 반산권역의 매체별 홍보방안은 다음과 같음

1) 온라인 매체

- 홈페이지는 반산저수지의 브랜드를 주제로 하여 다섯 개 마을을 소개함과 동시에 반산권역의 모든 관광정보와 특산물 등 일반정보를 제공할 수 있는 독자적 홈페이지로 구축하며, 관계기관에 링크
- 커뮤니티의 경우 새로운 커뮤니티를 만들어 주는 것이 아닌 시장 세분화에 의해 기존의 집단에 홍보하는 것을 기본 개념으로 한다.

2) 인쇄매체

- 브로셔: 방문자 센터에 구비 및 주변 관광지(백제 재현단지, 부여관광지)의 매표소, 휴게소(고속도로 휴게소)에 구비
- 잡지: 여성잡지의 여가 & 여행 란에 게재(어린이 교육과 주말 여가시간의 활용의 opinion leader) 또는 여행잡지에 소개 등 잡지광고, 포스터는 쾌락을 강조해서 표현 한다

3) 전파매체

- 지역매체, 전국방송 신변잡기를 소재로 하는 프로그램에 정보제공

4) 옥외광고

- 가로등의 디자인: 가로등에 곤충을 주제로 한 조형의 표현
- 벽화의 설치: 벽화에는 자전거와 풀벌레의 테마를 정하여 그림(문구 삽입: 반산권역제시)
- 옥외 대형 광고판 설치: 고속도로의 잘보이는 곳, IC 전
- 주변 관광지에 포스터 설치: 자전거, 호수, 곤충, 자연을 헤도닉하게 표현

- 기존의 표지판을 곤충모양으로 도식화 함
- 휴게소, 터미널에 포스터 설치
- 버스정류소의 곤충 모형화

4. 유지관리 및 운영 계획

1) 단계별 추진 계획

- 반산권역의 단계별 추진 계획을 3단계로 나눔으로써 효율적인 농촌마을 개발이 추진 가능
- 반산권역개발의 중점 사항은 마을회관의 숙박시설화와 주민포장마차를 선도시설로 하여 마을 주민의 참여와 관광객의 체류시간 증대를 통한 소득증대 및 재방문 유도

표 6-2-11 반산권역의 단계별 추진 계획

구 분	추진방향	주요 내용
1단계	기존 자원의 정비 및 선도시설 도입	- 마을회관을 리모델링하여 숙박시설로 활용 - 주민포장마차를 선도시설로 인근 가옥을 식당/상가화 함.
2단계	관광객 유치를 위한 기초시설 마련	- 수목리 민박단지화(주택 개량) - 볼거리, 놀거리, 먹거리, 체험거리등 개발 - 마을 홈페이지 구축 및 활성화 마련
3단계	관광객의 적극 유치	- 기능인 유치에 의한 숙박단지 조성 - 관광객 내방 상황에 따라 추가시설의 설치 - 주변 관광객의 유치(주변자원과의 연계강화)

2) 벌통형 개발 전략의 적용

반산권역 내 차량통행은 원칙적으로 금지하고 모든 방문객은 종합운동장 주차장에 주차하고 방문센터에 소정의 안내를 받은 후 자전거, 코끼리 열차, 전기카트 등을 활용하여 마을내로 진입한다. 그러나 주중에는 바로 반산권내 주차장으로 진입할 수 있다(예: 한국 곤충 체험관 주차장 등 활용). 차량을 통제하는 벌통형 개발전략을 통하여 마을의 자연환경을 보존하고 혼잡도를 감소시키며 귀가 시 모든 방문객을 다시 주차장으로 유인시켜 그곳에서 기념품

과 특산물을 구매하도록 유도한다.

3) 카트의 도입

카트는 일명 전기차로 현재 골프장, 놀이시설 등에서 이용되고 있다. 반산리 마을주민의 차를 제외한 관계차량을 제외하고는 이 카트를 이용한다. 그것은 자동차로 인한 오염을 방지하고자하는 것인데 그럴 경우 곤충과의 연계를 생각한다면 친환경 마을로서 매우 높은 자원성을 인정받게 된다. 한편 입장료 징수 대신 이러한 교통수단을 활용하도록 유도함으로써 수입을 증대할 수 있다(예: 코끼리 열차, 골프장 카트, 골프장 전기카트).

4) 자전거 면허시험장

현재 자전거 면허 시험장의 경우 서울, 수도권 중심으로 시행되고 있으며 현재는 아이들의 안전교육을 위주로 실시하고 있다.

5) 민박의 분류

석우리와 수목리 그리고 나복 2리의 3개 마을을 민박 단지로 지정하고, 마을마다 특성을 부여한다. 예를 들어 수목리가 생태지향적 민박일 경우 조류학자들을 맞을 준비를 하고, 나복리가 일반 민박이라면, 석우리는 전통 민박 등으로 나눈다. 또는 집주인의 성향을 파악하고, 자녀의 유/무를 파악하여 자연스러운 홈스테이를 연출한다. 카트는 소형 카트가 항시 대기하여 택시처럼 운용한다. 중형 카트의 경우 가격이 소형에 비해 저렴하며, 셔틀식으로 운영된다. 소형의 경우 장애인이나 유아동반 시 할인요금을 적용한다.

- 처음 반산권역에 도착하게 되면 북쪽, 남서쪽, 남동쪽의 세군데 입구에서 접근이 가능하며, 처음 들러야 하는 곳은 종합운동장 앞의 반산센터이다. 이곳에서 주차하고 반산 관광을 시작한다. 관광객은 유형별로 반나절 관광객과 한나절 관광객 그리고 그런 것을 전혀 염두에 두지 않는 관광객 등이다. 사람들은 인포메이션 센터에 들러 자신이 관심을 가지고 있는 분야에서 정보를 얻게 되며 각기 자신의 관심분야 지역으로 이동하게 된다. 반산센터에는 숙박 센터가 있는데 만일 하루 만에 돌아갈 생각이 아니라면 이곳에서 자신이 원하는 숙박시설을 자신과 같은 관심 분야

의 사람들과 함께 이용하게 된다. 이때 각 분야의 전문가를 초대하는 각종 이벤트가 가능하다.

- 반산센터를 중심으로 허니포트를 조성한다. 하지만, 이곳은 숙박, 소비의 중심이 아닌 관광정보의 중심이다. 반산센터는 소지품 보관함을 운영하며, 이곳에서 각 투어 포인트로 이동하는 카트가 연계된다. 카트를 이용하지 않을 경우 도보로 이동이 가능하며, 자전거 면허장에 가면 자전거를 대여하고, 인라인도 구비되어있다.
- 저마다 다른 수요를 가진 사람들이 모이고, 자신이 관심을 가진 장소로 이동한다. 물론 주차장은 종합 운동장의 시설을 이용하며, 소지품을 보관 할 수도 있고 음료수와 화장실을 해결할 수 있다. 숙박정보센터의 기능이 중요한데 이를 위해 전산화와 전화 시설이 잘 갖추어져 있어야 한다. 민박을 실시하는 농민들이 대개의 경우 바쁘므로 예약은 필수. 식사 포함의 경우 집주인에게 미리 준비할 시간적 여유를 제공한다.
- 반산센터를 중심으로 산책로가 호수 아래와 위의 두 군데로 나뉜다. 위쪽은 자전거 전용도로와 인라인을 탈수 있는 시설이며, 아래쪽은 연인, 가족이 산보를 즐길 수 있는 공간이다. 중간 중간에 쉴 수 있는 휴식 포인트를 제공하며, 반산센터를 중심으로 편의 시설을 제공한다.
- 단체 관광객의 경우 굳이 이곳에 올 필요는 없지만 종합 운동장등의 메리트를 살리려면 숙박단지를 조성해야 한다. 숙박단지는 대단위 시설은 아니며, 펜션이나 통나무집의 형태를 취한다.
- 농산물 직판은 간이 판매대에서 실시하며, 우천 시를 대비한다. 우천 시 거의 모든 시설을 이용할 수 없기 때문에 우천 시 이용가능하도로 일부 구간에 돔형 지붕을 설치한다.
- 겨울철 철새가 올 경우 가까이서 관람을 하든지, 멀리 떨어져 있는 전망대와 망원경을 이용할 수 있다. 전망대와 망원경은 간이 시설물로 한다. 예: 코끼리 열차 도입 검토(폭, 길이, 인원수, 운영계획 등의 검토)

3. 시장침투형 개발전략: 구슬을 찾아 꿴 다음, 사람 찾아 걸기

시장침투형 개발전략 적용에 있어서는 있는 그대로의 모습가지고 자원성을 살려서 그것을 알아주는 사람들을 대상으로 명소화 계획을 수립한 바 있는 녹색문화재단의 '청소년 녹색교육센터 조성 기본계획'[11]을 사례로 제시하고자 한다.

3.1 개요

본 계획의 시장침투형 개발로서의 가치와 기본계획 수립당시의 여건을 이해하기 하기 위해서는 몇 가지 관점의 설정이 필요하다. 첫째는 기존의 청소년 대상 수련시설의 문제점은 시설이 저급하고 재미없는 프로그램으로 채워져 있다는 사실이다. 둘째는 이러한 문제점의 배경에는 대부분 청소년 대상 시설의 사업성이 떨어지고 있으며 이로 인해 하드웨어와 소프트웨어가 저급할 수밖에 없다는 사실이다. 셋째로 녹색문화재단이 녹색복권기금의 공익적 사용을 위해 제안한 사업으로서 녹색교육센터[12]의 건립은 지원하지만 관리운영에 관한 지원은 불가능하다는 점이다. 넷째로 금번 계획은 타 계획과는 수립주체와 추진시기가 다르다는 점이다. 즉 금번 계획에서는 사업주체인 녹색문화재단의 담당자와 건축가, 마케팅, 프로그램, 산림환경 관련 전문가들이 함께 지혜를 모아 만나 실제로 추진할 기본계획

---

11) 녹색문화재단의 주관아래 강원도 횡성 청태산 휴양림 주변에 청소년 녹색교육센터의 건립을 위해 금성건축과 관련 전문가들이 2004년 기본계획을 수립한바 있다. 본 내용은 기본계획 중 경기대학교 명소마케팅 연구실이 수립한 마케팅 운영계획의 내용을 일부 발췌한 것이다. 본 계획을 위해서는 경기대 한교남, 정승준 연구원과 박남규 연구조원이 참여하였다.

12) 본 계획 내용에서는 공식적 이름인 '녹색교육센터'가 아닌 신규 브랜드 제안차원에서 '숲문화체험학교'로 사용되고 있음을 유의할 필요가 있다.

을 수립하고 있다는 점이다. 특히 타 계획에서는 기본계획을 먼저 수립하고 이어 기본설계와 실시설계를 추진하지만 금번 계획에서는 이것을 동시에 추진함으로써 기본계획에 각 분야 전문가에 의해 고려되었던 내용이 그대로 실시 설계에 반영될 수 있다는 점이다.

이러한 차원에서 본 마케팅 운영계획은 매우 중요한 위치를 가지게 되었고 이에 따라 다음과 같은 목표를 설정하였다.

첫째, 녹색교육 센터 재정자립도 제고를 위해서는 기존의 조성방향인 청소년 대상 시설이라는 점을 위해하지 않는 차원에서 새로운 시장 발굴이 중요하다. 둘째, 이러한 시장 발굴은 명소마케팅 개념에 의거 녹색교육센터가 위치한 자원성에 근거하여 찾아져야 할 것이다. 셋째, 녹색교육센터의 관리 운영에 있어서 일차적으로 이용시장도 중요하지만 자원봉사 등 참여시장의 검토도 매우 중요하다는 점이다. 그러므로 다음 적용사례는 어떠한 시장을 어떤 자원성에 근거하여 발굴하였고 이들을 대상으로 어떻게 재정자립도를 증대할 수 있었는지를 보여주는 차원에서 정리하였다.

결국 녹색교육센터가 위치한 청태산 휴양림 주변에 겨울철 스키관광객과 여름철에는 동해안 피서객이 많다는 점, 즉 녹색교육센터의 위치를 자원성으로 활용하여 청소년 수련 비수기, 즉 주말이나 방학시에 가족단위 관광객들이 함께 사용할 수 있도록 수련시설을 계획하였다. 예를 들자면, 청소년 숙박시설의 유니트를 최대 12명, 8명, 6명 까지 청소년을 수용하는 방으로 믹스함으로써 가족단위 방문 시 각각 8명, 6명, 4명 가족이 함께 쓸 수 있도록 하였다.

다시 말해서 청소년 수련시설로서 녹색교육센터의 재정자립도를 높이기 위해, 그리하여 고품질 청소년 수련서비스가 지속가능하도록 하기 위해 가족 단위 관광객이 함께 사용할 수 있는 명소마케팅 복합시장 개념을 도입하였다. 결국 녹색교육 센터는 청소년 수련시설로서 비수기에 가족단위 관광객을 수용하는 전략과 더불어 건전한 체험형 가족단위 수련시설로서 비수기에 청소년을 수용하는 전략을 모두 구사할 수 있게 되었다. 그러므로 재정자립도가 증대되고 결국 표적시장인 청소년 수련 만족도도 제고할 수 있을 것으로 확신하였다.

다시 한번 '시장침투형 녹색교육센터' 건립의 의미를 되새긴다면, 녹색문화재단의 녹색교육센터 덕분에 현재의 관광시설 경영 마인드로서는 거의 불가능한 가족 단위 체험형 시설이 조성 가능하게 되었고 이로 인해 한국관광의 선진화가 가속화 될 것이다. 마치 공공기관이 아닌 대기업 SK가 울산대공원 조성을 주관하였기 때문에 마케팅 전문가가 조성계획 수립에 참여하였고 이로 인해 공원관리 운영이 사전에 고려된 조성계획이 가능하였으므로 한국공원 조성의 선진화에 기여할 수 있었던 것과 마찬가지라 할 수 있다.

3.2 적용사례: 녹색문화재단의 청소년 녹색교육센터 조성 기본계획

Ⅰ. 시장 분석

1. 청소년 수련 시장 분석

1.1 청소년 수련 시장 규모

1) 청소년 수련시설 현황

- 청소년 수련시설은 경기, 충청, 경상도 지역에 편중된 현상을 보여주고 있으며, 민간 주도에 의한 시설보다 공공에 의해 운영되고 있음.
- 전체 수련시설의 55% 이상이 자연권 수련시설로 운영되고 있으며, 주로 경기·경상도 지역에 집중되어 있음.
- 개발 대상지인 강원도 지역은 전체 지역별 청소년 수련시설 현황에 있어 전체의 약 13%를 차지하는 극히 미미한 실정임.
- 청소년 수련시설은 2002년 기준 자연권 수련시설이 336개소, 생활권 수련시설이 255개소, 유스호스텔이 63개소로 총 654개소가 운영되고 있으

며, 1996년 이후 꾸준히 증가하고 있는 추세이나 필요 수에 비해 부족한 실정이며 지역편차도 심하게 나타나고 있음.

- 1991년 수립된 한국청소년기본계획과 이를 보완하여 수립한 청소년육성 5개년 계획의 시행으로 청소년 수련시설의 설치가 활발히 추진되어 증가추세에 있으며, 특히 절대적으로 부족했던 생활권 수련시설의 경우 급격한 증가추세를 보이고 있음.

표 6-3-1 청소년 수련시설 연도별 현황

구 분	1996	1997	1998	1999	2000	2001	2002
자연권 수련시설	235	259	272	297	300	336	336
생활권 수련시설	174	185	211	208	219	241	255
유스호스텔	31	40	50	55	62	63	63
계	440	484	533	560	581	640	654

자료: 문화관광부(2003), 2002년 청소년백서

Implication

- 청소년 인구는 연평균 1~2% 비율정도로 감소하고 있으며, 2010년 이후 차츰 감소폭이 줄어들 것으로 예측됨.
- 학년당 학생수는 초등학생 126.6명, 중학생은 216.9명, 고등학생은 289.4명으로 조사됨. 학급별 학생수는 초등학교는 34.9명, 중학교 36.7명, 고등학교 34.7명 수준이나 점차 감소하여 20명 수준까지 감소할 것으로 전망됨.
  ⇒ 학년별, 학급별 인원에 적합한 시설 규모 선정 필요
- 청소년 수련시설은 수도권에 집중한 현황을 보이고 있으며, 지속적인 증가추세를 보이고 있음.
  ⇒ 청소년 수련시장의 지역적 편중 개선 필요. 강원권 수련시설 개발 필요

2) 수학여행 규모 및 장소선정 고려사항

- 수학여행 실시 규모는 중학교의 경우 88.5%가 한 학년 전체가 동시에 실시하고 있음. 2~3개 팀으로 분산 실시하는 경우는 3.3%에 불과하며, 고등학교 역시 86.9%가 학년 전체가 실시하고 있는 것으로 나타나고 있음.
- 장소 선정 시 고려사항으로 중·고등학교 공히 교육적 효과, 여행지 편의시설, 여행경비, 기타 순으로 나타나 교육적 효과가 장소 선정시 가장 중요한 요인으로 나타나고 있음.

표 6-3-2 수학여행 실시 규모 및 장소 선정 시 고려사항(단위: %)

구분	실시규모			
	학년 전체	반별	2~3개팀 분산실시	기타
중학교	88.5	0.5	3.3	7.7
고등학교	86.9	0.5	8.1	4.5

자료: 한국관광공사(2003). 전국 중·고등학교 수학여행 실태조사.

표 6-3-3 수학여행 실시 규모 및 장소 선정 시 고려사항(단위: %)

구분	장소 선정시 고려사항			
	교육적효과	여행경비	여행지 편의시설	기타
중학교	63.7	8.4	23.9	4.0
고등학교	56.8	16.0	22.5	4.7

자료: 한국관광공사(2003). 전국 중·고등학교 수학여행 실태조사.

3) 수학여행 소요 경비

- 수학여행 소요 경비는 중학교의 경우 7만~10만원(51.5%)을 지출하는 경우가 가장 많으며, 고등학교의 경우는 10만원 이상을 지출하는 경우가 70.4%로 가장 많이 나타나고 있음.
- 중·고등학교의 수학여행경비의 차이는 수학여행 기간의 차이(중학교 2박 3일, 고등학교 3박 4일)가 가장 큰 요인이고, 고등학교의 경우 수학여행지로서 제주도를 선택하는 곳이 많이 나타나는 것도 한 요인으로 파악됨.

표 6-3-4 수학여행시 소요 경비(단위: %)

구분	5만원 미만	5만~7만원	7만~10만원	10만원 이상
중학교	3.4	41.7	51.5	3.4
고등학교	0.5	6.1	23.0	70.4

자료: 한국관광공사(2003), 전국 중·고등학교 수학여행 실태조사.

4) 수학여행 개선방안

- 전국 중·고등학교 학생과 선생님들을 대상으로 수학여행 개선방안을 조사한 결과 중·고등학교 모두 현장체험학습 위주로 변화가 높은 비율을 보이고 있으며, 중학교의 경우 획일적인 수학여행탈피(19.0%), 고등학교의 경우 학생 주체적 참여(19.5%)의 순으로 조사되었음.
- 이 같은 의견은 획일적이고 일방적인 현 수학여행의 실태를 보여주는 것이며, 향후 이 같은 문제점은 차츰 해결될 것으로 전망됨. 따라서 이 같은 요구를 충족시키는 새로운 개념의 수학여행이 필요하다고 볼 수 있음.

표 6-3-5 수학여행 개선방안(단위: %)

구분	수학여행 개선방안				
	현장체험학습 위주로 변화	학생 주체적 참여	소규모 분산 실시	획일적인 수학여행 탈피	기타
중학교	51.6	14.1	14.1	19.0	1.2
고등학교	48.6	19.5	16.1	14.4	1.4

자료: 한국관광공사(2003), 전국 중·고등학교 수학여행 실태조사.

Implications

- 현재 수학여행은 봄철에 집중되어 실시되고 있으며, 2박 3일~3박4일의 기간동안 이루어지고 있다.
- 수학여행의 실시 규모는 학년전체가 대부분을 차지하나, 차츰 2~3학급 또는 독립학급 규모로 실시하는 경향을 보이고 있다.
  ⇒ 수련시장의 경우 시설규모를 최대 학년 규모(300명)로 하고, 향후 수요에 맞게 탄력적으로 조정 가능하도록 해야 한다.
- 수학여행 선정은 교육적 효과와 여행지 편의시설을 바탕으로 이루어지고 있다.
- 수학여행 개선방안으로 현장체험학습 위주로 변화, 획일적인 수학여행 탈피, 학생의 주체적 참여의 의견이 높게 나타나고 있으며, 향후 이 같은 개선사항을 반영한 프로그램 및 시설 개발이 늘어날 것으로 전망된다.

1.2 청소년 수련원 운영실태 분석

1) 청소년 수련원 규모 및 시설 검토

- 전국의 청소년 수련시설의 숙박시설 수용정원은 371.4명으로 조사됨. 숙박시설 규모는 학생수요(1개 학년 수용)를 반영하고 있음을 확인할 수 있음.
- 수련원 규모의 경우 평균 부지면적은 58,168㎡, 연 건축면적은 4,329㎡로 나타남. 숲문화체험학교의 경우 건축연면적이 8,000㎡로 전국 청소년 수련원보다 규모가 큼을 확인할 수 있음.
- 주요 수련 시설의 경우 식당, 자가취사장, 실내집회장, 휴게실, 지도자실, 공동세탁실, 물품보관실, 야외집회장으로 조사됨.

표 6-3-6 숙박시설 수용정원(2002년)(단위: 명)

구분	수련원	야영장	유스호스텔
계	561.4	364.7	546.4
숙박정원	371.4	66.7	478.0
야영정원	190.0	298.0	68.4

주: 수련원(180개소), 야영장(132개소), 유스호스텔(64개소)
자료: 문화관광부(2003). 청소년수련시설 실태조사 및 제도개선 방안 연구.

표 6-3-7 청소년 수련원 규모(2002년, 182개소)(단위: ㎡)

구분	부지	연건축
청소년 수련원 규모	58,168.5	4,329.9
유스호스텔	13,234.5	4,717.3

주: 수련원(182개소) 기준
자료: 문화관광부(2003). 청소년수련시설 실태조사 및 제도개선 방안 연구.

표 6-3-8 청소년 수련원 보유시설 현황(2002년, 158개소)(단위: 개소)

구분	계	식당	자가취사장	실내집회장	도서실	상담실	휴게실	매점	지도자실	양호실	공동세탁실	물품보관실	야외집회상	실내체육관	기타시설
시설개수	20.4	1.0	1.7	4.3	0.2	0.3	1.6	0.5	1.6	0.8	1.7	3.7	1.9	0.2	0.9

주: 수련원(158개소) 기준.
자료: 문화관광부(2003). 청소년수련시설 실태조사 및 제도개선 방안 연구.

2) 청소년 수련원 이용 현황

- 청소년 수련원의 연간 이용객 수는 평균 34,065명으로 조사되었으며, 주 이용자는 청소년이 26,987명, 다음으로 일반인(5,731명), 아동(1,721명)으로 분석됨.
- 청소년 수련원의 월별 이용은 주로 5, 6, 7, 9, 10월에 집중되는 것으로 조사되어 학기의 영향을 많이 받는 것으로 분석됨.
  ⇒ 방학 비수기 학생유치 대책 필요. 인근의 관광자원과 연계한 상품 개발 필요.

표 6-3-9 청소년 수련시설 연간 이용자 현황(2002년)(단위: 명)

구분	수련원	야영장	유스호스텔
청소년	26,987.3	9,553.3	36,756.8
아동	1,721.4	441.2	2,509.2
일반인	5,731.1	1,660.9	15,098.6
계	34,065.8	11,791.9	54,372.3

주: 수련원(159개소), 야영장(118개소), 유스호스텔(56개소)
자료: 문화관광부(2003). 청소년수련시설 실태조사 및 제도개선 방안 연구.

그림 6-3-1 청소년 수련원 월별 이용객수 현황(2002년)

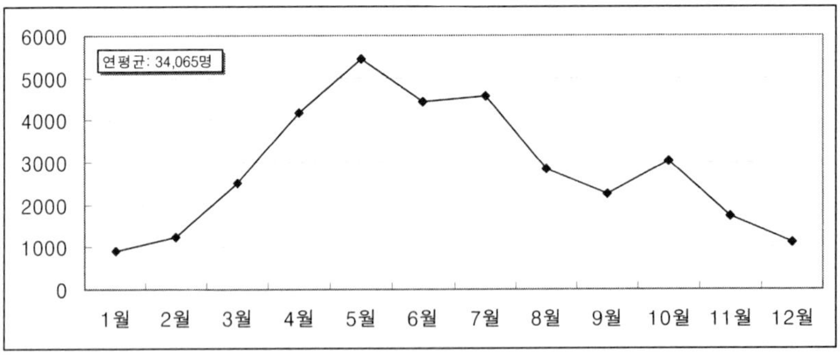

3) 청소년 수련원 경영성과 분석

- 수련시설 가동률은 17.6%, 운영일률은 60.6%로 나타남. 실태조사 결과, 현재 청소년 수련시설의 이용이 활성화되지 않아 가동률이 저조하게 나타남을 확인할 수 있음.
  ⇒ 청소년 수련원의 이용 실태 저조, 타 수련원과 차별화를 통한 이용활성화 필요

표 6-3-10 청소년 수련원 가동률 및 운영일률(2002)(단위: %)

구분	전체	중앙 · 지방정부 설치	교육청설치	민간설치
가동률 (n=151개)	17.6	15.4	21.1	17.1
운영일률 (n=163개)	60.6	57.4	58.1	63.2

주: 가동률= 연간이용인원/(운영가능일수×전체정원)
운영일률=(실제운영일/운영가능일)
자료: 문화관광부(2003). 청소년수련시설 실태조사 및 제도개선 방안 연구.

- 청소년 수련원의 경영성과를 분석하면, 전국평균 지출이 수입보다 많아 적자를 보이고 있으며, 적자를 국고보조금이 채워주고 있는 것을 확인할 수 있음.
  ⇒ 청소년 수련원의 수익모델 창출 필요.

표 6-3-11 청소년 수련원 세출현황 및 재정자립도(2002)(단위: %)

구분	전체	중앙 · 지방정부 설치	교육청설치	민간설치
순수입(천원) (보조금 제외)	408,580	304,754	246,134	629,463
지출(천원)	647,502	432,115	907,781	618,955
재정자립도	77.0	63.3	28.8	97.4

자료: 문화관광부(2003). 청소년수련시설 실태조사 및 제도개선 방안 연구.

Implication

- 청소년 수련원의 규모는 최대 한 개 학년을 수용할 수 있는 규모임을 확인함.
- 필수 시설: 식당, 자가취사장, 실내집회장, 휴게실, 지도자실, 공동세탁실, 물품보관실, 야외집회장으로 조사됨.
- 청소년 수련활동은 대부분 학기중에 이루어지고 있음.
  ⇒ 방학 비수기 학생유치 대책 필요.
- 많은 수의 청소년 수련원이 가동률이 저조하여 재정적자를 보이고 있으며, 이를 극복하기 위해 국고보조금을 지급받고 있음.
  ⇒ 청소년 수련원의 새로운 수익모델 창출 필요.

1.3 청소년 수련활동 실태 및 만족도 분석

- 수련회의 불만사항으로 시설에 대한 불만이 20.7%로 가장 높은 비율을 보이고 있으며, 다음으로 프로그램의 내용(16.1%), 지나친 기합이나 육체활동(10.9%)의 순으로 조사되었음.
- 기존 청소년 수련원의 열악한 시설과 프로그램을 단적으로 보여주는 조사 결과이며, 신규 개발 수련원의 경우 시설 및 프로그램을 개선하여 개발할 필요가 있음을 보여주고 있음.

Implication

- 청소년 수련활동의 선호 프로그램으로 체육활동, 극기훈련 등의 프로그램이 선정됨.
  ⇒ 숲문화체험학교의 프로그램 개발시 체육활동과 접목한 프로그램 개발 필요
- 교육적 효과 높은 프로그램은 다양하게 조사되고 있음.
- 청소년 수련활동의 불만사항으로 시설에 관한 사항, 프로그램에 관한 사항이 높게 나타나고 있음.
  ⇒ 신규 수련원 개발시 양질의 시설 및 프로그램으로 개발할 필요가 있음.

2. 산림휴양 시장 분석

2.1 산림휴양 수요 현황 및 전망

1) 자연휴양림 조성 및 이용자 추세 분석

- 산림휴양 시장 분석을 위해 산림휴양의 대표적인 시설이라 할 수 있는 자연휴양림 조성 현황 및 이용자 추세 분석을 실시함.
- 자연휴양림은 1988년 유명산, 대관령 자연휴양림 조성을 시작으로 2002년 말까지 전국적으로 총 92개소의 자연휴양림이 운영되고 있음.
- 자연휴양림 이용자 수는 1995년 208만명에서 2002년에는 408만명으로 2배가 늘어나는 등 지속적인 증가 추세를 보이고 있음.

표 6-3-12 자연휴양림 지정 및 조성운영 현황('02년말)(단위: 개소)

구 분	지정현황		조성현황	
	개소수	면적(ha)	개소수	면적(ha)
계	193	178,830	92	127,347
국유휴양림	72	152,751	30	110,589
공유휴양림	68	19,156	46	15,006
개인휴양림	53	6,923	16	1,752

자료: 산림청(2003). 임정연차보고서.

표 6-3-13 자연휴양림 이용자 수 추이(단위: 천명)

구 분	계	1998까지	1999	2000	2001	2002	2003.8
계	32,877	14,976	3,132	3,798	3,818	4,076	3,077
국유휴양림	7,011	3,119	646	758	863	886	739
공유휴양림	22,591	10,779	2,132	2,453	2,511	2,744	1,972
개인휴양림	3,275	1,078	354	587	444	446	366

자료: 산림청(2003). 임정연차보고서.

2) 자연휴양림 예약률 및 월별 이용 현황 분석

- 자연휴양림의 예약률을 주중과 주말로 비교하여 분석하면, 숲 속의 집과 휴양문화관을 종합한 경우 주중은 19.31%, 주말은 54.79%의 비율을 보이고 있음. 전체 예약률은 29.78%로 나타나고 있음. 주로 주말 이용이 집중되고 있음을 확인할 수 있으며, 독립가옥형태의 '숲 속의 집'의 선호도가 높음을 알 수 있음.
- 자연휴양림은 월별 이용현황은 여름철(7, 8월), 봄(5, 6월) 가을철(10월)이 성수기로 나타나고 있으며, 상대적으로 겨울철은 비수기인 것으로 분석됨.

표 6-3-14 자연휴양림 예약률(주중/주말) 현황(2002년)

방분류	평수 (평)	주중 예약율 (%)	주말예약율 (%)	전체예약율 (%)
숲속의 집	10.09	23.99	58.94	34.31
휴양문화관	9.95	14.85	50.84	25.47
전체(평균)	10.02	19.31	54.79	29.78

자료: 산림청(2002). 국유휴양림 운영관리의 효율성 제고를 위한 경영진단.

그림 6-3-2 자연휴양림 월별 이용비율

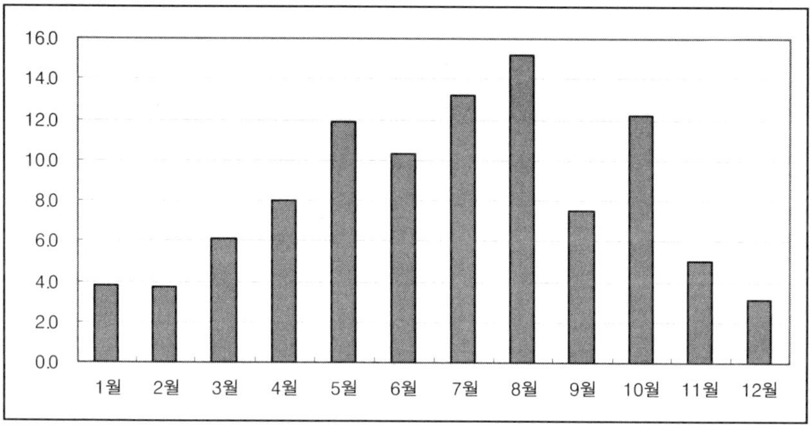

3) 산림휴양수요 전망 분석

- 산림청(2003)에서 자연휴양림 이용객 수를 분석한 결과에 따르면 2007년도에 총 이용객수 632만명, 2012년에 807만명이 이용할 것으로 예측함.
- 산림청(2003)에서 주 5일 근무세를 도입한다는 가정 하에 산림휴양수요를 예측한 결과 2012년에는 365,335,464人日/年이 될 것으로 예측하고 있음. 또한 주 5일 근무제의 도입은 지속적으로 증가하고 있는 산림휴양수요의 양적 증가를 더욱 가속화시킬 뿐 아니라 산림휴양활동 중 적극적인 활동의 비중이 증가하는 추세도 가속화될 것으로 예상함.

표 6-3-15 자연증가율에 의한 자연휴양림 수요 예측(천명)

구 분	연도별 예상 양				
	2003	2004	2005	2006	2007
이용자수	5,201,209	5,461,269	5,734,333	6,021,050	6,322,102
방문일수 (人・日)	6,587,851	6,917,244	7,263,106	7,626,261	8,007,574
구분	2008	2009	2010	2011	2012
이용자수	6,638,207	6,970,118	7,318,623	7,684,555	8,068,782
방문일수 (人・日)	8,407,953	8,828,351	9,269,768	9,733,257	10,219,920

자료: 산림청(2003). 산림휴양종합대책연구.

그림 6-3-3 정성적 방법에 의한 산림휴양 수요 변화추이

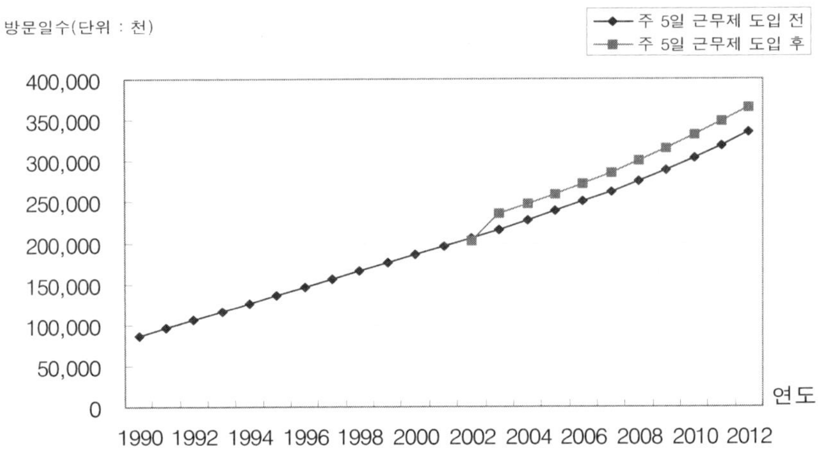

※ 자료: 산림청(2003). 산림휴양종합대책연구.

4) 횡성군 지역 휴양림 이용현황 분석

- 숲문화체험학교가 들어설 강원도 횡성군 내에는 4개소의 자연휴양림이 있으며 2002년 총 17만6천명의 이용객이 이용한 것으로 나타남. 그러나

지속적으로 이용객 수가 증가하고 있는 추세를 보이고 있음.

- 숲문화체험학교가의 주변 청태산 자연휴양림의 월별 관광객수 분포를 살펴보면, 전국 자연휴양림의 경우 겨울철(12월, 1월, 2월)이 비수기인 반면, 청태산의 경우 겨울철에 인근에 있는 스키장의 영향으로 성수기 형태를 보이고 있음.
- 그러나 봄, 가을철은 전국평균 보다 방문객 방문율이 저조한 현상을 보이고 있음.

표 6-3-16 횡성군 지역 휴양림 이용객 현황

구분	'92	'93	'94	'95	'96	'97	'98	'99	'00	'01	'02
청태산	21,756	15,806	19,728	20,278	29,239	28,742	34,958	42,735	46,358	40,755	45,290
둔내	-	-	-	36,906	37,977	101,507	68,342	88,550	107,318	111,031	107,293
주천강강변	-	-	-	-	-	-	-	-	19,752	9,958	16,129
횡성	-	-	-	-	-	-	-	-	-	-	7,459
계	21,756	15,806	19,728	57,184	67,216	130,249	103,300	131,285	173,428	161,744	176,171

자료: 산림청(2003). 임업통계연보.

그림 6-3-4 청태산 자연휴양림 월별 방문현황(2003년)

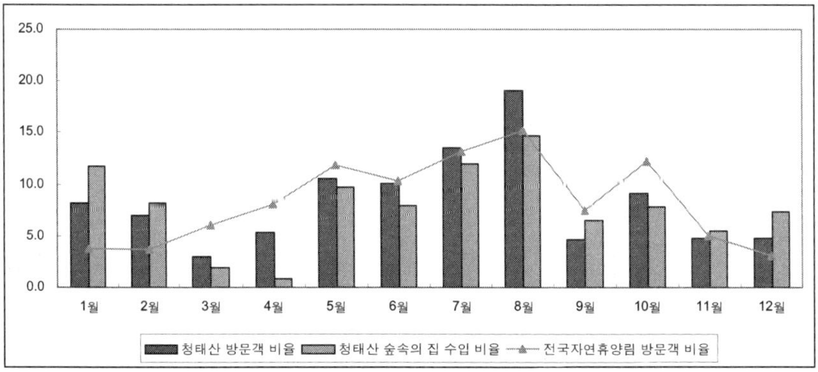

주: 전국자연휴양림의 비율은 전국 19개의 자연휴양림 평균 비율임.
자료: 북부지방산림청(2004). 내부자료.

- 청태산 휴양림의 숙박시설 가동률은 연 평균 59.9%의 비율을 보이고 있으며, 주중에는 53.6%, 주말에는 72.6%로 나타나고 있음.
- 특히, 여름철(7,8월)과 겨울철(1, 2월)이 높게 나타나고 있음. 겨울철의 경우 인근의 스키장의 영향으로 숙박수요가 많음을 확인할 수 있음.

표 6-3-17 청태산 휴양림의 숙박시설 가동률(2002)

월	계				주중				주말			
	사용일	사용가능실수	사용실수	가동률	사용일	사용가능실수	사용실수	가동률	사용일	사용가능실수	사용실수	가동률
1	27	621	514	83%	19	437	350	80%	8	184	164	89%
2	24	552	360	65%	16	368	215	58%	8	184	145	79%
3	27	621	220	35%	17	391	91	23%	10	230	129	56%
4	25	575	268	47%	17	391	154	39%	8	184	114	62%
5	27	621	422	68%	18	414	258	62%	9	207	164	79%
6	26	598	333	56%	17	391	195	50%	9	207	138	67%
7	31	713	515	72%	23	529	364	69%	8	184	151	82%
8	30	713	648	91%	21	476	437	92%	9	237	211	89%
9	26	598	283	47%	18	414	171	41%	8	184	112	61%
10	27	621	343	55%	19	437	213	49%	8	184	130	71%
11	26	598	263	44%	16	368	119	32%	10	230	144	63%
12	26	598	329	55%	18	414	192	46%	8	184	137	74%
평균	26.8	619.1	374.8	59.9%	18.3	419.2	229.9	53.6%	8.6	199.9	144.9	72.6%

자료: 북부지방산림청(2004). 내부자료.

- 산림청(2002)에서 자연휴양림의 수용력을 바탕으로 계절에 따라 숙박시설이 부족한 자연휴양림을 조사한 결과에 따르면, 청태산 자연휴양림의 경우 겨울, 봄, 가을의 경우 숙박시설이 부족한 것으로 나타났음.

표 6-3-18 계절에 따라 숙박시설이 부족한 자연휴양림 유형

계절	자연휴양림 유형	숙박시설이 부족한 자연휴양림
봄	수도권	유명산 자연휴양림
	광역시	청태산, 회문산, 신불산, 중미산 자연휴양림
	오지	칠보산 자연휴양림
여름 (야영장/오토캠프장 숙박 수용력 포함)	수도권	유명산 자연휴양림
	광역시	회문산, 중미산 자연휴양림
	오지	해송 자연휴양림
가을	수도권	유명산 자연휴양림
	광역시	청태산, 회문산, 중미산 자연휴양림
	오지	칠보산, 방태산 자연휴양림
겨울	수도권	유명산 자연휴양림
	광역시	청태산, 신불산, 중미산 자연휴양림
	오지	칠보산 자연휴양림

자료: 산림청(2002). 국유휴양림 운영관리의 효율성 제고를 위한 경영진단.

Implication

- 산림 휴양 시장은 지속적으로 성장해 왔으며, 주5일 근무제의 영향 등으로 더욱 확대될 것으로 전망된다. 이에 따라 산림 휴양시설 및 프로그램의 개발이 절실히 요구되고 있다.
- 일반적으로 자연휴양림은 겨울철이 비수기이나, 횡성군에 소재한 자연휴양림의 경우 스키장의 영향으로 오히려 겨울철에 많은 이용객이 있는 것으로 나타났다. 따라서 숲문화체험학교의 경우 운영상 기회요인으로 활용할 수 있다.
  ⇒ 비수기가 존재하지 않아 4계절 다양한 프로그램을 운영할 수 있으며, 여름과 겨울철에 인근에 산재한 관광사원(스키장, 해수욕장) 등과 연계한 프로그램 개발이 가능하다.

II. STP 전략

1. 시장세분화(Segmentation)

1.1 세분시장의 프로파일 분석

1) 프로파일 분석 방법

- 숲문화체험학교의 시장은 크게 수련프로그램과 숙박시설을 이용하는 이용시장(일반인)과 숲문화체험학교의 전문가 양성과정 등을 이용하는 참여시장으로 구분하여 제시하고자 함.
- 이용시장은 이용시장에 따라 단체중심의 산림교육·체험, 가족단위 산림체험·교육, 자연 속의 친교와 휴양의 3가지 시장으로 구분하고, 이용시기에 따라 학기중(주중), 학기중(주말), 방학(주말, 연휴)으로 분리하여 분석함.
- 참여시장은 숲문화체험학교 지도자양성과정 시장과 자원봉사 시장으로 구분하여 분석함.

그림 6-3-5 시장 세분화 및 프로파일 분석 방법

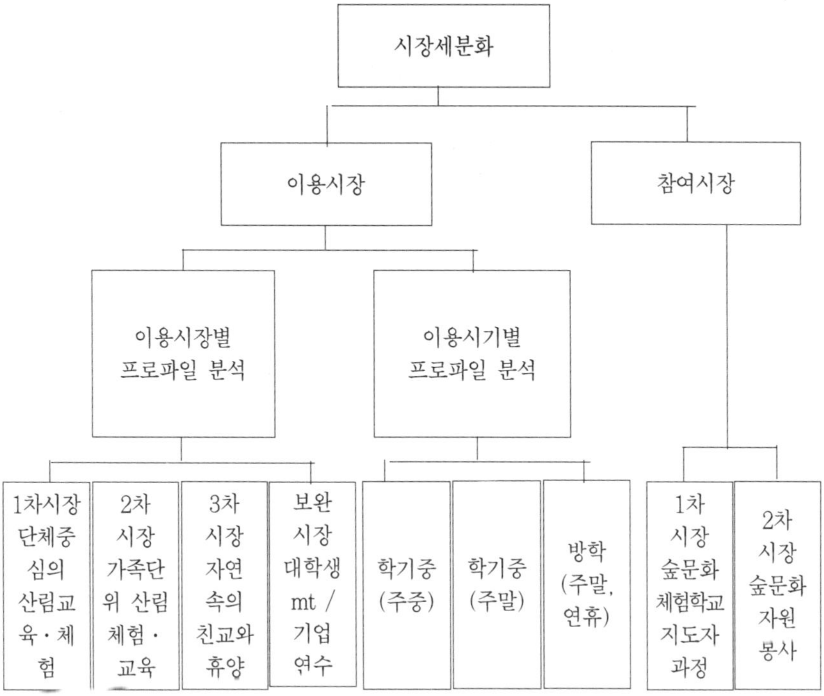

2) 이용시장(1차, 2차, 3차 시장)의 프로파일 분석

- 숲문화체험학교의 입지여건, 시장분석을 통해 세분시장을 3가지(단체중심의 산림교육·체험, 가족단위 산림 체험·교육, 자연 속의 친교와 휴양)로 구분하였으며, 세분시장별 프로파일은 다음과 같음.

표 6-3-19 세분시장별 프로파일

구분	세분시장 1	세분시장 2	세분시장 3
대표목적 요인	단체중심의 산림교육·체험	가족단위 산림 체험·교육	자연속의 친교와 휴양
인구통계적 특징	- 유치원, 초·중·고생 - 중부권(수도권, 강원권, 충청권)소재 학교	- 어린자녀를 둔 30/40대 가족 - 수도권 거주자	- 20/30대 친구, 연인 - 수도권 거주자
방문행태	- 단체위주 (학년별 400명, 학급별 30명) - 관광버스 이용	- 가족별(4인) - 가족연합형(2가족형) - 자가용 이용	- 다양한 방문형태(친구, 연인, 동호회, 단체 등) - 자가용 이용
목적 중요도	1. 산림교육 2. 산림체험 3. 단체활동 4. 경관감상	1. 산림체험 2. 산림교육 3. 가족나들이 4. 휴식	1. 인근자원과 겸목적 이용(스키장, 해수욕장 등) 2. 경관감상 3. 일상을 벗어남 4. 산림체험
이용시기	- 주중, 방학중	- 주말, 휴가	- 주말, 휴가
체류기간	- 2박 3일(3박 4일)	- 1박 2일	- 1박 2일(2박 3일)
추구편익	1. 양질의 교육시설 및 프로그램 2. 다양한 프로그램 3. 단체 활동 가능 4. 저렴한 비용	1. 가족이 함께 할 수 있는 공간 및 프로그램 2. 양질의 시설 및 서비스 3. 편리한 접근성 4. 주변자원과 연계성	1. 주변자원과 연계성 2. 편리한 접근성 3. 양질의 시설 및 서비스 4. 저렴한 비용
선호(필요)시설	1. 학생들의 커뮤니티 공간 2. 다양한 교육시설 3. 단체식당 4. 지도교사 수용시설	1. 가족체험 시설 및 공간 2. 안내시설(프론트데스크) 3. 간이 취사시설 4. 판매시설(임산물, 농특산물)	1. 안내시설(프론트 데스크) 2. 판매시설 3. 편의시설(산책로, 벤치 등) 4. 간이 취사시설

3) 이용시장(보완시장: 대학생 MT / 기업연수 시장)의 프로파일 분석

- 학기중의 주중시장을 보완할 수 있는 시장으로 대학생 MT와 기업 연수 시장을 들 수 있으며, 각 시장의 프로파일을 분석하면 다음과 같음.

표 6-3-20 보완시장의 프로파일

구분	대학생 MT 시장	기업연수 시장
대표목적 요인	단합 및 친교 자연학습	기업단위의 교육, 친교
인구통계적 특징	- 대학교에 다니는 20대 초, 중반의 학생	- 별도의 기업연수원이 없는 기업의 종사원(20세~50세)
방문행태	- 단체위주(1개학과 40명, 동아리 평균 20~40명) - 관광버스 이용	- 단체위주(부서별 10~20명) - 자가용 이용
목적중요도	1. 단체활동 2. 일상을 벗어남 3. 경관감상 4. 산림체험	1. 직원교육 2. 직원교류 3. 단체활동
이용시기	학기 초반: 3월, 4월, 8월, 9월(주중)(오리엔테이션의 경우 2월)	- 연중(주중에 집중)
체류기간	- 1박 2일(2박 3일)	- 1박 2일(목적에 따라 다양)
추구편익	1. 단체활동 가능 2. 저렴한 비용 3. 편리한 접근성 4. 주변 자원과의 연계성	1. 양질의 교육시설 및 프로그램 2. 다양한 프로그램 3. 단체활동 가능 4. 저렴한 비용
선호(필요) 시설	1. 학생들의 커뮤니티 2. 간이 취사시설 3. 판매시설 4. 편의시설	1. 다양한 교육시설 2. 직원들간의 커뮤니티 3. 안내시설 4. 편의시설

4) 시기별 이용시장의 프로파일 분석

- 숲문화체험학교는 수련원의 성격을 갖는 시설로서, 학기중과 방학기간에 따라 주 이용시장이 다를 것으로 분석됨.
- 학기중과 방학기간은 주중과 주말로 구분되며, 각 시기별로 주요시장을 도출하면 다음과 같음.

표 6-3-21 세분시장별 프로파일

구분	학기중		방학중
	주 중	주 말	주말 · 휴가
대표목적 요인(시장)	- 단체중심의 산림교육 · 체험 - 보완시장(대학생 MT, 기업연수 시장)	- 가족단위 산림 체험 · 교육 - 자연속의 친교와 휴양	- 가족단위 산림 체험 · 교육 - 자연속의 친교와 휴양
방문행태	- 단체위주(학년별 400명, 학급별 30명) - 관광버스 이용	- 가족별(4인) - 가족연합형(2가족형) - 친구, 연인, 동호회 - 자가용 이용	- 가족별(4인) - 가족연합형(2가족형) - 친구, 연인, 동호회 - 자가용 이용
목적중요도	1. 산림교육 2. 산림체험 3. 단체활동 4. 경관감상	1. 산림체험 2. 산림교육 3. 가족나들이 4. 휴식	1. 인근자원과 겸목적 이용(스키장, 해수욕장) 2. 경관감상 3. 일상을 벗어남 4. 산림체험
체류기간	- 2박3일(3박4일)	- 1박 2일	- 2박 3일 이상
추구편익	1. 양질의 교육시설 및 프로그램 2. 다양한 프로그램 3. 단체 활동 가능 4. 저렴한 비용	1. 가족이 함께 할 수 있는 공간 및 프로그램 2. 양질의 시설 및 서비스 3. 편리한 접근성 4. 주변자원과 연계성	1. 주변자원과 연계성 2. 편리한 접근성 3. 양질의 시설 및 서비스 4. 저렴한 비용
프로그램 전략	- 학생 단체 프로그램 운영(수련 package)	- 가족별 체험 프로그램 운영	- 인근자원(스키장, 해수욕장)연계프로그램 운영

5) 참여시장의 프로파일 분석

- 숲문화체험학교의 시장은 이용시장과 참여시장으로 구분되며, 참여시장은 숲문화체험학교에서 기획한 전문가 과정 이수 학생시장과, 숲문화 자원봉사 시장으로 구분됨.

표 6-3-22 참여시장별 프로파일

시장구분	1차시장 숲문화체험학교 지도자과정	2차시장 숲문화 자원봉사
대표목적 요인	- 현장 중심의 연수를 통한 전문적인 지식습득 및 지도력배양	- 봉사활동을 통한 자기계발
방문행태	- 개인 및 소규모 단체	- 개인 및 소규모 단체
목적중요도	1. 전문지식 습득 2. 전문성 인증 3. 현장 체험 4. 현장에서 지도자로 활동	1. 봉사활동을 통한 자기계발 2. 현장체험 및 지도력 배양 3. 다양한 경험 4. 다양한 인간관계의 구축
이용시기	- 기획된 지도자 과정 중	- 주말, 방학, 휴가
시장특징	- 주제에 대하여 전문적인 지식을 습득하고자 함 - 현장에서 실질적으로 활동하기를 원하며 전문성을 인정받기를 원함	- 완전한 봉사활동의 개념이 아닌 교육적 차원에서 접근해야 함 - 자발적이고 적극적이며 자기만족적 성향을 가짐
추구편익	- 각종 주제로 전문적인 배움의 기회 - 지도에 필요한 현장중심의 연수 - 지도력 배양 - 공신력 있는 인증제도 - 숲문화체험학교 등 관련기관에서 지도자로 활동	- 자기계발의 욕구 충족 - 현장에서의 배움의 기회 - 지도력 배양 - 다양한 사람들을 만나고 싶어함 - 다양한 경험을 하고 싶어함 - 자원봉사의 보상(인정감)

1.2 시장세분화

- 시장세분화는 숲문화체험학교의 성격과 각 세분시장의 특성을 바탕으로 이루어졌으며, 숲문화체험학교의 효율적인 운영을 위한 제반 요소를 고려하였음.
- 숲문화체험학교의 시장은 크게 숲문화체험학교의 프로그램을 이용하는

이용시장과 봉사활동, 지도자과정 등을 직접 참여하는 참여시장으로 구분할 수 있음.

- 이용시장 중 1차 시장은 단체중심의 산림교육·체험을 하는 청소년 단체 학생으로 선정하였으며, 2차 시장은 가족단위 산림 체험·교육을 실시하는 시장으로, 3차 시장은 숲문화체험학교의 숙박시설과 인근의 자원과 연계하여 이용하는 자연 속의 친교와 휴양시장으로 구분함. 또한 상대적인 비수기를 보완할 수 있는 보완시장으로 대학생 MT, 기업연수 시장을 설정함.
- 참여시장은 숲문화체험학교에서 직접 참여하여 편익을 얻는 1차 시장으로 숲문화체험학교 지도자과정으로 설정하였고, 2차 시장은 숲문화자원봉사 시장을 설정함.

그림 6-3-6 숲문화체험학교 시장세분화

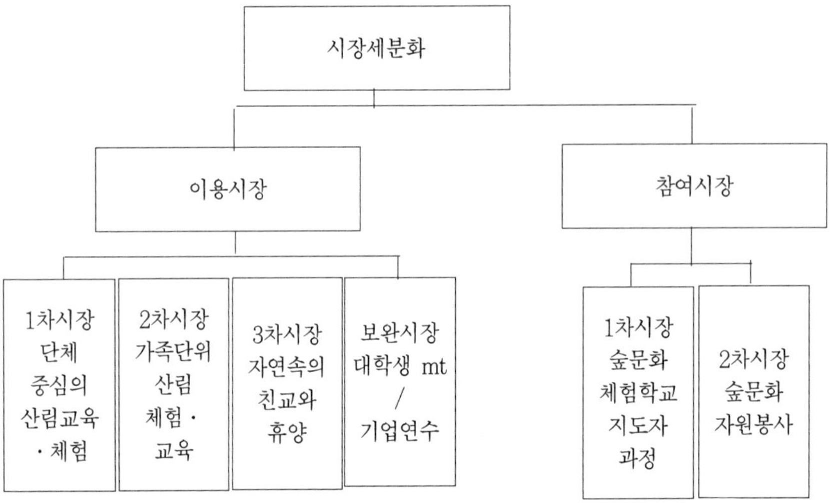

2. 표적시장 설정(Targeting)

2.1 세분 시장별 마케팅 방향

1) 이용시장

표 6-3-23 이용시장의 부문별 마케팅 방향

<table>
<tr><th>세부시장</th><th>추구편익</th><th colspan="2">부문별 마케팅 방향</th></tr>
<tr><td rowspan="2">1시장
단체중심의
산림교육·
체험</td><td rowspan="2">1. 양질의 교육시설 및 프로그램
2. 다양한 프로그램
3. 단체 활동 가능
4. 저렴한 비용</td><td>시설
및
장비부문</td><td>- 학생들의 커뮤니티 공간(휴게공간)
- 1개 학년 수용 규모 시설(숙박시설, 버스 주차장)
- 다양한 체험·교육시설(실내, 야외시설의 조화)
- 지도교사 숙박시설 및 편의시설</td></tr>
<tr><td>운영·
프로그램
부문</td><td>- 방문자 유형별, 가격차별화 전략
- 방문 유형별 프로그램의 개발(학년단위, 학급단위, 2-3개 학급 단위)
- 학생대상 기업의 스폰서쉽
- 프로그램 종류다양화(선택의 폭 제고)
- 교사 대상 홍보전략
- 참여 커뮤니티(온라인) 구축(기존 포털 사이트와 연계)</td></tr>
<tr><td rowspan="2">2시장
가족단위
산림
체험·교육</td><td rowspan="2">1. 가족이 함께 할 수 있는 공간 및 프로그램
2. 양질의 시설 및 서비스
3. 편리한 접근성
4. 주변자원과 연계성</td><td>시설
및
장비부문</td><td>- 편리한 주차장(주차공간의 차별화)
- 간이 취사시설
- 특산품 판매시설(지역 특산품, 임산물)</td></tr>
<tr><td>운영·
프로그램
부문</td><td>- 가족이 함께 참여하는 프로그램
- 패키지 요금제(번들 요금)
- 방학, 휴가철 특별 프로그램 운영
- 주변 자원과 연계하여 프로그램 운영
- 농특산물, 지역특산품 농가와 연계</td></tr>
<tr><td rowspan="2">3시장
자연 속의
친교와
휴양</td><td rowspan="2">1. 주변자원과 연계성
2. 편리한 접근성
3. 양질의 시설 및 서비스
4. 저렴한 비용</td><td>시설
및
장비부문</td><td>- 주변자원과 연계 교통 수단
- 편리한 주차장(주차공간의 차별화)
- 간이 취사시설</td></tr>
<tr><td>운영·
프로그램
부문</td><td>- 주변 자원과 연계 상품(스키장, 해수욕장)
- 숙박 단독 상품 개발
- 스키장과 제휴(가격할인 등)
- 온라인 예약·예매 시스템</td></tr>
<tr><td>보완시장
대학생 MT
/ 기업연수</td><td>학기 중 평일의 틈새시장으로 활용</td><td>접근방법</td><td>- 숙박시설과 연계한 상품의 개발
- 대학생 MT 전용프로그램의 개발(자율성 강조)
- 기업연수 프로그램개발(기업 교육 + 숲문화 체험)</td></tr>
</table>

2) 참여시장

- 숲문화체험학교의 참여시장의 프로파일 분석을 통해 도출한 추구편익을 바탕으로 시설 및 장비부문과 운영 및 프로그램부문의 접근방향을 제시하면 다음과 같음.

표 6-3-24 세부시장 별 마케팅 방향

세부시장	추구편익	부문별 마케팅	
1차시장 숲문화 체험학교 지도자과정	- 각종 주제로 전문적인 배움의 기회 - 지도에 필요한 현장중심의 연수 - 지도력 배양 - 공신력 있는 인증제도 - 숲문화체험학교 등 관련기관에서 지도자로 활동	시설 및 장비부문	- 지도자 과정 전용 교육 실습실 - 지도자 과정 커뮤니티 장소(동아리방) - 자료실, 도서실 - 지도자 과정 숙소, 식당
		운영・프로그램부문	- 다양한 종류의 전문가 양성 프로그램 - 공인 인증 자격제도 - 현장 실습 프로그램 - 스폰서 쉽을 통한 교육비의 절감 - 전문가 과정 커뮤니티(온라인)의 구축 - 시설 및 프로그램 할인 이용 혜택
2차시장 숲문화 자원봉사	- 자기계발의 욕구 충족 - 현장에서의 배움의 기회 - 지도력 배양 - 다양한 사람들을 만나고 싶어함 - 다양한 경험을 하고 싶어함 - 자원봉사의 보상(인정감)	시설 및 장비부문	- 교통편의 제공 - 자원봉사 커뮤니티 공간(자원봉사 휴게실 등)
		운영・프로그램부문	- 자원봉사 커뮤니티(온라인) 구축 - 다양한 종류의 봉사활동 프로그램 기획 - 자원봉사 인정 제도(포상제도 등) - 자원봉사자 인센티브 제공(시설 및 프로그램 할인 이용 등)

2.2. 시기별 표적 시장 설정

- 숲문화체험학교는 입지적 특성과 수련원의 성격으로 시기별 타깃시장을 달리 설정할 필요가 있음.

- 학기중인 봄(3~6월)과 가을(9~11월)의 경우 주중에는 학생단체를 중심으로 한 제1시장을 타깃으로 하며, 주말에는 자연체험을 위한 가족단위 방문객인 제2시장을 주요 타깃으로 설정함.
- 방학/휴가에 해당되는 여름(7~8월)과 겨울(12~2월)은 인근의 스키장과 해수욕장과 연계하여 자연 속의 친교와 휴양을 즐기는 제3시장을 주요 타깃으로 설정함
- 시기별 비수기는 보완시장(대학생 MT/ 기업체 연수)을 적극 유치하여 운영의 효율성을 극대화할 필요가 있음.

표 6-3-25 시기별 타깃 시장의 설정

구분			이용시장	참여시장
봄	3~6월	주중	- 1시장(학생단체) - 보완시장(대학생 MT/ 기업체 연수)	- 1시장(지도자과정)
		주말	- 2시장(가족 단위 방문객) - 보완시장(대학생 MT/ 기업체 연수)	- 2시장(숲문화 자원봉사)
여름	7~8월	방학 휴가	- 3시장(자연속의 친교와 휴양) - 보완시장(대학생 MT/ 기업체 연수) - 2시장(가족 단위 방문객)	1시장(지도자과정) - 2시장(숲문화 자원봉사)
가을	9~11월	주중	- 1시장(학생단체) - 보완시장(대학생 MT/ 기업체 연수)	- 1시장(지도자과정)
		주말	- 2시장(가족 단위 방문객) - 보완시장(대학생 MT/ 기업체 연수)	- 2시장(숲문화 자원봉사)
겨울	12~2월	방학 휴가	- 3시장(자연속의 친교와 휴양) - 보완시장(대학생 MT/ 기업체 연수) - 2시장(가족 단위 방문객)	- 1시장(지도자과정) - 2시장(숲문화 자원봉사)

3. 포지셔닝 컨셉(Positioning)

3.1 경쟁 사례 분석

- 숲문화체험학교의 포지셔닝을 설정하기 위하여 인근 지역의 경쟁사례를 분석함. 이를 통해 경쟁사례와 차별화하고 특성을 살릴 수 있는 방향으로 포지셔닝을 실시함.

1) 청태산 자연휴양림

표 6-3-26 청태산 자연휴양림 현황 및 장단점 분석

<table>
<tr><th colspan="2">구분</th><th colspan="3">내용</th></tr>
<tr><td colspan="2">위치</td><td colspan="3">- 강원 횡성군 둔내면 삽교리 산 1-4번지</td></tr>
<tr><td colspan="2">시설형태</td><td colspan="3">- 자연휴양림</td></tr>
<tr><td colspan="2">면적</td><td colspan="3">- 402ha</td></tr>
<tr><td colspan="2">개장년도</td><td colspan="3">- 1991년</td></tr>
<tr><td colspan="2">수용인원</td><td colspan="3">- 최대 1,000명/1일, 최적 800명/1일</td></tr>
<tr><td colspan="2">년간이용객 수</td><td colspan="3">- 38,687명</td></tr>
<tr><td colspan="2">구분</td><td>수량</td><td>규모</td><td>이용료</td></tr>
<tr><td rowspan="6">주요 시설</td><td>숲속의 집</td><td>총 15동
(6, 3, 3, 3동)</td><td>4평, 7평,
10평, 20평</td><td>18,000~80,000원</td></tr>
<tr><td>야 영 장</td><td>2개소</td><td>5,590㎡</td><td>2,000~6,000원</td></tr>
<tr><td>산림문화 휴양관</td><td>총 12실(10, 2실)</td><td>7평, 10평</td><td>44,000~55,000원</td></tr>
<tr><td>숲 속 수련장</td><td>2동</td><td>40명수용</td><td>4,000원</td></tr>
<tr><td>캠프화이어장</td><td>1동</td><td>12.56㎡</td><td>-</td></tr>
<tr><td>물놀이장</td><td>1동</td><td>706㎡</td><td>-</td></tr>
<tr><td colspan="2">장점</td><td colspan="3">- 인공림과 천연림이 잘 조화된 울창한 산림을 바탕으로 한국유림 경영 시범단지로서 조성됨
- 영동고속도로 신갈기점 강릉방향 128km 지점에 위치하고 있음(접근성 양호)
- 주변에 현대 성우 등 대규모 리조트와 인접해 있어 타 관광자원과의 연계성이 우수함
- 다양한 형태의 숙박시설을 보유함으로서 이용객 규모에 따라 탄력적으로 운영할 수 있음
- 숙박시설 형태에 따라 가격이 다양하게 책정되어 있음
- 숙박시설이 동단위로 분리되어 있어 가족단위 이용객의 독립성 보장이 양호함</td></tr>
<tr><td colspan="2">단점</td><td colspan="3">- 숙박형태가 작은 평수 단위로 분산되어 있어 대규모 단체 이용객을 한번에 수용하는데 무리가 있음
- 다양한 체험·교육시설이 부족함
- 보유 시설 임대만 실시하고 있으며, 자체 운영 프로그램은 없음
- 비수기의 가격 할인 등 가격차별화 전략이 없음</td></tr>
</table>

2) 국립 평창수련원

표 6-3-27 국립 평창수련원 현황 및 장단점 분석

<table>
<tr><th colspan="2">구분</th><th colspan="3">내용</th></tr>
<tr><td colspan="2">위치</td><td colspan="3">- 강원도 평창군 용평면 백옥포리 산 154-1</td></tr>
<tr><td colspan="2">시설형태</td><td colspan="3">- 청소년 수련시설(자연권 수련시설)</td></tr>
<tr><td colspan="2">면적</td><td colspan="3">- 부지 146,019평 / 연건평 5,597평</td></tr>
<tr><td colspan="2">개장년도</td><td colspan="3">- 1998년 11월</td></tr>
<tr><td colspan="2">수용인원</td><td colspan="3">- 최대 동시 숙박 인원: 1,188명</td></tr>
<tr><td rowspan="3">프로그램</td><td>단위 수련거리</td><td colspan="3">- 체력증진활동 - 전통문화활동 - 자연체험활동
- 과학정보활동 - 문화예술활동 - 놀이문화활동
- 자아계발활동 - 보건안전활동</td></tr>
<tr><td>일반 수련거리</td><td colspan="3">- 초등학교 2박3일 프로그램 A, B, C형
- 중학교 2박3일 프로그램 A, B, C형
- 고등학교 2박3일 프로그램 A, B, C형
- 동계 스키캠프 프로그램
- 학급단위 캠프 프로그램</td></tr>
<tr><td>특별 수련거리</td><td colspan="3">- 푸름이 우정캠프(농어촌 청소년 대상)
- 우리두리 한마음(특별지원대상 청소년 대상)
- 이땅에서 우리같이(해외교포 청소년 대상)</td></tr>
<tr><td colspan="2">구분</td><td>시설</td><td>규모</td><td>수용인원</td></tr>
<tr><td rowspan="5">주요 시설</td><td rowspan="2">숙박시설</td><td>온누리관</td><td>지상 3층(79실)</td><td>1,188명</td></tr>
<tr><td>허브빌리지</td><td>총 20동(18평, 22평형)</td><td>100명</td></tr>
<tr><td>연수시설</td><td>대・소강당, 과학실, 천문대 등</td><td>총 1,077㎡(9실)</td><td>대강당(1,000명), 소강당(200명)</td></tr>
<tr><td>문화시설</td><td>도예실, 영상활동실, 옛놀이방 등</td><td>총 12,630㎡</td><td>980명</td></tr>
<tr><td>체육시설</td><td>체육관, 수영장, 활터, 모험활동장 등</td><td>총 39,750㎡</td><td>약 2,000명</td></tr>
<tr><td colspan="2">장점</td><td colspan="3">- 청소년 수련활동의 시범적 운영과 총괄지원을 위한 전국단위의 수련장으로서 국가에서 최초로 설립한 청소년 수련시설임(정통성)
- 영동고속도로와 접해 있어 접근성이 우수함
- 주변의 휘닉스파크 등 대규모 리조트와 인접해 있어 타 관광자원과 연계성이 우수함
- 단지내 대규모 단체이용객 및 가족단위 이용객을 수용할 수 있는 숙박시설을 보유
- 청소년 및 각종 단체 이용객을 위하여 다양한 연수 및 교육시설 구비
- 개별화, 다양화, 특성화된 수련거리 운영하고 있으며, 단위, 일반, 특별 수련 프로그램으로 나누어 다양하게 운영</td></tr>
<tr><td colspan="2">단점</td><td colspan="3">- 단체 이용객을 위한 프로그램은 다양하지만 가족단위 이용객을 위한 프로그램이 필요함(방문 유형에 따른 프로그램 개발)
- 지도자연수 및 봉사활동 프로그램을 운영하지 않고 있음</td></tr>
</table>

3) 둔내 로얄 리조트

표 6-3-28 둔내 로얄 리조트 현황 및 장단점 분석

<table>
<tr><th colspan="2">구분</th><th colspan="3">내용</th></tr>
<tr><td colspan="2">위치</td><td colspan="3">- 강원도 횡성군 둔내면 삽교리 119-1</td></tr>
<tr><td colspan="2">시설형태</td><td colspan="3">- 자연휴양림</td></tr>
<tr><td colspan="2">면적</td><td colspan="3">- 부지 476,553m²/ 건평 1,762.74m²</td></tr>
<tr><td colspan="2">개장년도</td><td colspan="3">- 1995년 12월</td></tr>
<tr><td colspan="2">수용인원</td><td colspan="3">- 숙박 898명</td></tr>
<tr><td rowspan="3">프로그램</td><td>전통 문화활동</td><td colspan="3">- 사물놀이, 민속체조</td></tr>
<tr><td>심성 수련활동</td><td colspan="3">- 가치탐구 훈련, 집단상담</td></tr>
<tr><td>체력 단련활동</td><td colspan="3">- 수영, 볼링, 에어로빅, 눈썰매장</td></tr>
<tr><td colspan="2">구분</td><td>시설</td><td>규모 및 수용가능 인원</td><td>수량</td></tr>
<tr><td rowspan="10">주요 시설</td><td rowspan="3">숙박시설</td><td>유스호스텔</td><td>898명</td><td>77실</td></tr>
<tr><td>통나무집</td><td>141.84㎡</td><td>23동</td></tr>
<tr><td>야영장</td><td>2,000㎡</td><td>1개소</td></tr>
<tr><td rowspan="3">연수시설</td><td>대·중·소강당</td><td>1600명</td><td>4개소</td></tr>
<tr><td>회의실</td><td>253.85㎡</td><td>1개소</td></tr>
<tr><td>연회실</td><td>253.80㎡</td><td>1개소</td></tr>
<tr><td rowspan="3">식당시설</td><td>대식당</td><td>300석</td><td>1개소</td></tr>
<tr><td>한식당</td><td>147.05㎡</td><td>1개소</td></tr>
<tr><td>자가취사장</td><td>66㎡</td><td>1개소</td></tr>
<tr><td>부대시설</td><td>체육관, 삼림욕장,
눈썰매장, 산악자전거 등</td><td>총 39,750㎡</td><td>9개소</td></tr>
<tr><td colspan="2">장점</td><td colspan="3">- 단지내 유스호스텔, 통나무집(펜션), 야영장 등 다양한 숙박시설 보유
- 영동고속도로와 접해 있어 접근성이 우수함
- 주변의 휘닉스파크 등 대규모 리조트와 인접해 있어 타 관광자원과 연계성이 우수함
- 단지내 대규모 단체이용객 및 가족단위 이용객을 수용할 수 있는 숙박시설을 보유 (방문자 유형별 선택의 폭 다양함)
- 청소년 및 각종 단체 이용객을 위하여 다양한 연수 및 교육시설 구비
- 타 유사시설에 비해 다양한 부대시설을 보유하고 있음</td></tr>
<tr><td colspan="2">단점</td><td colspan="3">- 이용객을 위한 프로그램을 운영하고 있으나 부대시설을 이용한 프로그램으로 한정되어 있음(다양한 체험·수련프로그램이 필요)
- 지도자연수 및 봉사활동 프로그램을 운영하지 않고 있음
- 인지도가 타 시설에 비해 저조함
- 민간 기업으로 요금이 고가이며, 공신력 저조함</td></tr>
</table>

4) 현대 성우 유스호스텔

표 6-3-29 현대 성우 유스호스텔 현황 및 장단점 분석

<table>
<tr><th colspan="2">구분</th><th colspan="3">내용</th></tr>
<tr><td colspan="2">위치</td><td colspan="3">- 강원도 횡성군 둔내면 두원리 204</td></tr>
<tr><td colspan="2">시설형태</td><td colspan="3">- 유스호스텔</td></tr>
<tr><td colspan="2">면적</td><td colspan="3">-</td></tr>
<tr><td colspan="2">개장년도</td><td colspan="3">- 1998년 3월</td></tr>
<tr><td colspan="2">수용인원</td><td colspan="3">- 숙박 998명</td></tr>
<tr><td colspan="2">프로그램</td><td colspan="3">- 초등학교(1박 2일 / 2박 3일)프로그램
- 중·고등학교(1박 2일 / 2박 3일)프로그램
- 하계프로그램
- 스키캠프</td></tr>
<tr><td colspan="2">구분</td><td>시설</td><td>규모 및 수용가능 인원</td><td>수량</td></tr>
<tr><td rowspan="8">주요시설</td><td>숙박시설</td><td>유스호스텔</td><td>998명</td><td>86실</td></tr>
<tr><td rowspan="3">연수시설</td><td>대연회장</td><td>800명</td><td>1개소</td></tr>
<tr><td>소강당</td><td>300명</td><td>1개소</td></tr>
<tr><td>세미나실</td><td>200명</td><td>1개소</td></tr>
<tr><td rowspan="4">기타 부대시설</td><td>수영장</td><td>300명</td><td>1개소</td></tr>
<tr><td>볼링장</td><td>16레인</td><td>1개소</td></tr>
<tr><td>헬스장</td><td>-</td><td>1개소</td></tr>
<tr><td>체육관</td><td>1,500명</td><td>1개소</td></tr>
<tr><td colspan="2">장점</td><td colspan="3">- 현대 성우 리조트 내에 위치하여, 다양한 시설을 이용할 수 있음(스키장, 수영장, 볼링장, 헬스장 등)
- 특히 겨울철 스키 이용객들의 방문으로 객실가동률이 매우 높은 편임
- 성우 리조트 내의 호텔 및 콘도에 비해 저렴하게 이용할 수 있음
- 양질의 서비스 제공
- 식당, 기념품 판매점 등 편의시설 완비
- 현대 성우 리조트의 브랜드로 인지도가 높음(제품 차별화)</td></tr>
<tr><td colspan="2">단점</td><td colspan="3">- 민간 기업으로 요금이 고가임
- 이용객 수가 많아 예약이 어려움
- 숙박위주의 영업을 하고 있으며, 프로그램은 저조함
- 많은 사람을 동시에 수용하여, 혼잡도가 높음
- 수련시설 부족</td></tr>
</table>

3.2 숲문화체험학교 포지셔닝 컨셉

1) 포지셔닝 1: 체험프로그램이 강화된 자연권 시설

- 숲문화체험학교의 포지셔닝은 시장분석, 개발여건분석, 주요 경쟁사례와 국내외 유사 사례를 분석하여 2가지의 컨셉을 도출함.
- 숲문화체험학교의 포지셔닝 1은 체험프로그램이 강화된 자연권 시설로서, 주변의 경쟁대상과 차별화에 중점을 두고 설정함.
- 청태산의 오염되지 않은 자연과 친환경 계획을 도입하여 만든 시설이 조화된 가운데, 교육프로그램 전문 조직을 활용한 특유의 체험형 프로그램을 개발 운영하는 방향으로 설정함.
- 이를 통해 경쟁사례와 차별성을 확보하게 되고, 숲문화 고양 시설로서 정통성을 확보할 수 있게 됨.

2) 포지셔닝 2: 개별적 체험활동과 집체적 수련활동의 탄력적 운영

- 포지셔닝 2는 자연권 시설로서 개별적 체험활동과 집체적 수련활동을 탄력적으로 운영하여 수익성을 확보하는 것임.
- 주중에는 학생 단체를 대상으로 수련프로그램을 운영하며, 주말과 방학에는 가족을 대상으로 숲문화체험학교의 숙박시설과 인근자원(스키장, 해수욕장 등)과 연계한 프로그램을 강화하여 실시함.
- 이처럼 청소년 단체시장과 가족시장을 동시에 수용하는 전략을 통해 비수기를 극복할 수 있으며, 수익성이 개선되고, 연중 많은 사람이 방문함으로써 다양한 프로그램을 개최할 수 있는 장점을 얻을 수 있음.

3.3 포지셔닝 컨셉 설정을 통한 숲문화체험학교 운영방향

1) 전이시장(Transitional market) 대상

- 숲문화체험학교는 환경교육 차원의 청소년 시장은 물론 가족형 휴양시장을 친환경적 시장으로 점진적으로 육성함.
- 이는 선진국형 여가 문화로 변화해 가는 시장의 특성을 반영한 것으로 궁극적으로 숲을 활용한 건전 여가문화 확산을 목표로 함.
  ⇒ 숲문화체험학교는 청소년 시장과 궁극적으로 건전한 숲문화의 확산에

기여함.

2) 복합시장(Multi-facet market) 지향

- 숲문화체험학교의 주 이용시장은 청소년 수련시장으로 설정하고, 시기에 따라 가족 휴양시장, 기업 연수시장을 등을 동시에 고려하는 복합시장의 성격을 지향함.
  - 청소년 수련시장과 수학여행 시장을 동시에 고려
  - 청소년 수련시장과 가족 휴양시장을 동시에 고려
  - 청소년 수련시장과 기업 연수시장을 동시에 고려
  - 전국권 수련시장과 강원도권 수련시장을 동시에 고려
  - 이용시장과 참여시장(스폰서쉽, 파트너쉽)을 동시에 고려(숲 해설가 학교, 목조건축 학교, 등산학교, 목조가구학교 등)

  ⇒ 숲문화체험학교의 구조적 비수기를 타개하여 수익성을 확보하여, 안정적 운영에 기여함.

4. 브랜드 선정: '숲문화체험학교'

4.1 브랜드 선정 이유

- 체험요구의 증대를 반영
  - 현재의 관광은 탈출형 관광에서 목적형 관광으로 변화되어가고 있으며, 목적형 관광의 일환으로 체험형 활동의 요구가 증대되고 있음. 숲문화체험학교의 브랜드에 '체험'을 포함으로써 체험지향의 방향으로 나아가고자 함.
- 숲 자체를 학습대상과 학습주체로 보는 학교개념 도입
  - 숲이 가지고 있는 교육적 기능을 반영하고, 건전한 숲 문화를 확산하기 위하여 학교개념을 도입함.
- 숲 관련한 다양한 활동을 수용하기 위한 문화개념 도입
  - 숲에서 다양한 활동을 전개하기 위한 근거로서 문화의 개념을 도입함. 예를 들면 숲에서 이루어지는 음악, 문학, 미술, 공예 등 다양한 활동을 문화의 개념으로 포괄하고 이용객들이 다양하게 체험할 수 있는 기

회를 제공하기 위함.

- 공익적 시설의 이미지 반영
  - 산림이라는 공공재적 성격을 우리 고유 말인 '숲'으로 표현함으로써 공익적 성격을 반영하며, 동시에 친근감을 불러일으킴.

4.2 향후 브랜드 변화 가능성

- 향후 숲문화 체험이 일반화되는 시점에서 숲문화체험학교의 브랜드에서 '체험'의 개념을 제거하여 '숲문화학교'로 개칭될 수도 있음.
- 횡성군에 건립되는 숲문화체험학교에 이어서 세워지는 시설의 경우에도 '숲문화' 라는 브랜드를 포함하여 정통성을 확보할 필요가 있음.

Ⅲ. 마케팅 믹스 전략

1. 기본방향 및 세분시장별 목표

1.1 마케팅 믹스 기본방향

- 숲문화체험학교의 운영 목적을 달성하기 위하여 상품·서비스 전략, 가격 전략, 유통·경로 전략, 홍보·촉진 전략이 효율적으로 결합되도록 마케팅 믹스의 기본방향을 설정함.
- 시장의 특성에 따라 복합시장과 전이시장을 고려한 마케팅 믹스 전략을 수립함.

표 6-3-30 마케팅 믹스 기본방향

	구분	기본방향
마케팅 믹스	상품·서비스 (Product)	- 숲문화체험학교의 가장 기본적인 상품은 4계절 변화하는 자연의 모습 그 자체임 - 청태산 안에 입지한 장점을 살려 숲의 나이, 숲의 울창함을 이용한 상품개발 - 산림과 자원을 직접 체험할 수 있는 다양한 프로그램 및 상품개발 - 숲과 관련 교육적 요소를 가미한 프로그램의 개발 및 운영 - 횡성군의 자원, 역사, 인문역사 그리고 숲 속의 자원을 연계한 상품의 개발 - 숲지도자 교육 네트워크상의 메카가 될 수 있는 교육프로그램 개발 - 친자연적인 시설, 친환경적 프로그램으로 차별화
	가격 (Price)	- 정상가격, 할인가격, 특별판촉가격, 제휴가격 등 다양한 가격정책 고려 - 인근의 관광자원 및 시설과 연계한 제휴가격 정책 실현 - 주말·주중, 성·비수기 가격 차별화 등 탄력적인 가격 정책 실시 - 고객의 새로운 욕구를 창조할 수 있도록 묶음가격(Price Bundling)제품과 소프트웨어 개발
	유통·경로 (Place)	- 자체 홈페이지를 통한 통신예약망을 구축하고 자체 컴퓨터 예약시스템을 구축 - 지역 간의 접근성 제고와 접근수단의 다양화 - 계절별, 비수기·성수기별로 효율적인 운영시간 조정 - 단지 내외의 유도 사인물, 종합 안내물 개발 및 체계적 배치
	홍보·촉진 (Promotion)	- 각급 학교, 청소년시설·단체를 통한 홍보강화 - 홈페이지를 통한 다양한 이벤트를 실시하여 온·오프라인 홍보 병행실시 - 각 시·도 교육청과 연계한 홍보 실시 - 청소년, 숲문화 및 환경 관련 기업과 제휴 마케팅 실시

1.2 세분 시장별 마케팅 목표

- 숲문화체험학교의 세분시장별 추구편익에 따른 마케팅 목표를 분석하여 효과적인 마케팅 믹스를 실시하고자함

표 6-3-31 세분시장별 마케팅 목표

구분	세분시장	마케팅 목표
이용시장	단체중심의 산림교육·체험	- 양질의 교육시설 및 프로그램 제공(1개 학년 수용 규모 시설 확보) - 충분한 단체 중심의 휴게·커뮤니티 공간 확보 - 다양한 체험·교육시설 확보(실내, 야외시설의 조화) - 자율 속에 통제가 가능한 지도교사 숙박시설 - 숲 자체를 학습주체로 보는 학교개념의 브랜드를 이용한 이미지 제고 및 학교관련 단체와 협조체계 확보
	가족단위 산림체험·교육	- 가족이 함께 할 수 있는 공간 및 프로그램 제공(가족단위 중심의 숙박시설, 편리한 주차장, 간이 취사장) - 가족시장을 고려한 판매시설(지역 특산물, 임산물 판매) - 양질의 서비스 제공(차별화된 메뉴 제공, 가족형 프로그램 제공) - 주변 관광자원과 연계성 제고(다양한 즐길거리 제공)
	자연속의 친교와 휴양	- 편리한 접근성 확보(다양한 연계 교통수단의 확보) - 양질의 시설 및 서비스(간이 취사장, 주차공간의 차별성) - 시장의 욕구를 반영한 숙박 단독상품 개발 - 저렴한 비용의 요금제도 - 주변 관광자원과 연계성 제고(다양한 즐길거리 제공)
	대학생·교회 MT/기업연수	- 학기 중 평일의 틈새시장으로 활용 - 숙박시설과 연계한 상품의 개발 - 대학생 MT/교회수련 전용프로그램의 개발(자율성 강조) - 기업연수 프로그램개발(기업교육+숲문화체험) - 저렴한 비용의 요금제도
참여시장	숲문화 체험학교 지도자과정	- 숲에 대한 전문적인 배움의 기회 제공 - 지도에 필요한 현장중심의 연수시설 확보(지도자과정 전용교육 실습실, 지도자 과정 커뮤니티 장소, 지도자 과정 숙소 확보) - 전문적인 프로그램 운영(현장 실습 프로그램, 온라인 커뮤니티 구축을 통한 정보 공유 등) - 공신력 있는 인증제도(공신력 있는 인증서 발급) - 숲문화체험학교 등 관련기관에서 지도자로 활동
	숲문화 자원봉사	- 자기계발의 욕구 충족 - 자원봉사 커뮤니티 공간확보(자원봉사 휴게실 등) - 교통편의 제공 - 자원봉사 인정제도 및 인센티브 제공(포상제도, 시설 및 프로그램 할인 이용 등)

2. 마케팅 믹스(4P MIX)

2.1 상품/서비스 전략(Product)

1) 시설부문 전략

- 청태산의 울창함과 4계절이 변화하는 자연의 모습을 반영한 상품을 개발함으로써 차별화
- 친자연·친환경적인 시설 도입을 통한 차별화
- 공간적으로 숲에 인접한 수련원이 아니라 숲 속에 들어가 있는 장소로서 차별화
- 세부 시장의 욕구를 반영한 상품 및 프로그램을 개발하여 반영함.

표 6-3-32 시설전략 세부내용

구분		내용
시설	숙박시설	- 환경친화적인 공간배치로 차별화(청태산 안에 입지) - 숲속에 분산된 배치(건축적으로 차별화) - 2개의 Type으로 계획된 unit으로 조성 - 기존의 군대식 건물이 아닌 가족형 시설로 건축함으로써 차별화
	지도자 연수시설	- 각 체험학교의 메카가 될 수 있는 공신력 있는 교육 제공으로 차별화 - 현장 중심의 산림 교육으로 전문성 제고 - 재정 자립도 측면에서 중요하게 작용할 수 있음 - 다른 수련원과 차별화된 공익적 명분을 제공(녹색문화재단)
	숲 체험시설	- 청태산의 자연 그 자체를 상품으로 활용→장소성으로 차별화 - 숲을 다양하게 바라보고 체험할 수 있는 시설 예) 숲 위와 땅속을 모두 체험할 수 있는 시설, 숲 속 미로
	주차장	- 일반적인 주차장과 다른 차별성 강조(주차공간 폭을 50㎝ 크게 만듦)→의외성
	나무체험 트레일	- 나무 위를 걸으면서 체험할 수 있는 트레일(차별성, 의외성)
	기념품 판매시설	- 전국 공예 network를 활용→질적 차별화 - 숲과 나무를 활용한 기념품 판매 예) 편백나무 향을 활용한 국수, 전나무를 활용한 엽서 등 - 숲문화체험학교의 나무문화가 기념품을 통해 확산 가능함
	식당 및 취사시설	- 시장별 욕구에 맞춘 시설도입 - 단체시장: 급식(unit의 부엌 사용 가능) - 가족시장: unit별 취사시설 활용

2) 식당시설 운영(안)

- 식당의 주 이용시장은 크게 단체이용객과 개별이용객으로 구분할 수 있으며 각 시장의 특성 및 선호메뉴는 다음과 같음.

표 6-3-33 시장별 식당 이용특성

목표 시장	주이용 시기	특성 및 욕구	선호메뉴
단체 이용객	주중	- 학년 단위 인원(약 300명)이 이용 가능 - 저렴한 가격으로 이용할 수 있어야 함	- 다양한 메뉴의 음식 선호
개별 이용객	주말/휴일	- 가족단위 관광객 - 차별화된 음식 선호 - 지역의 특산물을 활용한 메뉴 선호	- 친환경 메뉴 - 한식 위주

- 식당은 시설, 메뉴, 서비스 등 모든 분야를 숲과 나무를 주제로 조성함.
- 식당은 취사를 가급적 제한하고자 하는 숲문화체험학교의 계획에 있어 중요한 역할을 담당함.
- 횡성의 지역 특산품을 이용하며 향토 음식을 판매함.

표 6-3-34 식당 운영계획(안)

구분		내용	비고
컨셉		- 숲속의 산장 분위기 연출 - 자연의 맛, 자연의 음식	-
이용 시장	단체 이용객	- 단체이용객을 위한 다양한 메뉴 개발 - 저가의 메뉴	- 주중
	가족 이용객	- 한정식을 중심(친환경 식재료 사용)으로 하는 메뉴 - 지역의 특산물을 이용한 메뉴	- 주말
시설	내부 인테리어	- 목재사용을 통한 친환경적 건축물 - 나무를 통한 따뜻한 이미지 구축	-
	그릇/소재	- 목기 사용 - 다양한 나뭇잎을 활용	-

3) 기념품 판매점 운영(안)

- 기념품 판매점의 이용시장은 가격에 따라 저가와 중·고가의 두가지로 구별할 수 있음.
- 저가상품은 주로 단체중심의 방문객들이 주 시장이며 소품 종류의 기념품을 선호하며, 중·고가 상품은 가족단위 방문객이 주 시장으로서 목공예품 등의 생활소품을 선호함.

표 6-3-35 기념품 판매점 이용시장 분석

구분	이용시장	상품종류
저가	- 단체중심의 산림교육·체험 시장 - 대학생 MT/기업연수시장 - 자연속의 친교와 휴양 시장	- 일반 기념품 및 악세사리 - 숲문화체험학교 로고를 이용한 캐릭터 및 상품
중·고가	- 가족단위 산림체험·교육 시장 - 자연속의 친교와 휴양 시장 - 대학생 MT/기업연수 시장	- 목공예품 - 각종 목기 등 생활공예품 - 지역의 특산물 및 향토식품

- 기념품 판매점은 숲문화체험학교의 이미지를 판매하는 시설임. 상품은 기존의 기념품점과 차별화되고, 숲문화체험학교의 고유성이 있는 상품으로 구비하여야 함.

표 6-3-36 기념품 판매점 운영계획(안)

구분		내용	비고
컨셉		- 숲속의 산장 분위기 연출 - 숲 및 나무를 활용한 소품의 재현·판매	-
이용시장	저가 선호시장	- 단체이용객 - 5,000원 내외의 저가상품	- 시장에 따라 상품의 분리 진열·판매
	중·고가 선호시장	- 가족단위 이용객 - 각종 생활소품 및 지역특산품	

시설	내부 인테리어	- 목재사용을 통한 친환경적 건축물 - 나무를 통한 따뜻한 이미지 구축	-
	진열장	- 유리 진열장 지양 - 전시장 같은 분위기의 진열장	-
	상품	- 일반 기념품 및 악세사리 - 숲문화체험학교 로고를 이용한 캐릭터 및 상품 - 목공예품 - 각종 목기 등 생활공예품 - 지역의 특산물 및 향토식품	- 다품종 소량 생산 판매 - 숲문화체험 학교 캐릭터 개발
	운영	- 강원도 관광기념품 공모전과 연계하여 상품 발굴 - 주변지역 특산물 및 향토상품의 판로 역할 - 상품에 대한 자세한 설명판 설치 - 인건비 절감을 위하여 매점 및 안내데스크와 병행하여 운영	-

4) 상품 및 Unit Mix

- 숲문화체험학교의 적용 가능한 상품(프로그램) 및 시설 Unit를 시장별로 제시하면 다음과 같음.

표 6-3-37 적용가능 상품 Mix

상품명	내용	적용 가능시장
1박 2일 상품 (주말 상품)	- 숙박시설 이용 위주 상품 - 주말/휴가 시즌	- 가족단위 산림체험 · 교육 - 자연속의 친교와 휴양
2박 3일 상품 (정규 수련 프로그램)	- 숲문화체험학교의 정규 숲체험 프로그램 - 주중, 단체 위주의 상품 - 숲 서바이벌 프로그램	- 단체중심의 산림교육 · 체험
동해안 연계상품 (하계)	- 동해안 및 주변 관광자원과 연계상품 - 셔틀버스 - 숙박상품 및 체험프로그램과 연계 - 하계 휴가철	- 가족단위 산림체험 · 교육 - 자연속의 친교와 휴양
스키장 연계상품 (동계)	- 스키장과 제휴마케팅 적용 - 스키캠프 운영 - 셔틀버스 - 동계 방학/휴가철	- 가족단위 산림체험 · 교육 - 단체중심의 산림교육 · 체험

대학생 MT 상품	- 대학생 입학 전 오리엔테이션 - 대학생 학술자원답사 - 학과별 MT 프로그램 - 스키장과 연계 - 자율적 프로그램 편성	- 대학생 MT 시장(보완시장)
기업 연수 프로그램	- 신입사원 연수 프로그램 - 팀 단위 워크숍 - 자율적 프로그램 편성 - 주변 자원과 연계성 강화	- 기업 연수 시장 (보완시장)

표 6-3-38 Unit Mix

구분	규모(평)	객실수(개)	객실 당 수용인원	
			학생단체(주중)	가족이용객(주말)
A형	9.5	32	6	4
B형	14.5	10	8	6
C형	22.0	4	12	8
계	-	46	-	-
내 용			학생들의 독립성 보장	넓은 가족 공간 확보

5) 계절별 이벤트 전략

- 이벤트를 적절히 활용함으로서 비수기를 타개하고, 체재기간 및 객단가를 증가시킬 수 있으며, 재방문을 유도할 수 있음.
- 시기별로 십숭되는 수요를 분산시킬 수 있는 방안으로 활용함.

표 6-3-39 계절별 적용 가능 이벤트

구분		이벤트 내용	활용방안
봄	3~6월	- 나무심기 이벤트 - 봄나물 캐기 - 꽃씨 주기 이벤트 - 한국의 야생화전 - 꽃나들이 축제	- 집중되는 학생단체시장 외에 주말 가족시장을 유인할 수 있음
여름	7~8월	- 백일장, 경시대회 및 사생대회 유치 - 푸른 바자회, 별빛 음악회 등 개최	- 방학으로 인한 학생단체 시장 비수기 타개책으로 활용 가능
가을	9월~11월	- 단풍놀이 이벤트 - 한국의 야생화전 - 가을 소풍 이벤트	- 상대적 비수기 시장인 자연속 친교휴양시장 유인 가능
겨울	12월~2월	- 스키캠프 - 눈맞이 축제	- 최대 비수기 시즌 타개 방안으로 활용

6) 전문가 과정 개설

- 전문가 과정을 활용하여 학교 상주 인원을 효율적으로 이용하여 진행자 공급차원에서 유리하도록 함.
- 교육적 기능을 강화하고 전문성을 제고하여 타 수련원과 차별화하며 명분을 획득함.

표 6-3-40 숲문화체험학교 적용 가능 전문가 과정

전문가 학교	내용
숲 해설가 학교	- 숲 해설 및 체험 전문가 양성 - 산림청 공인 인증서 발급 - 이론보다 체험에 기반을 둔 연수실시
목조 건축 학교	- 목조 건축 전문가 양성 - 실제 나무를 활용 건축실시→전시물로 활용가능 - 체험프로그램으로 활용 가능
등산 학교	- 등산 전문가 양성 과정 - 체험프로그램으로 활용 가능
목조 가구 학교	- 목조 가구 제작 전문가 양성 - 목조 가구 제작 체험 및 전시

2.2 가격 전략(Price)

1) 숲문화체험학교 이용요금 산출

- 숲문화체험학교의 이용요금은 이용시상의 경우 수련프로그램 이용자, 숙박프로그램 이용자, 야영시장으로 구분됨.
  - 수련프로그램의 경우 전국 수련시설 이용 평균 요금을 기준으로 숲문화체험학교 주변의 시설 이용요금을 반영하여 산출함.
  - 숙박프로그램은 주말에 가족단위의 개별 방문객으로 객실이용료와 식대를 구분하여 산출함.
  - 야영프로그램은 하계 야영시설 이용요금을 의미하며, 야영장 이용료와 식사비를 기준으로 산출함.
- 참여시장은 전문가 과정으로 숲해설가 학교의 교육비를 적용함.

표 6-3-41 유사시설 이용요금을 통한 숲문화체험학교 이용가격 산출

구분	세부 내용
전국수련원 평균 이용요금	- 1박 3식(15,313원)
청태산 자연휴양림	- 산림문화휴양관: 44,000원~55,000원(4인기준, 식사 미제공) - 숲속의 집: 17평(70,000원), 9평(55,000원), 식사미제공
국립 평창수련원	- 수련원 1박 3식: 초등생(21,500원), 중학생(22,000원), 고등학생 (23,000원),성인(28,000원) - 통나무집: 18평형, 4인기준(주중: 120,000원, 주말: 140,000원)
둔내 로얄리조트	- 수련요금(2박3일): 초등생(48,000원), 중학생(49,000원), 고등학생 (52,000원) - 통나무집: 10평, (주말: 110,000원, 주중: 80,000원), 식사미제공

구분	숲 해설가 양성 과정 비용
숲해설가협회	350,000원

▼

시장구분	구분	기준	이용요금	비고
이용시장	수련프로그램 이용자 (학생 단체)	1인 1박 기준	20,000원	-
	숙박프로그램 이용자(가족, 개별 이용자)	객실 이용료	9.5평(7만원) 14.5평(10만원) 22평(15만원)	1인 3식(15,000원)
	야영프로그램 이용자	1일 이용료	15,000원	- 1인 3식 식사 포함
참여시장	전문가 과정	1회 강습비	350,000원	- 숲해설가협회 양성과정 350,000원

2) 가격전략

- 숲문화체험학교에서는 시장별 다양한 욕구를 충족하고, 이용객을 만족시키기 위해서 다양한 가격정책 및 가격차별화정책이 필요하며 이는 이용을 분산하고 수요를 창출하는 효과를 얻을 수 있음

표 6-3-42 숲문화체험학교 적용 가능 가격전략

가격정책	내용	적용 가능 시장
고가정책	- 양질의 인적·물적 서비스를 원하는 이용객 - 가족이용객 및 성수기 시 활용 가능 - 양질의 교육·체험 서비스 제공 - 성수기 및 주말 활용	- 가족단위 산림 체험시장 - 방학·휴가기간 중 주말 시장
정상가격제	- 단체 이용객 대상 - 기준 가격으로 활용	- 주중 단체 이용객
가격 할인제	- 사전예약을 한 이용자를 대상으로 할인 - 재방문객 대상 가격할인 - 추천 고객 및 추천 받은 고객 대상 가격 할인	- 가족단위 산림 체험시장
특별 관촉가격제	- 단체 이용객 및 재방문객 대상 - 비수기시 활용	- 학기중 주중 시장
묶음가격제	- 인근 관광자원과 연계한 상품(스키장, 동해안 일대) - 교통편과 연계한 상품 - 스폰서쉽 체결	- 가족단위 산림 체험시장

3) 가격차별화 정책

- 숲문화체험학교는 Unit별 평수로 가격을 차별화함으로서 이용객들의 선택의 다양성을 확보함

표 6-3-43 평수별 가격차별화 정책

구분	내용	객실수
A형(9.5평형)	- 1가족형(가족 4명) - 70,000원	32
B형(14.5평형)	- 1가족 또는 2가족(가족 6명) - 100,000원	10
C형(22평형)	- 2가족형(가족 8명) - 150,000원	4

2.3 유통/경로 전략(Place)

- 유통전략은 판매체계를 종합적으로 관리하는 것이며, 경로전략은 이용객의 접근성 및 이용성을 향상하기 위한 것임.
- 접근성 및 이용성 향상전략은 대상지로의 접근성 향상과 심리적 거리감 해소, 주변 관광지와의 연계성 강화 등을 통하여 이용객에게 편의를 제공할 수 있도록 추진되어야 함.
- 접근수단의 다양화, 연계 교통체계 개발, 이용자에 대한 다양한 정보제공 등으로 접근성을 향상함.
- 컴퓨터 통신을 이용한 예약 및 장소서비스 제공, 일괄적인 안내시스템 개발, 계절별, 비수기·성수기의 이용시간 조절 등을 통한 이용성 향상

표 6-3-44 숲문화체험학교 적용 가능 경로전략(접근성 및 이용성 향상 전략)

구분	전략	적용방법
접근성 향상전략	- 연계 교통체계 개발	- 인접 터미널, 역 등에 셔틀버스 운행 - 인접 관광자원과 연계한 셔틀버스 운행
	- 여행사를 활용한 패키지 유도	- 주변 관광자원과 연계한 체험·관광상품 개발
	- 심리적 거리 해소	- 영동고속도로 및 접근 도로휴게소 등과 연계 - 야외 안내 전광판 등을 이용한 정보제공 - 대상지 접근 대중교통 이용시 안내방송을 활용 - 특징 있는 도로 안내판 설치 - 대상지 접근로 상에 나무를 활용한 Sign 설치
이용성 향상전략	- 예약 및 스케줄링	- 인터넷을 통한 자체 컴퓨터 예약시스템(Cyber Reservation System: CRS)개발
	- 안내 데스크 운용	- 주차장에서 차량 주차와 동시에 안내데스크를 통해 숲문화체험학교의 이용을 안내 받을 수 있도록 함
	- 안내/정보제공	- 대상지 입구 상징물, 방문객 유도 안내판, 내부 전시시설, 관리 및 지원시설의 통합적 구축 - 교육청 및 각종 청소년단체를 통한 안내 및 정보제공
	- 단지 이용시간의 탄력적 운영	- 계절별, 비수기·성수기마다 이용 및 체험시간을 탄력적으로 운영
	- 주변 관광자원과 연계	- 횡성군 내 관광자원 및 동해안일대 관광명소와 연계하는 교통체계 운영

- 유통을 원활하게 하기 위하여 자체 판촉활동뿐만 아니라 각종 청소년시설 및 단체, 교육청, 횡성군청 등 다양한 기관과 협조한 유통전략이 필요함

표 6-3-45 숲문화체험학교의 유통전략

구분	유통경로	적용방법
가족단위 이용객	가족이용객→숲문화체험학교	- 인터넷을 통한 자체 컴퓨터 예약시스템 활용
	가족이용객→스키장→숲문화체험학교	- 인접 스키장과 연계한 관광상품을 통한 접근
단체단위 이용객	단체이용객→숲문화체험학교	- CRS시스템 및 판촉부서를 통한 접근
	단체이용객→교육청(각종 청소년단체)→숲문화체험학교	- 각 교육청 및 청소년단체를 통한 접근
	단체이용객→여행사→숲문화체험학교	- 단체이용객을 위한 체험·관광상품개발

2.4 홍보/촉진 전략(Promotion)

- 숲문화체험학교가 전국적 명소가 될 수 있도록 단계별 홍보/촉진 전략을 수립하며, 홍보매체, 홍보방법을 구체화하며, 오프라인(Off-line)과 온라인(On-line) 홍보를 병행함.
- AIDA 모델은 고객들의 숲문화체험학교의 이용자들이 숲문화체험학교를 이용하기까지의 태도변화를 나타내며, 각 단계별 특징을 살려 홍보전략을 구축할 필요가 있음. 숲문화체험학교의 AIDA 모델을 나타내면 다음과 같음.

표 6-3-46 숲문화체험학교의 AIDA 모델

구분	내용
Attention(주의)	- '숲문화체험학교가 생긴다던데...', '숲문화체험학교가 뭐지...', '언제 개장하는 거지?...' 라는 질문이 잠재 이용객들에게 주의되는 단계
Interest(관심)	- '숲문화체험학교는 어떨까?..', '숲문화체험학교에는 어떤게 있지?..' 라는 질문과 대화가 나누어지게 되는 단계
Desire(욕망)	- '이번 주에는 숲문화체험학교에 가자.'라는 생각이 드는 단계
Action(행동)	- '와.. 숲문화체험학교는 이런거구나..', '숲이 이렇게 좋구나..'라는 대화가 숲문화체험학교에서 이루어지는 단계

- 숲문화체험학교의 단계별 홍보/촉진 전략은 1단계 시장침투 단계, 2단계 집중화 단계, 3단계 확산의 3단계로 이루어지며 세부 전략은 다음과 같음.
- 숲문화체험학교의 홍보는 온라인 및 오프라인을 이용하여 다각적인 방법으로 이루어지며 적용 가능한 구체적인 홍보매체는 다음과 같음.

표 6-3-47 숲문화체험학교의 단계별 홍보/촉진 전략

단계	목표	주요 촉진도구	전략방안
1단계 (시장침투)	인지도 확산	- 언론 홍보, 광고, 출판	- pre-event의 기획 · 실행 - 팸(FAM)투어 기획 · 실행 - C · I 및 캐릭터 개발
2단계 (집중화)	지역적 명소화	- 홈페이지, 관광안내판, 지역관광안내소 - 지역언론 - 지역 교육청/청소년 관련기관 및 시설	- 관계기관 및 주변 사업체와 연계방안 모색 - 지역언론을 통한 인근지역 주민의 관심집중
3단계 (확산)	전국적 명소화	- 홈페이지, 여행사 - 각급 학교 및 청소년 관련기관 홍보 - 옥외광고(입간판, 브로셔 활용)	- 기존의 홍보/촉진전략의 보완 · 평가를 통한 지속적 피드백 실시 - 구전효과를 통한 홍보 및 재방문 유도

표 6-3-48 숲문화체험학교 적용 가능 매체별 홍보방안

구분	종류	활용방안
온라인 매체	홈페이지	- 홈페이지 개설 - 온라인 커뮤니티 구성 - 한국관광공사 사이트 등 주요 관광사이트에 링크
인쇄 매체	신문, 잡지	- 광고, 홍보거리 제공 - 특집 혹은 기획기사 게재
	브로셔	- 각급 학교 및 관련기관 배포 - 주요 관광안내소 배포
전파 매체	TV	- 광고, 홍보거리 제공 - 행사장소 제공 - 드라마, 다큐멘터리, 여행정보 프로그램 촬영장소 제공
	라디오	- 광고, 홍보거리 제공
옥외 광고	관광안내판	- 주요 터미널, 역, 휴게소 등에 관광안내판 및 해설안내판 설치
	대중교통	- 대중교통 수단에 홍보물 부착

4. 복합개발 전략: 복합시장과 복합기능을 모두 포함하는 개발

복합개발[13]이란 한 가지 기능을 두개 이상의 시장을 대상으로 활용하는 명소마케팅 복합시장 개념(One Source Multi-use)과 하나의 위치에 두 개 이상의 기능을 부여하여 서로 시너지 효과를 낼 수 있게 하는 복합기능 개념을 모두 포함한 복합시장/복합기능(Multi-use/Multi-function) 개발을 의미한다. 복합개발 전략의 적용사례로 대청댐 여수로 건설 기본계획-

13) 다목적 개발은 원칙적으로 복합시장과 복합기능을 모두 일컫는다고 볼 수 있다. 즉 여러 가지 기능을 사용할 수 있어도 다목적이며, 여러 사람이 사용할 수 있어도 다목적이기 때문이다. 그러므로 복합개발은 다목적 개발이란 의미와 일치한다고 볼 수 있다.

관광부문[14)]을 제시할 수 있다.

4.1 개요

대청댐은 1975년 대전, 청주지역의 식수는 물론, 생활용수 및 공업용수를 공급하기 위해 1980년까지 만든 댐이다. 대청댐에 의해 생긴 호수가 바로 대청호이다. 대청호는 인공 호수로서 아름다운 호반도로를 가지고 있으며, 산과 수목이 호반위에 펼쳐지는 아름다운 경관을 가지고 있다.

그런데 최근 기상이변 등에 따라 빈번히 발생하는 이상홍수에 대비하여 댐의 안정성 확보를 위한 댐 설계 기준 강화에 의해 치수능력 증대 사업이 필요하게 되었다. 그러다 보니 비상 여수로라는 대형 인공 구조물이 생김에 따라 이것을 단순히 구조물의 차원을 넘어 주변 경관과 융화될 수 있는 친환경구조를 갖게 하고, 대청댐, 대청호와 주변 관광자원과의 연계를 통해 보다 유용하고, 심미적인 기능을 하는 구조물이 되도록 하는 것이 매우 중요한 일이 되었다.

대청댐 여수로 활용계획은 복합시장 차원의 물 관리와 생태관광 목적의 시장을 모두 겨냥할 할뿐만 아니라, 대청댐과 여수로 시설답사와 농촌 체험관광이라는 별도의 기능이 복합하여 시너지 효과를 낼 수 있는 복합기능이 함께 고려되는 복합개발 즉 다목적 개발의 한 형태라 할 수 있다.

명소마케팅 실천 전략으로서 복합개발 개념을 적용한 사례로서 충남 대청댐 여수로 활용계획을 이해하는데 있어서의 주요 관점은 다음과 같다.

① 비상시를 위한 대청댐 여수로를 본래의 기능을 해치지 않는 범위 내에서 평상시에는 어떻게 활용할 것인가? 이 문제는 앞으로 모든 공공부문 사업에 있어서 '하나의 기능이나 시설을 다른 두개 이상의 시장

14) 본 계획내용은 2005년 한국수자원공사가 대청댐 여수로 공사 턴키 발주를 위해 공모한 대청댐 여수로 건설 기본계획 제안서에 포함된 관광부문 내용을 발췌한 것이다. 본 계획 수립에는 경기대 명소마케팅 연구실 이민욱 연구원과 이동윤 연구조원이 참여하였다.

을 대상으로 활용'하는 복합시장 개발이라는 차원에서 적극적으로 검토되어야만 하는 문제이다.

② 지금까지 대청댐으로 인한 갖가지 규제 때문에 생활에 제약을 받아왔던 주민들을 여수로 개발을 통해 어떻게 보상할 수 있겠는가? 여기서는 복합기능이라는 차원에서 대청댐 방문객과 농촌체험 관광이 연계될 수 있도록 고려해야 할 것이다.

③ 대청댐 지역의 자원성은 무엇이고 이를 알아주는 사람들은 누구인가? 그리고 어떤 컨셉으로 자원성과 시장성을 연계할 수 있을 것인가?

④ 주변의 관광자원과 어떻게 연계시켜나갈 수 있을 것인가? 이를 통해 지역경제 활성화에 기여할 수 있는 점은 무엇인가?

⑤ 공사, 주민, 환경단체가 모두 참여할 수 있는 지속가능한 관리 운영 방안은 무엇인가?

4.2 적용사례

대청댐 비상여수로는 전폭 74m 에, 길이 1,037m 에 달하는 초대형 인공 구조물이다. 그러다 보니 본래의 이상 홍수 시 치수능력 증대라는 목적 이외에 부가적으로 상수원 보호 구역으로써 비교적 보호가 잘 된 본 지역의 자연 경관 및 식생을 최대한 손상시키지 않으면서, 오히려 관광을 통한 지역 활성화 및 지역주민 경제에 도움을 줄 수 있는 새로운 개념의 수자원 관련 시설물을 목표로 하게 되었다. 이러한 비상시에만 쓰이는 여수로를 생태관광 활성화를 통해 개발하기 위한 기본방향은 다음과 같다.

I. 개발 키워드

1. '비상에서 일상으로'

여수로는 평상시에는 사용되지 않다가 이상홍수에 의해 비상시에만 사용되는 시설이다. 따라서 사람들은 일반적으로 비상시에만 사용된다고 생각할 수 있으나 여기서는 여수로를 비상시가 아닌 일상에서 사용하는 것을 기본 방향으로 한다.

2. '단절(방류)에서 링크(연결)로'

여수로 건설은 대규모의 여수로에 의해 여수로 양쪽이 단절된다는 느낌을 준다. 하지만 이 여수로를 통해 오히려 이 지역이 이상 홍수 시 대청호 물 방류에 의한 단절을 위미하는 것이 아닌 여수로에 의한 연결, 링크의 의미를 줄 수 있어야 한다.

3. '변방에서 거점으로'

현재 이 지역은 대전에서는 관광의 거점으로 여겨지지 않고 있다. 오히려 충청북도의 청원군과 청주시에서 오는 방문객에게 더 큰 의미를 주고 있다. 바로 이러한 관광을 대전 사람들도 관심을 가질 수 있는 요소를 가미하고, 주변 관광자원과의 연계를 이용한다면 지금은 대청호를 중심으로 한 관광행태가 나타나고 있지 않으나 장기적으로는 생태관광의 거점이 되도록 하여야 한다.

4. '위기에서 기회로'

대청댐 여수로 주변 지역은 상수원 보호 구역으로 여러 가지 활동의 있어서 제약을 받아 왔다. 이러한 제약 때문에 지역주민들은 그것이 매우 불리하다고 여길 수 있으나, 이것은 그러한 제약인 동시에 자연 생태적인 친환경 지역임을 보증해주는 기회가 될 수도 있음을 알아야 한다.

II. 여수로 주변 관광 개발 기본방향

▣ 대청댐의 이용과 보전 그리고 연계

그림 6-4-1 대청댐의 이용과 보전 그리고 연계

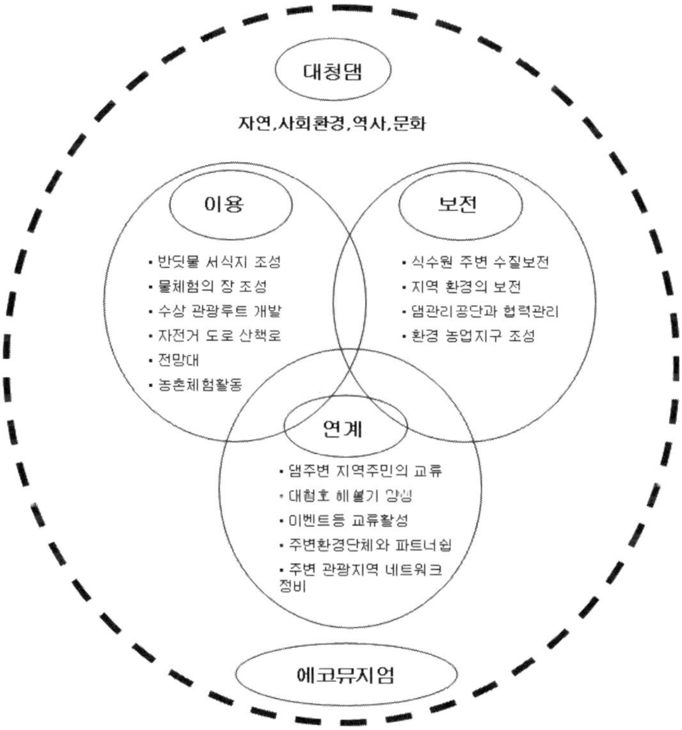

※ "인간과 자연이 하나 되어 살아 숨 쉬는 대청댐 『에코뮤지엄』"

III. 주민소득 증대를 위한 여수로 주변지역 생태관광 진흥전략

1. 관광시장 변화전망

주5일 근무제의 시행과 웰빙 열풍에 의해 교육과 체험을 위주로 한 목적형 관광이 주목받고 있음.

그림 6-4-2 관광시장의 변화 전망

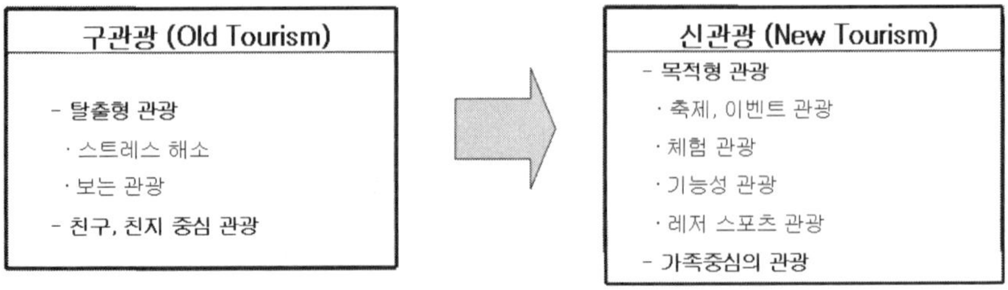

1) 탈출형 관광에서 목적형 관광으로 변화 추세

2003년 서울 삼성역, 명동, 을지로, 대학로에서(N=410)개의 표본을 추출하여 설문조사 실시 결과 목적형 관광에 대한 참여의사가 매우 높게 나타남.

그림 6-4-3 희망 관광 형태

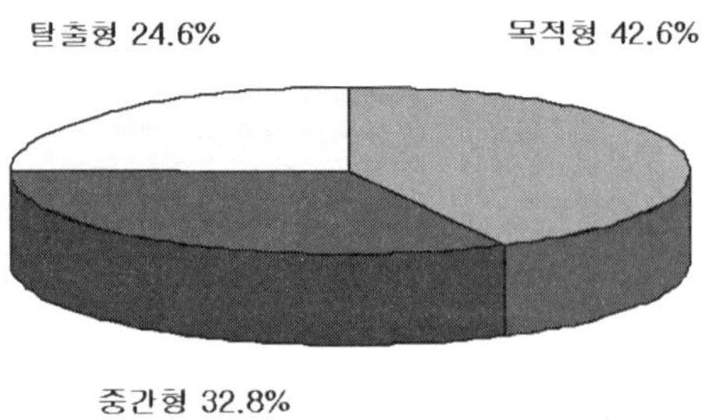

Implication

- 지금까지 대청호 주변 관광지의 방문형태는 대부분이 스트레스 해소를 위한 탈출형 관광 위주였으나 여수로 개발과 더불어 체험을 통해 즐거움과 보람을 느끼고 교육에 도움을 주는 목적형 관광의 형태로 탈바꿈함으로써 관광형태의 변화 추세에 대응하게 됨

2) 생태관광은 대표적인 목적형 관광의 하나로서 지역의 자연환경을 훼손함이 없이 주민에게 경제적 인센티브도 제공하는 21세기형 관광상품 임
⇒ 대청댐과 여수로를 생태관광의 중심이 되는 에코뮤지엄으로 조성!

2. 대청댐 에코뮤지엄(대청댐 에코뮤지엄의 구성)

그림 6-4-4 대청댐 에코뮤지엄의 구성

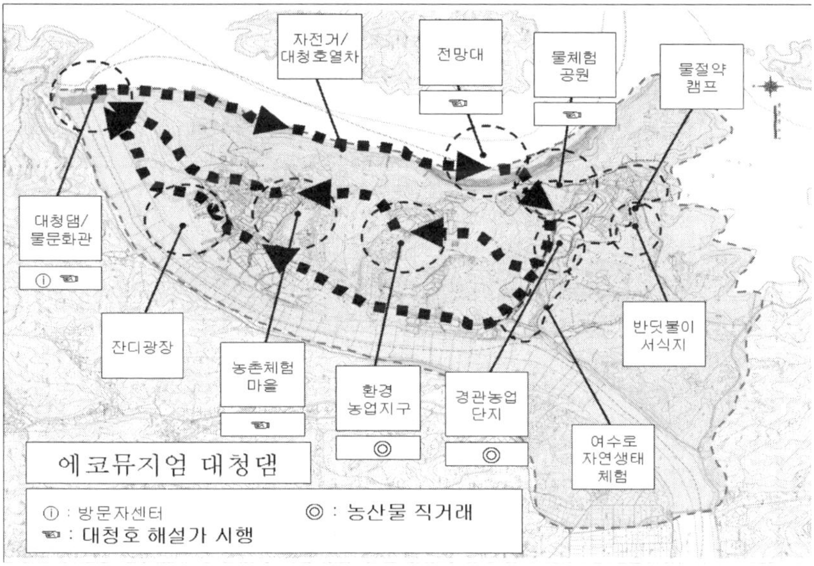

▣ 에코뮤지엄은 무엇인가?

- 지역주민과 행정이 협력하여 지역의 새로운 생활문화와 자연 및 사회 환경의 조성 과정을 역사적으로 조명.
- 자연 및 문화유산을 현지의 환경과 더불어 보존, 육성, 전시.
- 방문객 유치를 통해 해당 지역 발전에 기여함을 목적으로 하는 체험형 야외 박물관.

그림 6-4-5 에코뮤지엄의 기능

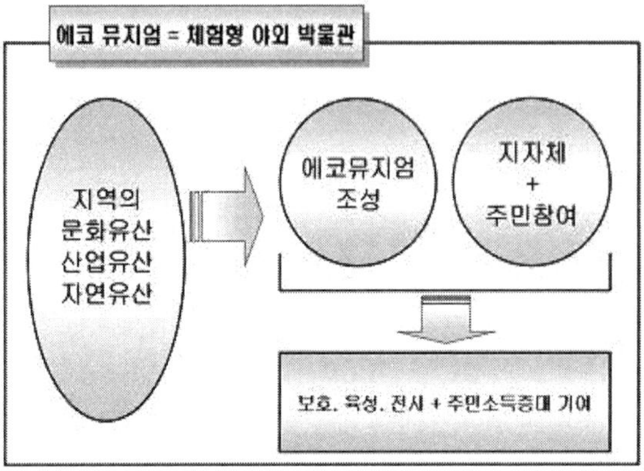

3. 지역주민과 주변지역 자원봉사자가 중심이 된 「대청호 사랑 NGO」

- 대청댐 관리공단과 협력하여 시설 및 주차관리 참여
- 친환경 농산물 브랜드 개발 및 농산물 직거래 사업 추진
  "大 淸" 개발
- 대청호 해설가 및 물체험 도우미 등 참여

4. 대청호 에코뮤지엄의 구성과 연계 프로그램

표 6-4-1 에코뮤지엄의 구성과 연계 프로그램

<table>
<tr><th colspan="2"></th><th>구 성</th><th>주요활동</th><th>프로그램</th><th>비 고</th></tr>
<tr><td rowspan="15">에코뮤지엄구성</td><td rowspan="4">산업유산</td><td>1. 대청댐</td><td>대청댐 견학
대청호 관람</td><td>대청호 물사랑 축제</td><td>세계 물의 날 실시</td></tr>
<tr><td>2. 물 문화관</td><td>물에 대한 교육
물에 대한 홍보</td><td>워터투어개최</td><td>상시 운영</td></tr>
<tr><td>3. 여수로</td><td>생태체험
야생화, 반딧불</td><td>야생화축제</td><td>상시 운영</td></tr>
<tr><td>4. 물체험 공원</td><td>물에 대한 이해
물과 친해지기</td><td>물 절약 캠페인</td><td>상시 운영</td></tr>
<tr><td rowspan="4">문화유산</td><td>1. 취백정</td><td>문화탐방</td><td>문화탐방 축제</td><td>상시 운영</td></tr>
<tr><td>2. 현암사</td><td>한국의 불교이해</td><td>템플 스테이</td><td>상시 운영</td></tr>
<tr><td>3. 청남대</td><td>과거대통령의
별장</td><td>대통령 체험</td><td>상시 운영</td></tr>
<tr><td>4. 물 절약캠프</td><td>물 절약 교육/
CO_2 방출지양교육</td><td>대청 청소년 서바이벌</td><td>대전 소재 학교대상</td></tr>
<tr><td rowspan="7">자연유산</td><td>1. 환경농업시구</td><td>진환경농업실시</td><td>'大淸' 농산물 직거래
장터</td><td>상시 운영</td></tr>
<tr><td>2. 경관농업단지</td><td>보리밭, 메밀밭을
이용한 경관조성</td><td>그림 축제</td><td>대청호를 배경으로 한
경관농업</td></tr>
<tr><td>3. 농촌체험마을</td><td>농촌체험</td><td>농촌 끌어안기 축제</td><td>민박 운영</td></tr>
<tr><td>4. 잔디광장</td><td>여가체육활동
가족나들이</td><td>대청호 가족 운동회</td><td>대전 소재 기업참여</td></tr>
<tr><td>5. 대청호</td><td>드라이브, 휴식</td><td>대청호 마라톤 개최</td><td>세계 물의 날 실시</td></tr>
<tr><td>6. 반딧불이 서식지</td><td>반딧불 체험
여수로 생태체험</td><td>대청 반딧불 축제</td><td>별보기 축제</td></tr>
<tr><td>7. 야생화, 갈대밭</td><td>사진촬영
생태체험</td><td>가족사진대회
대청호그리기대회</td><td>대전 소재 학교대상
대전 시민대상</td></tr>
<tr><td colspan="2">연계방안</td><td colspan="4">- 대청호 에코뮤지엄의 각 시설은 자전거와 대청호 해설가가 함께하는 코끼리열차로 연계
- 대청호 방문시 물문화관 방문자 센터에서 교육 후 물체험 공원으로 이동(물문화관과 물체험 공원을 상호 연계함)</td></tr>
<tr><td colspan="2" rowspan="2">운영
관리
추진 계획</td><td>1단계</td><td colspan="3">- 미호동 지역주민 및 주변 지역 환경단체 자원봉사자를 중심으로 서비스교육 및 대청호 해설가 양성(교육과 양성은 대전시에서 주관)</td></tr>
<tr><td>2단계</td><td colspan="3">- 지역주민과 주변지역 자원봉사자 중심의 「대청호사랑 NGO」결성, 이들이 대청호 관리공단과 협력하여 대청호 관리 및 자원봉사에 참여. 「대청호사랑 NGO」가 대청호 해설가, 시설관리요원, 친 환경브랜드 개발, 농산물 직거래, 민박 등의 관리 운영 주체(단, 민박은 자금지원에 의한 화장실 등 시설개선이 선결 조건임)</td></tr>
</table>

5. 에코뮤지엄 조성에 따른 도입 가능/부적합 시설

표 6-4-2 에코뮤지엄 조성에 따른 도입 가능/부적합 시설

에코뮤지엄 조성기준	도입 가능 시설	도입 부적합 시설	비고
① 주변환경과의 조화 ② 방문객의 편의 제공 ③ 산업, 문화, 자연 유산 등 기존 자원의 활용	자전거길, 반딧불 서식지, 물체험 공원, 농촌 체험 마을	케이블카, 로프웨이, 스키리프트 등	특히 케이블카의 경우 송전탑 건설로 인한 식생의 훼손이 불가피함

Implication

- 자연보존을 통한 생태체험으로 관광문화가 빠르게 전환되어 가는 시점에 있어서 여수로 주변 개발계획에 있어서 환경을 파괴하는 무분별한 하드웨어 시설(케이블카, 리프트 등)의 도입은 부적합.

IV. 지역경제 활성화를 위한 대청호 수상 관광루트 개발전략

1. 현황

- 저수면적 72.8㎢, 호수길이 80km, 저수량 15억t으로, 한국에서 3번째 규모의 호수
- 1980년 대청댐이 완공, 조성되어 대전광역시·청주시의 식수와 생활용수·공업용수를 공급
- 대청호 주변 산재된 관광지의 육로 이동이 불편해 관광지간 연계성 부족
- 청남대 개방에 의한 관광유입 효과를 수상관광루트 조성을 통해 주변으로 확산 필요

2. 개발방향

1) 수상 관광루트를 통한 관광지 연계 전략

그림 6-4-6 수상 관광루트를 통한 관광지 연계 전략

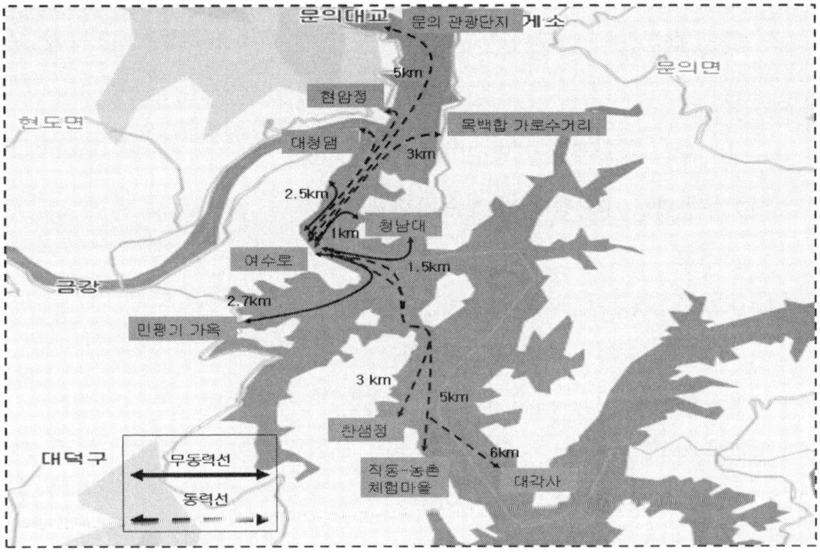

※ 출처: (사)대청호 보전 운동본부 "대청호 물사랑 지도" 자료 참고

2) 수상루트개발로 연계 가능한 주변 관광자원

- 민평기 가옥 - 조선말 고종때에 승지를 지낸 민후식이 지은 가옥으로 현재 민평기씨가 거주하며 그 전통건축 그대로 보존.
- 문의문화재단지 - 대청댐을 만들면서 인근 수몰지역에 있던 전통가옥과 옛 건물등 중부지방의 옛 모습을 남기기 위해 그대로 옮겨 놓은 문화재단지
- 목백합 가로수 거리 - 1983년 대통령별장 청남대를 만들면서 심고 가꾼 목백합 가로수길은 그 길이가 2.3km에 이르며 2004년 제5회 아름다운숲 전국대회에서 아름다운 거리 숲으로 선정됨.
- 찬샘정 - 대정호수와 달빛이 어우러지는 환상적인 모습을 만끽할 수 있

도록 조성된 정자로써 이것이 설치된 동네는 얼음같이 찬 샘이 있는 마을이라서 찬샘내기로 불림.

- 직동 농촌체험마을 - 대청호와 인접한 직동은 전국에서 유일하게 광역시에 지정된 녹색농촌 체험마을임.
- 청남대 - 100종의 나무와 130여 종의 야생화를 정성스럽게 심어 놓은 이곳은 대통령의 별장으로 쓰였던 곳으로 2003년 4월부터 시민에게 개방됨.

3. 수상 관광루트 개발전략

1) 무동력선 수자원 탐방 루트(1단계)

- 여수로 - 청남대 구간(1 km, 1.5 km 구간)
- 여수로 - 대청댐 구간(2.5km 구간)
- 여수로 - 민평기 가옥(2.7km 구간)
- 황포돛배를 통한 Guided Boat(해설가 동반)운영
- 친환경적인 한국 전통 수상시설 도입을 통한 교육적 루트 개발(Education Route)

2) 동력선을 이용한 연계 관광 루트(2단계)

- 여수로 - 청남대(1.5 km 구간)
- 여수로 - 대청댐(2.5 km 구간)
- 여수로 - 문의 관광단지(5km 구간)
- 여수로 - 직동 농촌체험마을(5km 구간)
- 여수로 - 찬샘정(3km 구간)
- 여수로 - 목백합 가로수 거리(3km 구간)
- 여수로 - 대각사(6km 구간)
- 주변 관광지 연계를 통한 Synergy 효과 극대화
- 탈출형 관광을 위한 루트 개발(Adventure Route)

3) 수상교통 수단에 따른 관광루트 차별화

표 6-4-3 수상교통 수단에 따른 관광루트

구 분	무동력선(1단계)	동력선(2단계)	비고
타깃 시장	가족형, 단체방문객	연인, 친구, 가족형	- 1단계로 무동력선(황포돛배)에 의한 생태관광 프로그램을 운영하며 2단계로 주변 관광지를 연계하는 관광투어를 '물의 날' 등 특정일에 한정하여 운영함. - 추후 상시 운영을 위한 시설물(선착장, 선박 및 기타 장비) 도입 가능
성 격	교육적이며 체험을 통한 만족을 원하는 목적형 관광객	스트레스 해소를 추구하는 탈출형 관광객	
추구편익	- 교육적 요소 - 체험적 요소 - 기능적 요소	- 휴식 - 놀거리 - 정서적 요소	
서비스	- 해설가 동반을 통해 '물'에 대한 교육과 주변지역 안내 및 댐관련 정보 제공	- 타 관광지 연계 및 스트레스 해소를 위한 일탈형 서비스 제공	

4) 유사 사례: 임진강 동력형 황포 돛배

- 규격 :길이 15m, 폭 3m, 돛 길이 12.3m, 무게 6.5t 크기로 최대 47명 수용
- 운항 거리: 왕복 6km로 40분가량
- 운행 시간: 오전 11시 ~ 오후 5시
- 동력수단 및 요금: 모터(동력식), 요금은 어른 8000원, 초등학생 이하 5000원.
- 이동 루트: 통일전망대 + 화석정 + 황포돛배 + 탱크훈련장경유 + 국가대표 축구연습장

"임진강 황포돛배는 장파리 주민들의 소득증대를 위한 DMZ관광코스의 하나로 개발된 것. 이 일대는 상수원보호구역으로 지정돼 있어, 그동안 주민들의 경제활동에 제약이 많았다. 때문에 파주시는 수질보호와 소득증대라는 두 마리 토끼를 잡는 묘안으로 황포돛배를 기획했다"(2003년 10월 18일 조선일보 기사 발췌)

V. 지역 주민 소득 증대 효과

1. 주민 여론 조사 결과

1) 댐 주변환경 발전 기대

- 39%의 응답자가 현재의 자연환경을 그대로 유지하길 기대했으며 다음으로 적극적인 관광지로 발전이 21%, 농촌체험마을로 조성이 14%로 응답함.

그림 6-4-7 주변환경 발전 기대사항

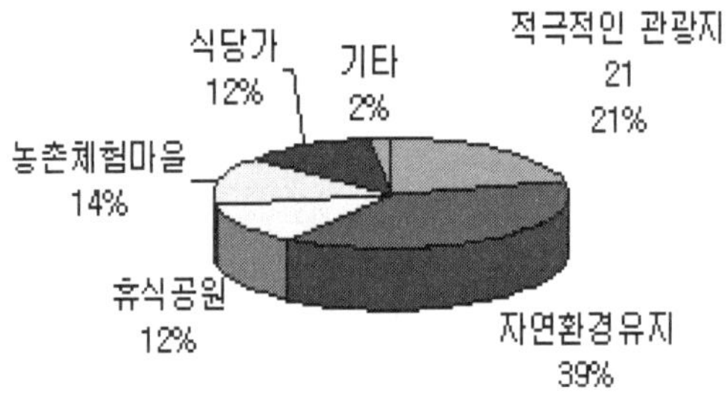

2) 소득증대를 위한 활동 참여 의사

- 30%의 응답자가 농산물 직거래를 통한 수입 증대에 참여하길 원했으며 다음으로 대청호 해설가(19%), 민박(17%), 관리요원(12%)순으로 응답함.

그림 6-4-8 참여활동 의사

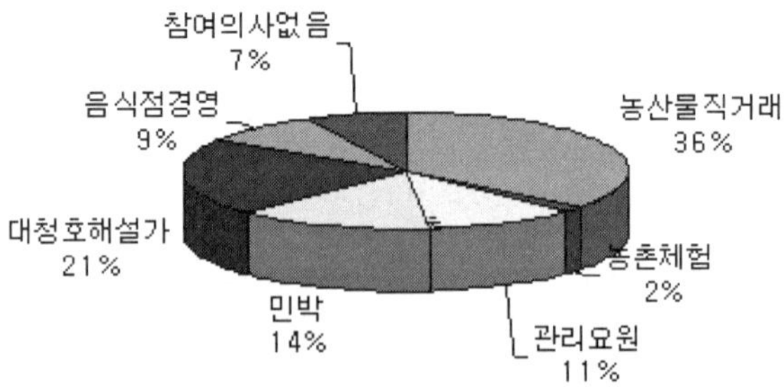

3) 여수로 공사시 불편사항 예상

- 33%의 응답자가 여수로 공사시 소음 및 진동으로 인한 불편사항을 예상하였으며 그 밖에 26%의 응답자가 수질오염을 불편사항으로 예상하였음.

그림 6-4-9 공사시 불편사항 예상

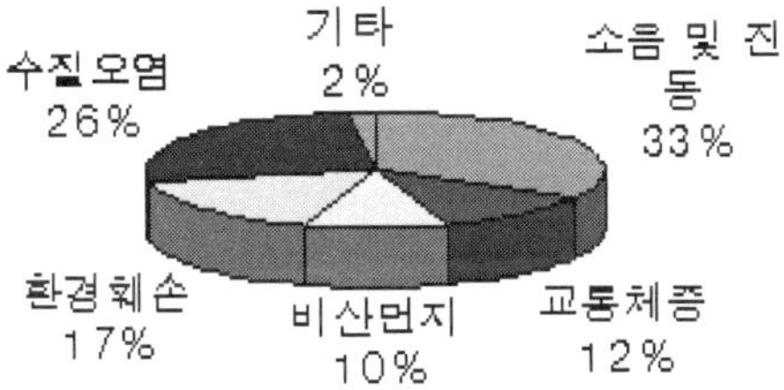

※ 심층 인터뷰를 위한 접촉자 57명(미호동, 삼정동 지역주민) 중 대답회피 및 신뢰성이 부족한 대상 15명을 제외한 응답자 42명의 자료를 분석.

2. 주민 선호 소득 증대 유형 별 효과 추정

그림 6-4-10 소득증대 유형별 주민 참여 의사

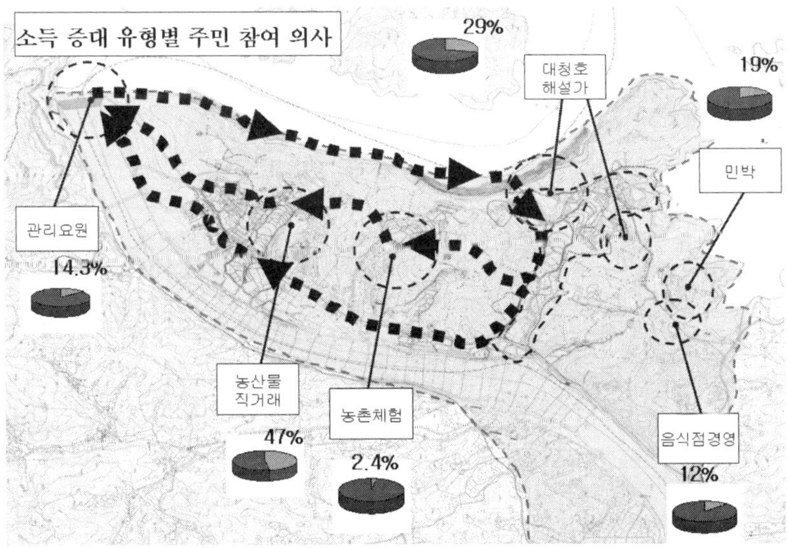

1) 농산물 직거래(농촌체험 포함)

표 6-4-4 농산물 직거래 효과 추정

구분	호당 농가 소득	기준	참여 가구당 연 소득증대효과
농산물 직거래	농촌 체험 방문객 1인당 농가 연 소득 증대분 ➡1,586원 ※ 출처: 농림부 보도자료 인용(2003)	년 방문객 2000명 추정시	1,586×2,000 = 3,172,000원(년)

2) 대청호 해설가(관광 가이드)

표 6-4-5 대청호 해설가 효과 추정

구분	인원	기준	참여 1인당 월 소득증대효과
대청호 해설가	총 4개 지역(8명) (물체험공원, 대청댐 물문화관, 농촌체험마을, 전망대)	1일 40,000원 (현 문화유산 해설사 임금 적용)	1일 4만원 × 주 2회 × 월 4회 = 32만원

3) 민박 운영

표 6-4-6 민박 운영 효과 추정

구분	형태	연 매출액	참여 가구당 월 소득증대효과
민박	농어촌 일반 민박 마을	연간 560만원 (숙박서비스, 식사 서비스, 농특산물 직판 포함)	560만원 ÷ 12 = 467,000(월)
	※ 농촌자원개발연구소 "농촌민박 실태 및 발전방안(2004)"		

4) 여수로 주변 공원 관리요원(주차관리, 시설관리)

표 6-4-7 민박 운영 효과 추정

구분	인원	기준	참여 1인당 월 소득증대효과
주차 및 시설관리	총14명(물체험 공원, 대청댐 물문화관, 전망대)	50만원 (공공근로 급여 적용)	50만원

VI. 기대효과

- 여수로 주변 명소화를 통한 지역사회 발전 유도
- 대청호 관광거점 토대를 구축함으로써 여수로 지역을 변방에서 거점으로 전환
- 관광지의 연계를 통해 매력도를 증대시키며 보다 많은 관광객을 유치함으로써 지역경제 활성화에 기여

5. 매체개발전략: 포털 시스템 구축도 관광개발이다

관광시장과 관광자원을 연계하여 주는 포털 시스템 구축도 한국적 관광개발의 중요부문이 매체개발이며 문화관광 해설사 역시 매체개발의 또다른 유형이다. 매체개발전략의 적용사례로는 해양관광 포털시스템 구축을 위한 정보화 전략계획[15]의 일부 내용이 제시되었다.

15) 경기대학교가 한국물류정보통신등과 컨소시움을 이루어 2003년 작성한 '해양관광정보 포털시스템 구축을 위한 정보화 전략계획 수립' 연구 용역결과 보고서 내용 중 명소마케팅 개념 도입을 보여주는 내용만을 발췌 일부 수정하였다. 본 정보화 전략 계획 수립을 위해 경기대 명소마케팅

5.1 배경

해양수산부가 발주한 해양관광 포털 구축을 위한 정보화 전략계획 수립 용역을 경기대 컨소시움이 수행하게 됨으로써, 관광관련 포털 구축을 위한 정보화전략계획 수립 사상 처음으로 관광 전문가가 주도가 되어 IT 기술자와 함께 정보화 전략계획을 수립하였다. 이어서 2004년 실제 해양관광포털 시스템 구축 시에도 컨텐츠 개발과정에 관광전문가가 참여한바 있었다.

해양수산부가 추진한 해양관광 포털 구축을 위한 정보화 전략계획은 기존의 관광관련 포털의 정보화 전략계획(information strategic planning)과는 다르게 앞서 언급한 바와 같이 수요자와 공급자를 연계하는 매체개발로서의 특성과 어촌의 문화, 자연환경적 특성을 보존하는 차원의 아마추어 관광 개념을 적용하고자 노력하였다. 실제 포털 사이트로 구축되는데 있어서는 여러 가지 사정으로 인해 정보화 전략계획 수립과정에서 고려된 요소들이 완벽하게 반영되지는 못하였으나 차별화된 포털을 구축하는 데는 기여하였다고 판단된다.

그러나 우리나라와 같이 정보통신 인프라가 잘 구축되어 있고 정보화 마인드가 앞선 국가에서는 이러한 특성을 관광진흥에 활용하는 지혜가 필요하다. 즉 하드웨어 관광개발, 소프트웨어 관광개발, 휴먼웨어 관광개발 등과 함께 인터넷 포털을 중심으로 한 매체개발도 한국적 관광개발을 위한 중요한 수단이 될 수 있을 것이다.

연구실 측에서는 현재 동명대학교 교수로 재직 중인 나윤중 박사가 선임연구원으로 연구를 주도하였고, 노영희, 한숙영 연구원과 송준화, 남윤희, 이희민 연구조원이 참여하였다.
www.seantour.com 에 접속하면 '바다여행'이라는 브랜드의 해양관광 포털을 접할 수 있다.

5.2 적용사례: 해양관광 포털 시스템 구축 배경 및 필요성

1) 시설중심의 해양관광 개발로부터 매체중심의 해양관광/자원 관리체계로 전환

- 수요자와 상품공급자(Product Provider), 그리고 컨텐츠 공급자(Contents Provider)를 연계하는 관광정보시스템 구축을 통해 해양관광 개발을 시설 중심의 해양관광 개발로부터 매체중심의 해양관광 개발의 단계로 전환한다.
- 해양관광의 계절성, 접근성 불량, 환경취약성 문제를 해양관광정보포털이란 매체의 개발에 의해 극복함으로써, 선진국형 해양관광/자원 관리정책을 국내최초로 시도한다.
- 해양관광 정보포털을 구축하여, 주5일 근무제 시행에 따라 급증하는 여가수요를 해양관광으로 유도한다. 즉 소비자들의 의사결정을 지원하는 맞춤형 정보를 제공함으로서 해양관광 참여를 활성화 한다.
- 자원의 일방적 이용뿐만이 아니라, 관광의 대상이 되는 해양환경자원의 실태를 관광을 통해 알림으로써, 정부에서 진행하는 해양환경보존정책의 필요성과 당위성을 알리는 홍보수단이 될 수 있을 뿐 아니라, 다양한 관광자원을 소개함으로써 이용객의 분산을 통해 환경보호의 수단이 될 수도 있다.

2) 탈출형 관광에서 목적형 관광으로의 수요변화에 대응

- 일상 탈출을 원하는 탈출형 관광수요가 체험관광, 기능성관광, 레저스포츠 관광 등 특정 목적 중심의 목적형 관광 수요로 변화되고 있는 실정이다. 다시 말해서 주 5일 근무제 시행에 따라 동해안 위주의 탈출형 해양관광에서 서해안을 목적지로 한 목적형 관광으로 급격하게 변화하게 될 것이다.
- 해양관광 포털을 통해 어촌체험, 갯벌체험, 해양문화 체험, 그리고 건강, 미용, 치유를 위한 기능성 관광 등 있는 그대로의 다양한 해양자원을 구슬 꿰듯이 엮어, 체험활동 정보를 제공할 수 있다. 이를 통해 도시의 목적형 관광수요를 연안지역으로 유치할 수 있음은 물론 예약관리를

통해 이용수준을 통제할 수 있다.

- 즉 해양관광 포털을 제공함으로서 방문자의 환경훼손을 최소화할 수 있음을 물론, 어촌지역의 문화적 정체성과 생활공동체의 지속가능한 발전을 유지할 수 있게 하여, 생활환경의 급격한 변화 없이 해양관광을 통한 어민 소득증대가 가능하다.

그림 6-5-1 해양관광포털 구축 정보화 전략추진의 개념도

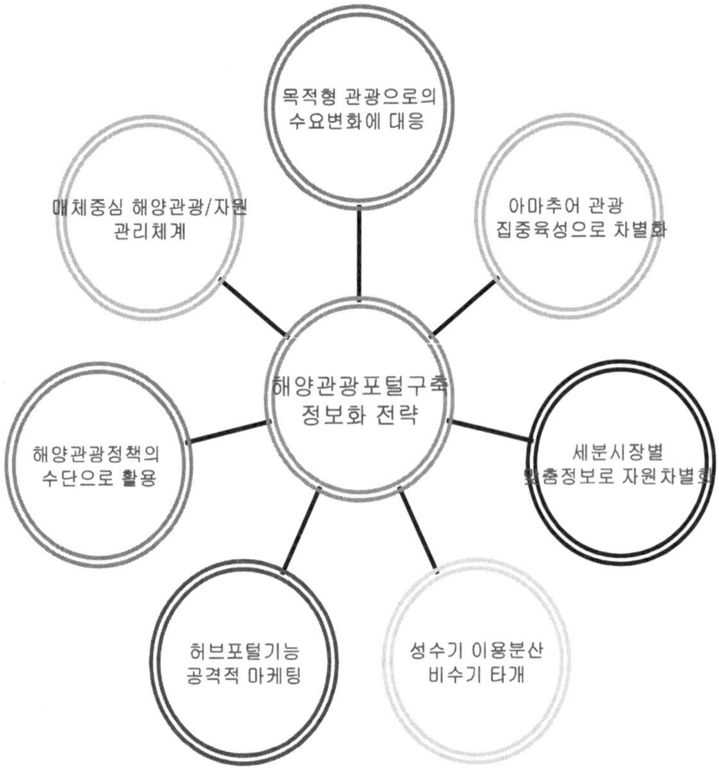

3) 아마추어 관광의 집중 육성에 의한 차별화 된 포털 구축

- 대부분의 관광관련 포털이 관광을 전업으로 하는 프로페셔널 관광관련 정보만을 제공하는데 반하여, 해양관광 포털은 그 외에도 어촌지역 주민

의 삶에 밀착된, 지역의 고유성을 기반으로 한, 다양하고 정통성 있는 아마추어 관광 상품에 대한 정보를 제공한다.

- 연안지역의 각종 해양관련 시설(예: 염전, 양식장, 젓갈공장, 조선소 등)과 아마추어형 체험 관광을 활성화하여, 어민소득 증대에 기여하고, 주5일 근무제 시행에 따른 급증하는 여가수요에 대한 정책의 입안에 있어서, 해양수산부의 타 부처와의 차별성을 확보한다.
- 바다와 관련이 있는 각종 단체(해병대, 해경 등)의 활동상과 경험을 관광상품화 함으로써, 각종 사회단체의 사회적 마케팅의 수단이 될 수 있는 동시에, 일반 이용자들에게는 다양한 체험교육의 기회를 제공할 수 있다.

4) 세분 시장별 맞춤정보 제공에 의해 해양관광 자원의 차별화

- 해양관광 포털에 의해 해양관광 목적지 결정 시 가족, 친구/친지/연인 등 동반유형별로 최적 이용 가능한 대안 목적지들의 정보를 제공하여 시장세분화를 할 수 있다. 동해안의 해수욕장 경우와 같이 천편일률적인 모습에서 탈피하여 가족중심의 해수욕장, 젊은층 중심의 해수욕장 등과 같이 차별화된 해양관광 자원의 개발이 가능해질 것이다.
- 시장을 고려치 않고 시설개발을 우선시하는 기존의 관행을 탈피하고, 시장세분화와 그에 입각한 정보의 제공을 통한, 시장을 찾아가는 방식의 관광개발 방식을 채택함으로써(매체관광개발), 투자비용을 최소화하고, 시장의 성장에 따른 시설개발을 유도하여, 계절성과 같은 장애요인에 의한 투자위험성을 최소화함으로써 해양관광의 사업타당성을 높이는 전략 수립에 기여할 수 있다.

5) 성수기 이용분산과 비수기 타개책으로서 해양관광 포털

- 해양관광자원 이용이 집중되는 시기인 여름철에, 다양한 관광목적지를 해양관광 정보포털을 통하여 소개한다. 이는 실시간으로 이용 가능한 정보를 제공함으로서, 수요자의 이용을 분산시켜 그들의 만족도를 증대시키고 환경훼손을 최소화한다.
- 한편, 해양관광 포털을 이용하여 어촌 주민의 생업과 관광을 연계시키는

아마추어 관광을 활성화 하고, 비수기 이용자를 유인할 수 있는 마케팅 커뮤니케이션의 통로를 제공함으로써 해양관광의 근원적인 문제인 비수기문제의 타개책을 제공할 수 있다.

6) 허브 포털로서의 기능담당과 공격적 마케팅 필요성

- 해양수산부 및 유관기관의 사이트 중 인지도와 접근성이 가장 높은 포털사이트가 되게 함으로써, 관광을 포함한 해양관련 정보의 허브 역할을 하도록 한다. 이는 해양수산부와 관련된 모든 사이트가 연결되는 것으로서, 컨텐츠 신디케이트 역할을 하는 것이다. 그리고 이를 통해 정보의 활용도를 증진할 수 있을 뿐만 아니라 해양관광이란 부드러운 이미지를 이용하여 해양수산부의 수요자 친화적인 이미지를 제고할 수 있다.
- 기존 관광관련 인터넷 포털 및 지자체의 웹사이트는 대량관광(mass tourism) 시장만을 염두에 두고, 불특정 다수에 대한 단편적이고 일방적인 정보제공을 위주로 운영되고 있다. 반면에 해양관광 포털은 지역별 해양관광 관련 정보를 통합하는 한편, 활동별, 동반유형별, 목적지별로 세분화함으로써, 해양관광 활성화를 위한 공격적인 '마케팅 시스템'의 주체가 될 수 있다.

7) 해양관광 정책수단으로서 포털 활용

- 해양관광 정책의 효율적 수립에 필요한 DB로서 해양관광 실태와 해양관광 자원현황에 관한 기초자료를 해양관광 정보포털을 통해 구축할 수 있다. 또한 새롭게 수립된 해양관광 정책 시행에 앞서 해당 정책의 실효성을 시험해 볼 수 있는 테스트 베드 역할까지도 가능하다. 그리고 해당 정책 시행을 통한 수요자의 평가가 포털을 통해 즉각적으로 반영될 수 있으므로 정책수행의 시행착오를 최소화 할 수 있다.
- 그와 같은 목적을 달성하기 위해서, 해양관광포털은 관광정보의 제공과 교환뿐만 아니라, 일반 이용자의 관광활동 및 관광정보의 이용실태를 체계적으로 관리할 수 있는 시스템을 갖추어야 한다. 그것을 위해서 해양관광정보화 전략은 '관광자원에 대한 평가기준' 및 '이용자 실태'에 대한 지속적 연구를 제안하고 있으며, 그러한 연구조사의 결과를 시스템 구축

및 운영에 지속적으로 반영할 것을 제안하고 있다.

- SMS나 일부의 유비쿼터스 환경을 포털에 도입함으로써, 표본집단을 선정하여 성수기/비수기의 해양관광 이용실태를 지리정보를 이용 파악할 수 있도록 하였다. 이는 장기적으로 해양관광개발의 효율성을 높이는데 기여할 것이다.

8) 유기체적 포털 구축을 위한 Pilot 시스템 운영

- 해양관광 포털은 선진국 형 관광정책 모형이다. 즉 해양관광 참여를 활성화 할 수 있는 이용자 친화적인 정보원천이며, 매우 유효한 어촌지역 경제 활성화 수단이다. 문제는 이러한 해양관광 포털이 지속적으로 살아서 움직일 수 있도록 관련 조직과 지원정책, 마케팅 전략을 강구해야만 한다는 점이다. 이에 따라 해양관광 정보화 전략계획이 요구된다.
- 한편, Pilot 시스템의 구축과 운용은 그러한 문제점들을 극복하는 대안이 될 수 있다. 즉, Pilot 시스템의 시험적 운용과 평가를 통해 가능한 정보화의 시너지 효과를 파악하여 그것을 극대화하는 방안을 세우고 예측하지 못했던 문제점들을 발견하여 사전에 예방적 조치를 취할 수 있는 방안을 마련할 수 있다.

6. 한국적 테마파크 개발전략: 수원 화성도 테마파크다

6.1 한국적 테마파크란?

한국적 테마파크란 한국적 고유테마를 가진 장소를 명소마케팅 자원에서 자원성과 시장성을 발굴하여 최소한의 기반시설 보완과 함께 국내 명소로 출발하여 장기적으로는 세계적 명소로 가꾸어 나가는 전략을 의미한다. 유네스코 지정 문화유산인 수원화성은 물론 남대문 시장도 한국적 테마파

크의 대상이 될 수 있으며, 전북 고창의 고인돌도 한국적 테마파크화가 가능하다. 그러나 중요한 것은 다음 세 가지이다.

첫째, 세계적인 명소가 되기까지 상당한 시간이 걸릴 것이므로 단기적 차원의 시장침투형 관광상품 개발부터 시작하여야 한다. 다시 말해서 투자비가 많이 드는 관광단지화 사업은 나중에 시작해도 된다는 의미이다. 현재의 모습을 가지고 약간의 관광기반시설을 보완하여 손님을 맞기 시작하는 것이 중요하다. 이렇게 방문객이 늘어 감에 따라 투자비를 늘리는 것이 중요한데 대부분의 우리나라 지자체는 처음부터 정확한 수요예측도 없이 모든 것을 다 갖추어 시작하려고 한다는데 문제가 있는 것이다.

둘째, 이렇게 우리만의 고유한 특성을 가진 자원을 세계적 관광 명소화하기 위해서는 우선적으로 콘텐츠 발굴과 개발의 기초가 되는 심층적인 학술연구(예: 고고학적, 역사학적, 인류학적, 생물학적 연구 등)가 필요하다는 것이다[16]. 이러한 학술연구가 바탕이 되지 않고는 어떠한 관광상품 개발도 경쟁력 차원에서 지속가능하지 못하다는 점을 명심해야 할 것이다.

셋째, 대부분의 한국적 테마파크 대상지에는 기존 주민이 거주하고 있으므로 시간이 걸리더라도 이들의 의견을 수렴하고 이해를 시키면서 장기적으로 끌어가는 것이 마땅하다는 점이다. 특히 크게 벌리면서 주민을 걸림돌로 생각하지 말고, 있는 그대로를 가지고 작게 벌리면서(구슬 꿰면서) 공감시켜 주민을 디딤돌로 생각하는 접근이 절대적으로 필요하다. 왜냐하면 이러한 세계적으로 각광받을 수 있는 자원주변에 살고 있는 주민들도 역시 크게 보아 관광자원이 될 수 있기 때문이다.

그러므로 남들이 알아주기도 전에 우리들 생각대로 대단한 자원이라 판단하여 관광 명소화를 서두르는 것은 결국 진정성의 왜곡과 난개발, 그리

16) 역사문화 유산의 품질관광은 심층적 학술 연구에 바탕을 둔 콘텐츠 개발에 의해서만 가능하다. 수원화성의 학술적 연구와 관련하여 경기대 부설 화성학 연구소가 사학, 건축학, 관광학 등 학제간 연구를 통해 그러한 역할을 할 수 있는 곳이었음에도 불구하고 2006년 몇 가지 사정으로 문을 닫게 된 것은 매우 유감이다.

고 투자 효율성 차원에서 매우 문제가 있는 일이다. 거듭 이야기 하지만, 한국적 명소를 세계가 알아주는 데는 시간이 좀 걸릴 수밖에 없으므로 일단은 깊이 연구하고 보존하면서 있는 모습 그대로를 활용하면서 기다리는 방법이 최선일 것이다.

6.2 적용사례: 세계유산, 수원화성 역사문화 관광도시 조성 기본방향[17)]

6.2.1 수원화성의 문화관광 자원가치

21세기 관광의 키워드는 문화관광이다. 문화관광이란 우리의 역사/전통문화, 창조문화, 그리고 생활문화를 우리나라에서만 체험 가능한 고품격 관광 상품으로 개발하여, 관광목적지로서 국제경쟁력을 제고할 수 있다는 시각이다.

그간 많은 사람들이 우리나라를 방문한 외국인에게 보여줄 것이 없다고 말하고 있었다. 그 이유 중 하나는 바로 우리문화에 대한 관심과 자부심이 부족하기 때문이다. 우리가 살아가고 있는 생활문화, 그리고 지금까지 살아 온 역사문화, 그리고 우리가 만들어낸 창조문화 등 모든 문화가 아마추어 관광차원에서 외국인에게 인기 있는 체험상품의 소재가 될 수 있다는 점을 간과한 것이다.

이러한 관점에서 유네스코 세계문화유산으로 등재되어 있는 수원의 화성은 외국인 방문객수가 전체방문객수의 10%를 차지하고 있을 정도로 용인민속촌에 못지않게 외국인 관광객이 선호할 만한 잠재력을 갖추고 있다

17) 필자는 UNESCO 세계문화유산위원회에 문화유산 부문 관련 등록, 보존, 복원과 관리에 관한 자문역할을 담당하는 ICOMOS(국제기념물유적협의회) 한국위원회 집행위원 중 유일한 관광 전문가이며 문화재 위원회 전문위원으로 활동하고 있다. 본 내용은 2005년부터 수원시와 주택공사가 공동 발주하여 한국문화관광정책연구원이 수행하는 '수원화성 역사문화 관광도시 조성 계획'의 전문가 워크숍에서 발표된 내용을 일부 발췌한 것이다. 수원화성 문화관광 자원화와 관련된 내용은 경기대 명소마케팅 연구실이 2005년 수행한 '화성 관광활성화를 위한 시설물 개선방안 연구'와 '화성관광객수 조사'에서 참고할 수 있다.

고 볼 수 있다. 특히 용인민속촌과는 달리 수원화성은 살아 숨 쉬는 도시로서 역사 문화적 특성을 잘 가꾸어만 간다면 우리문화가 세계적으로 알려지는 시점에서 한국의 전통문화와 현대문화가 조화된 역사문화도시로서 그 가치를 발휘할 수 있을 것이다. 다시 말해 우리의 역사전통문화, 생활문화, 창조문화를 한 번에 보여줄 수 있는 한국문화 종합전시/체험장이 될 수 있다.

수원 화성은 다른 관광자원과는 다음과 같은 측면에서 다르므로 미국 디즈니랜드에 대응하는 한국적 테마파크로 성장할 가능성이 있다.

첫째, 방한 외국인 관광객의 대부분이 수도권에 집중되고 있는 만큼 수원의 화성의 입지조건은 매우 양호하다고 볼 수 있다. 또한 한국 전통문화 상설 종합전시/체험장으로 포지셔닝 할 경우 콘텐츠 프로바이더(예: 무형문화재 등)의 공급여건도 수도권에 위치하므로 좋을 수밖에 없다. 서울의 코엑스, 고양시의 킨텍스, 그리고 부산시의 벡스코가 무역전시관 형태의 상품교역 전시를 위한 컨벤션 센터라면 수원화성은 문화교류를 위한 한국 전통문화 종합전시관이다.

둘째, 수원 화성은 성곽중심의 역사경관을 바탕으로 형성된 살아 숨쉬는 도시라는 점과 원행을묘정리의궤와 같은 풍부한 관광콘텐츠를 확보하고 있다는 점이 다른 성곽과 다른 점이라 할 수 있다.

셋째, 수원화성이 지니고 있는 효, 개혁, 실학이라는 역사적 의미, 영동시장을 비롯하여 화성을 둘러싸고 있는 수원시민의 생활현장, 그리고 방화수류정과 화홍문을 통해 반영되는 조선후기의 미학은 한국 역사/전통/생활/창조 문화의 종합전시장이라 할 수 있다.

넷째, 이러한 자원성을 바탕으로 궁중요리, 무용, 공예품, 전통복식 등 한국문화 예술상품의 세계화 가능성을 시험할 수 있는 장소이며 나아가 또 다른 한류를 창출할 수 있는 한국 문화상품 세계화의 전초기지가 될 수 있다.

다섯째, 수원 화성에는 정조대왕과 사도제자의 애달픈 스토리가 존재하므로 더욱 다양한 문화상품화가 가능하다.

여섯째, 세계적인 브랜드인 삼성전자가 인근에 위치하므로 이와 연계하여 한국을 대표하는 글로벌 브랜드의 개발이 가능하다. 이를 위해 기존 삼성전자의 IT 기술을 수원화성 관광과 접목시킬 수 있는 사이버 화성 체험관을 파트너쉽을 통해 화성 내에 건립할 필요가 있다.

그러므로 현재 수원시가 추진하고자 하는 역사문화 관광도시로서의 발돋움은 단지 수원시 차원의 노력이 아니라 국가적인 차원에서 경주되어야 할 필요성이 있다. 즉 수원 화성의 역사문화 관광도시 조성사업은 1) 한국 전통 문화의 보존과 계승을 위한 '살아있는 전통문화 종합전시장' 조성이라는 차원과 2) 1억명 중국인 아웃바운드 시대를 대비한 국가적 차원의 수도권 관광벨트 개발 시 앵커어트랙션의 기능을 담당할 수 있다는 점, 3) 한국 전통문화의 세계화를 위한 전초기지, 그리고 4) 행정복합도시 건설에 대응하는 수도권 지역경제 활성화 차원의 테마형 도심 재개발사업 관점에서 국책사업으로 시행할 필요성이 더해진다고 말할 수 있다.

수원시의 경제를 20세기에는 한일합섬과 삼성전자가 이끌어왔다면, 21세기에는 화성이 주도해 나갈 것이라 주장하고 있다. 이러한 관점에서 수원시는 유네스코 지정 세계문화유산인 화성을 관광 명소화 함으로써 문화관광 도시로서의 정체성을 확립하고 관광객 유치를 통해 지역경제 활성화에 기여하고자 노력하고 있다. 본고에서는 문화관광 자원으로서 화성의 문제점과 개선방향을 모색해 봄과 동시에 화성 복원을 통해 역사관광 도시로서 유인력을 증대시킬 수 있는 한국적 테마파크 개발 전략을 단계별로 제시하고자 한다.

6.2.2 역사문화 관광도시 조성의 필요조건

수원화성의 가치를 관광객이 먼저 알아보고 찾아오고 있다. 연간 100만

명 수준의 외지인들이 수원화성을 찾고 있으며 이 수치는 향후 더욱 증대하리라 판단된다. 이렇게 관광이 살아나고 있는 시점에서, 타 지역 사례에서 볼 수 있듯이 정말로 중요한 것은, 아무 생각 없이 대량관광 중심의 싸구려 관광으로 갈 것인가 아니면 노력을 통해서 품질관광을 바탕으로 수원화성의 브랜드 가치를 높여나갈 것인가에 대한 결정이 있어야 한다는 점이다.

이렇게 품질관광을 추진하기 위해서는 무엇보다도 주민들의 수원화성에 대한 가치인식이 필요하다. 그들이 먼저 귀중하게 생각해야 품질관광이 가능하다. 이러한 수원화성에 대한 지역주민의 자긍심 없이는 싸구려 관광만이 판을 치게 되고 결국에는 주민도 쫓겨나고 관광객도 외면하는 시점이 올 수도 있다. 주민이 자긍심을 가지고 공급자 위주의 배짱관광을 주도할 때 외지 관광객은 호기심에 존경심도 더하게 될 것이다.

주민들을 설득하고 인식을 개선하는 일 이것이 수원화성 역사문화 관광도시로 향한 첫걸음이 되어야 한다. 이를 위해서는 주민 교육도 선행되어야 하지만 주민들이 참여할 수 있는 주민 주도형 관광사업의 개발이 필요하다. 마치 농촌에서 주민들이 주도하여 상향식 농촌마을 종합개발사업을 추진하듯이 수원화성에서도 주민들이 주도하여 문화마을 가꾸기 사업을 시행할 필요가 있다. 이러한 사업을 통해 주민들이 피부로 느끼고 달라질 수 있다. 결국 주민들에게 살만한 가치가 있는 도시가 되어야 품질관광과 배짱관광이 가능하다.

여기서 또한 중요한 것은 이곳에 오래 살던 사람만이 주민이 아니라 새로이 이주해오는 이주민도 주민일 수 있다는 점이다. 새로운 이주민을 통해 도시의 활력을 불어넣을 수 있으며 또한 품질관광도 가능해 질 수 있다. 그러므로 어떻게 열정적인 이주민을 유치할 수 있는가도 역사문화 관광도시 조성의 중요한 과제라 할 수 있다.

그림 6-6-1 수원화성 역사문화 관광도시 필요조건

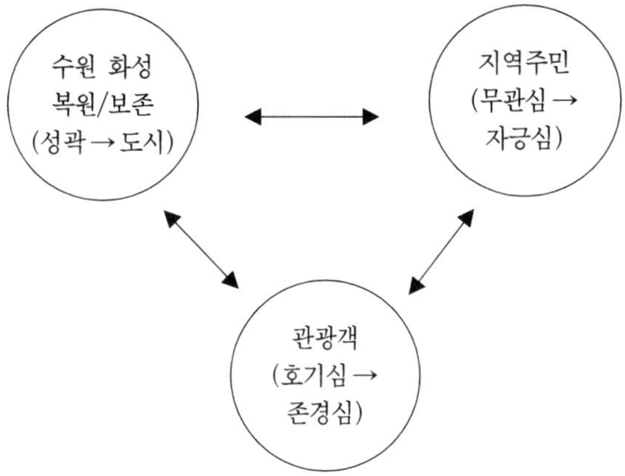

6.3 적용내용: 세계유산, 수원 화성 역사관광 도시 조성 기본방향

I. 표적시장 욕구분석

화성관광의 표적시장을 추구 편익의 차원에서 세분화한 후 관광객 유치 상 시사점을 파악하기로 한다.

1. 내국인 시장

- 내국인 방문객의 경우 어디에서 화성성곽에 접근하는 가에 따라 경험이 달라 질 수 있음(주차장이 방문경험에 중요한 요소임)
- 성곽과 행궁과의 동선연결이 분명치 않음
- 성곽도 보고 행궁도 보기에는 당일관광으로 시간이 부족할 수 있음
- 성곽 답사에 있어서 지루하고 재미가 없다고 생각되는 경우가 많음
- 화성 방문에 있어서 평균 체류시간이 2시간 이하이고, 1 인당 평균 지출 비용(객단가)이 7500원 수준임
- 화성 내 경관불량으로 인한 탈일상성 미흡
- 휴식, 놀이공간, 교육형 숙박시설의 부재
- 지역주민 피해의식 만연과 참여의지 결여

표 6-6-1 내국인 시장 욕구분석

	프로파일	추구편익	시사점
가족 동반자	수도권 주민 자가용 이용	교육적 목적 가족나들이 (먹거리, 살거리) 재미와 체험요구	각종 정보제공을 통해 객단가 증대와 재방문, 구전 유도
지역주민	수원시민, 도보	공원 이용과 볼거리	화성 관련 축제 참여 기회 제공과 공원기능 강화
수학여행객	초중고등 학생(학급단위)	재미와 체험 요구	수학여행 전문 해설가 양성과 프로그램 개발
특수목적 방문 (문화유산 답사)	그룹 단체	전문적인 해설 요구	주변 자원과 연계하여 체류시간 증대시킴

2. 외국인 시장

- 2005년도 화성방문객수 80여 만 명중 10% 가량이 외국인 방문객으로 타 관광지보다(평균 5% 수준) 더 많은 외국인 방문객 점유율을 보이고 있다.
- 단체방문객의 경우는 일본인 관광객이 대부분이다. 서울 종묘, 수원 화성, 부여를 연계하는 유네스코 지정 세계문화유산 답사 패키지여행으로 화성을 방문하고 있고, 체류시간은 30분 이내이며, 화홍문과 장안문 일대를 방문하고 있다. 이들 방문을 쇼핑과 식사와 연계할 필요가 있다.

표 6-6-2 외국인 시장 욕구분석

	프로파일	추구편익	시사점
단체 방문객	일본 관광객	이국적 경관과 주술적 체험에 관심	체류시간 30분정도. 먹거리/살거리와 연계 필요.
개별 방문객	주한 외국인 (가족동반)	한국문화의 체험	동적인 체험을 요구(자전거 등), 주변 자원과 연계
개별 방문객	미주, 구주, 일본 관광객	한국문화의 이해	살거리, 먹거리, 볼거리 등 다양한 정보제공에 의한 체류시간 증대

- 개별 외국인 방문객의 경우 민속촌과 연계하여 관광하는 경우가 대부분이다.

II. 한국적 테마파크로서의 컨셉 설정

1. 18세기 조선 후기 모습으로 살아가는(슬로우 시티 운동을 실천하는) 사람들의 역사문화 도시

한국 전통 스타일의 웰빙 생활양식을 추구하는 사람들이 개성 있게 살아가는 슬로우 시티인 동시에 한국의 전통문화를 대표하는 역사문화 도시

2. 미국의 디즈니 월드에 비교되는, 백년계획으로 추진되는 한국적 테마파크(살아 숨쉬는 한국 역사문화 종합 체험장)

내국인은 물론 외국인 관광객들이 즐겨 찾는 테마파크로서 '정조대왕과 효', '실학의 세계화 장소', '18세기 화성과 21세기 수원의 만남', '조선후기의 미학' 등으로 대주제를 설정하고, 소주제로는 정조대왕, 효, 신도시, 실학, 성 밟기(기복요소), 역사경관, 성곽순례(건강증진), 궁중요리, 전통무술, 전통놀이, 전통예술 등을 선정하여 공간을 백년계획을 가지고 연차적으로 조성해 나감으로써 세계적인 관광명소로 발전시킴

III. 명소마케팅 전략

1. 성곽주변 공간에 토지이용 상 연계성과 차별성 부여 전략

- 화성 자체가 '살아 숨쉬는 테마파크'이다. 미국 플로리다의 디즈니 월드가 미래의 나라, 환상의 나라, 개척의 나라 등으로 주제가 구별되나 서로 연계성을 가지고 있듯이 화성과 관련된 공간도 '효', '실학사상', '과거와 현대의 만남', '정조대왕', '전통문화' 등을 주제로 하여 연계되어야 할 것이다. 테마파크로서 가장 중요한 기능은 연속된 경험의 제공이다. 화성 5.7km를 이동하면서 갖가지 차별화된 체험과 재미를 제공함으로써 체류시간을 기존의 놀이공원 수준으로 향상시킬 수 있다.
- 사례: 뒤주 들어가 보기, 거중기 작동하기, 봉화 올려보기 등

2. 세분 시장별 차별화 마케팅 필요: 차별화 된 루트 개발

- 수원시민과 방문자는 화성을 통해 추구하는 편익이 다르다. 즉 수원시민의 편익은 생활의 질 향상, 자긍심함양, 관광 진흥에 의한 지역경제 활성화 등이다. 그러므로 수원시민에게 화성은 공원기능을 갖게 될 것이며, 방문자에게 화성은 볼거리, 체험거리가 될 것이다.
- 방문자 중에서도 외국인 방문자와 내국인 방문자는 추구편익이 다르다고 볼 수 있다. 외국인 방문자의 경우는 주로 1시간 이내 체류 가능한 패키지 관광객(대부분 일본인 중심)이며, 대부분 동수원 인터체인지를 통해 접근하며 점심식사와 화성 산책 등을 목적으로 방문 한다
- 현재 외국인 개별방문자수(주로 미주, 구주인)는 소수이나 점차 증가할 것으로 예상되며 개별 방문자의 경우에는 내국인 방문자와 같은 동선을 보일 것으로 예상된다.
- 단시간 체류 외국인 패키지관광객을 위해 창룡문에서 시작하여 화홍문을 거쳐 장안문까지 도보로 이동하며, 도보 이동 중 인근 식당에서 수원 갈비로 점심식사도 가능할 것이다. 이후 장안공원에서 대기 중인 버스를 타고 다음 경유지로 이동하게 된다. 경유관광 차원에서 화성을 들르기 때문에 시간상 행궁까지 방문하는 것에는 부담을 느낄 수 있다고 판단된다.
- 화성행궁은 위치 상 화성과 같은 동선 축 상에 있지 못하므로 화성과 연계하여 관광하기에는 어려운 점이 있다. 그러므로 화성의 동선 축 상에서 바로 연계될 수 있도록 서장대에서 행궁과 연계되는 새로운 보행동선의 개발이 요구된다. 이러한 보행동선 주변으로 현대식 문화공간이 형성된다면 18세기 화성과 21세기 수원이 만나는 명소가 형성될 수 있을 것이다. 또한 서장대와 행궁을 잇는 보행동선 개발로 화성을 찾는 방문객 답사루트의 다양화(단시간 체류 패키지 관광객을 위한 또다른 코스가능)는 물론 화성 내에서의 방문객 일인당 소비지출도 증대될 수밖에 없을 것이다.
- 화성 전체를 둘러보기 위해서는 적어도 3시간 이상 체류하여야 하며, 어느 곳에서 시작하도록 유도하는가가 방문경험 형성에 매우 중요한 영향

을 미친다. 한편 화성을 일부만 보기 원하는 사람은 주차장 등 접근 방향에 따라 다양한 경험을 맛볼 수 있다. 그러므로 방문목적과 방문형태에 따라 주차장 이용을 차별화 할 필요가 있다. 단시간 체류 외국인 패키지 관광객의 경우는 창룡문 주차 - 이동 - 장안공원 주차장을 이용하거나 서장대 주차 - 이동 - 화성행궁 주차장을 이용하게 된다. 한편, 3시간 이상 체류의 관광객은 창룡문 부근의 주차장에 주차하도록 유도하여 동장대부터 시작하는 5.7km 성곽순례를 가능하도록 하는 것이 긍정적 관광경험 형성에 유리하다. 그러나 단시간 체류 내국인 관광객은 공공 주차장 별로 별도의 관광루트를 만들어 홍보함이 타당하다고 사료된다.

- 화성축성의 실리적인 면, 즉 신도시 건설을 설명하는 노력이 요구된다. 만석거와 서호 등 저수지 축조와 전방 개설 등의 노력 등 실학사상에 근거한 신도시 건설 개념을 현대적으로 멀티미디어에 의해 표현할 별도의 전시공간이 요구된다(비지터 센터에 포함가능).

3. 팔달문 옆 성곽 복원 방향

- 문화재 복원자원에서 팔달문 옆 성곽 복원은 원칙적으로 필요하다. 그러나 부지매입 등 대규모 투자가 요구되므로 오히려 수원성곽의 단절을 현재의 영동시장을 통해 화성방문객이 수원시 도시문화와 접할 수 있는 장소가 되도록 한다면 화성 방문에 있어서 새로운 관광명소가 될 수 있을 것이다.

다시 말해서 남포루에서 내려와 팔달문을 돌면서 주변 식당에서 식사를 할 수 있고, 영동시장에서 쇼핑도 할 수 있다. 그러나 성곽이 완전히 복원될 경우 수원시 문화와 접할 기회 없이 주차장으로 돌아와 화성만 보고 집으로 돌아갈 확률이 높다고 보여진다. 성곽의 단절은 적극적인 마케팅 노력에 의해 오히려 영동시장을 관광자원화 하는데 기여할 수 있으며, 일 년에 한번 가칭 '인간 띠로서 화성 잇기' 행사나 레이저빔을 통해 화성 잇기 행사를 한다면 야간관광을 통해 화성을 적극적으로 홍보하는 계기가 될 뿐만 아니라 영동시장의 매출증가에도 기여할 수 있을 것이다.

4. 화성내 전통양식의 숙박시설 개발

- 외국인 관광객은 물론 수학 여행객을 위한 적정규모의 전통 건축양식과 전통 서비스로 차별화 된 숙박시설을 건립함으로써 효 체험센터로 활용하고 방문객의 체류시간을 연장시킨다. 새로이 숙박시설을 건설하는 방안도 있겠지만, 기존의 이아를 외양은 전통식으로 그리고 내부는 현대식으로 복원하여 숙박시설로 활용하는 복합시장 전략도 가능하다.

5. 비지터 센터(Visitor Center)

- 내국인과 개별 방문자를 위주로 일차적으로 행궁주변에 설치되는 것이 바람직하다. 비지터 센터에는 종합교육장과 더불어 수원 특산품 판매점도 포함하는 것이 편의성 제고 차원에서 타당하다. 궁극적으로 비지터 센터는 현재 계획 중인 화성박물관에 포함되는 것이 행궁과 박물관, 그리고 성곽을 연계하는 동선 다양화 차원에서 마땅하다.

6. 화성의 오픈 뮤지엄 화

- 현재 계획 중인 화성박물관은 상기한 바와 같이 비지터 센터 기능을 담당하면서 화성관련 유물, 유적의 보존/연구를 통해 한눈에 화성의 역사/문화와 구조를 파악할 수 있는 전시관의 역할을 담당할 수 있다. 그러나 보는 관광에서 체험관광으로 관광행태가 변화됨으로써 이후에는 실내에서 보고 배우는 박물관이 아닌 현장에서 체험하고 느끼는 오픈 뮤지엄으로 발전되지 않을 수 없을 것이다.

  즉 화성 박물관내 성곽전시실은 팔달문 주변의 성곽이 훼손된 현장을 전시관으로 바꿈으로써 대체될 수 있으며, 박물관내 장용영 관련 전시실은 화성 내 복원된 실제 장용영으로 대체될 수박에 없을 것이다. 그러므로 현재 계획된 화성박물관 기능은 향후 10여 년 동안만 기존의 개념으로 활용될 수 있을 것이므로 지금부터 이후의 사용을 고려한 화성 박물관 기본계획의 수립이 요구된다.

7. 성곽 내 소규모 박물관 거리 조성

- 화성내부에 조선후기의 모습을 보여주는 각종 소규모 박물관을 유치, 박물관 거리를 조성한다(예: 미국 워싱턴디씨의 박물관 거리).

8. 수원천 정비를 통한 남-북 동선의 개발

- 화성의 관광객의 주요 관광 행태는 크게 두 가지로 나타나는데 첫째는 화성이 세계문화유산이라는 것이 흡인요인(Pulling Factor)이 되어 화성을 문화유산탐방의 목적으로 찾아오는 목적형 관광객이며, 두 번째는 자신의 일상으로부터 벗어나고자 하는 동기가 관광을 하게 만드는 압출요인(Pushing Factor)이 되어 놀이와 휴식을 목적으로 찾아오는 탈출형 관광객이다.

현재, 화성의 정비는 단계적으로 이루어지고 있는데 이때 목적형 관광집단과 탈출형 관광집단이 추구하는 편익은 보편적인 공통적인 부분과 두 집단간에 유의한 차이를 나타내는 부분으로 나누어진다. 따라서 두 집단이 추구하는 편익에는 차이가 있으며 그 편익을 추구하는 집단별로 나누어 분석하여 두 집단모두 만족시킬 수 있는 방안을 강구해야 하며 이때 예산 및 진행의 어려움 정도를 고려하여 우선순위를 정할 수 있다.

수원천변은 화성 지구단위구역 안에서도 팔달로를 중심으로 발달한 중심부에 비해 개발 정도가 낙후되었으며 그것은 새로 개발하는 좋은 조건이 된다. 바로 이 수원천변을 탈출형 관광집단을 위한 수변공간으로 정비하는 것이 개발 우선순위에 있어서도 비교적 선행되어야 하는 개발이며 수원천 정비를 통해 남-북 동선을 연결하는 중요한 동선을 연결하게 된다. 이렇게 생겨나는 수원천을 통한 남-북 동선은 북쪽의 화홍문, 방화수류정과 남쪽의 영동, 지동시장을 연결할 뿐만 아니라 화성 전체를 관광하는 루트를 다양화시켜 체류시간 증대 및 방문목적에 따른 관광행태 다양화에 기여해 만족도를 높일 것이다.

그림 6-6-2 수원화성 동선 제안

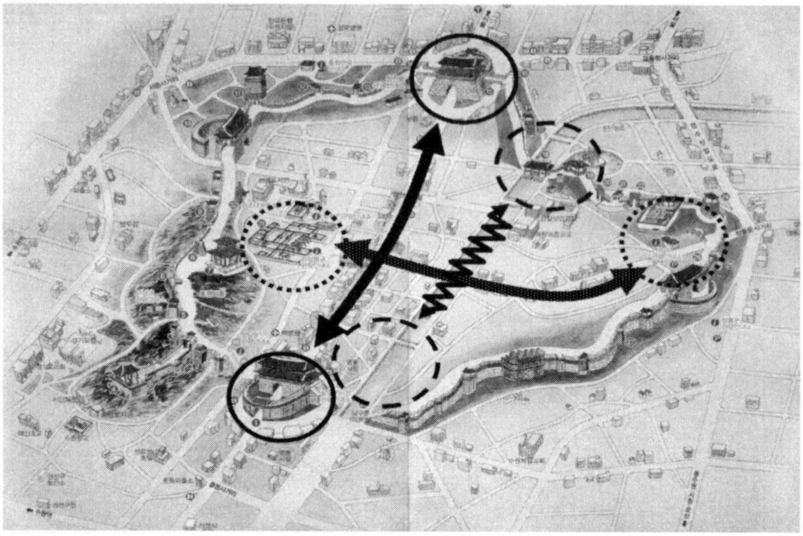

- 동선의 연결을 제안하는 배경은 앞에서 제시 했듯이 화성을 방문하는 방문자들의 최초 방문지와 이동경로 그리고 탐방 목적의 분류에 의한 것이다. 위 그림과 같이 동선을 기존의 동선에 추가적으로 남-북 동선을 연결하는 장안문 - 팔달문 축과 화홍문 - 방화수류정 축으로 개발하는 것을 제안하며 동-서 축인 화성행궁과 연무대 축의 개발을 제안한다. 이때 장안문 - 팔달문 축은 기존의 상가 발달 지역으로 개발에 오랜 시간과 비용이 들것으로 예상된다. 반면 수원천 주변 정비는 바로 빨리 이루어 질 수 있다. 수원천 주변 정비를 통해 이동루트를 다양화 할 수 있고 화성 전체로 방문자가 확산될 수 있는 가능성을 부여 할 수 있다.

수원천 남-북동선 연결은 먼저 수원천 주변을 정비하는 것과 화홍문-영동, 지동 시장을 연결하는 이동수단으로 대변 될 수 있다. 수원천 주변을 접근성이 높으며 쉴만한 공간으로 바꾸고, 마차, 인력거, 자전거 등의 이동수단을 도입한다면 화성 전체 관광 활성화에 기여하게 되는 것을 기대해 볼 수 있다.

9. 화성 문화제

- 화성 문화제의 능행차연시에 외국인이 참여할 수 있도록 하는 상품개발이 필요하다. 외국인 관광객의 경우 참여가 어렵다면 주한 외국인들을 대상으로 사전 홍보할 필요가 있다.
- 능행차연시 중 일부가 상시 화성성곽 주변에 연출될 수 있는 노력이 요구된다. (예: 전통 가로에 능행차연시 벽화 등).
- 화성의 아름다움을 배경으로 현대와 과거가 만나는 문화행사를 강화할 필요성이 있다(예: 중국 천안문의 투란도트 공연과 같이 열린 음악회나 패션쇼 등).
- 수원 화성문화제를 4월과 10월로 분할하여 4월에는 궁중문화제를 그리고 10월에는 화성문화제로 차별화 할 필요가 있다.

10. 정조대왕 캐릭터 개발

- 수원화성 이미지의 주요소인 정조대왕을 캐릭터로 개발하여 정조대왕의 부모 사랑(효)을 구체화시킨다면 보다 적극적인, 수원화성과 연계된, 재미있는 효 체험이 가능할 것이다.
- 효문화 유산을 소재로 한 상품개발에 있어서 유의해야 될 점은 재미가 결여될 수 있다는 것이다. 그러므로 각종 프로그램의 개발 시 edutainment의 요소를 반드시 고려해야 할 것이다. 정조대왕의 효를 소재로 한 오페라나 컴퓨터 게임 개발도 가능하다.

11. 왕실 조리학교 설립

- 화성의 브랜드 이미지를 활용하여 '시립 왕실조리학교'를 기존대학과 파트너 쉽으로 설립하고 정조대왕을 소재로 한 조선시대 궁중요리와 궁중음식을 대중화, 세계화시키는 노력이 필요하다. 제안된 왕실조리학교 내에는 실습시설로서 궁중요리 체험관이 설치되어야 할 것이다. 만일 기존의 별주를 복원할 경우 내부는 현대화하여 왕실요리 체험관으로 사용할 수 있다(복합시장 개념).

12. 화성행궁의 전통문화 체험장화를 통한 문화상품 전시장 기능 담당

- 화성행궁을 전통문화의 체험장화 함으로써 체류시간을 증대하고 재미를 유발할 수 있을 것이다. 전통문화의 체험장화에 있어서 스폰서 쉽을 활용함으로써(예: 성곽쌓기와 레고/전통한과 시식과 한과 업체) 문화상품의 전시장 기능을 담당할 수 있다.

13. 화성을 경기도내 타 실학관련 문화유산과 연계한 실학 관광벨트의 터미널 포인트 차원에서 접근할 수 있다.

그림 6-6-3 실학 관광벨트 조성 개념도

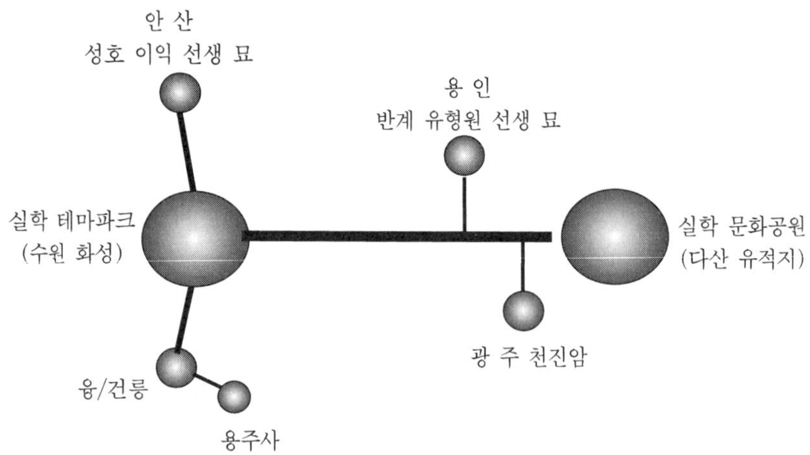

IV. 기타 전략

1. 수원 화성 웹사이트의 실질적 '세계유산 관광 정보화 포털' 기능 담당

- 국내 소재 세계 유산 관련 홈페이지가 링크되면서 독자적인 문화관광 심층정보를 제공하는 세계유산 관광 정보화 포털의 구축을 선도함. 이를 통해 문화관광의 대표적 허브 포털로 육성(사례: 2003년 해양수산부 해양관광 정보화 포털 구축 사업)
- 방문자 유형별(가족동반, 단체, 연인 및 친구 등)에 따라 맞춤형 정보(먹거리, 볼거리, 살거리, 놀거리 등) 제공

- 정보탐색, 예약, 구매가 한 번에 가능한 원스톱 서비스 제공
- 포털을 통한 예약관리로 성수기 혼잡 해소 및 비수기 이용 증진 가능
- 세계 유산 해설가를 콘텐츠 프로바이더로 활용함으로써 포털의 활력 부여
- 인터넷을 통한 방문자 사전교육에 의해 이해력 증진과 개별 방문 코스상담
- 인근 관광자원과 관련된 각종 체험관광 프로그램 소개
- 각종 통계자료 및 방문자 실태조사 자료 공개

2. 슬로우 시티 운동 전개

- 선진국의 경우 인구 5만 이하의 역사유적 도시는 과거의 환경을 그대로 보존하면서 느리게 살기 운동을 전개하고 있다. 우리나라의 경우도 수원 화성과 고창군은 슬로우 시티 운동을 전개하기에 적합한 여건을 가지고 있다.
- 슬로우 시티가 되기 위한 조건은 문화유산 지키기, 차량 통행 제한, 자전거길 만들기, 나무심기, 경적 등 소음 줄이기, 글로벌 브랜드의 대형 할인점 거부, 패스트푸드/ 유전자 변형 음식 거부, 대체 에너지 개발, 전통 수공업, 조리법 장려 등을 포함하고 있다.
- 수원 화성을 슬로우 시티 운동의 본거지로 삼아 100년을 계획하여 추진할 경우 또다른 관광명소로 차별화 될 수 있을 뿐만 아니라 살아있는 화성으로 거듭날 수 있을 것이다.

3. 제1회 세계유산 해설가 대회 개최

화성해설가를 모델로 하여 현재의 '문화유산 해설사' 제도가 만들어 졌으며 이러한 노력이 한국관광 선진화에 크게 기여한 바 있다. 이러한 전통을 근거로 유네스코 지정 세계유산의 해설과 안내를 맞고 있는 요원들을 초청하여 제1회 세계유산 해설가 대회를 개최한다면 해설기법의 질적 향상은 물론 화성홍보와 수원시 세계화에 크게 기여할 수 있을 것이다. 또한 이들에 의한 컨벤션 관광활성화는 수원시 국제관광 마인드 제고에 큰 도움을 줄 것으로 생각된다.

4. 화성관련 국제기구 또는 국제 네트워크의 수원 유치노력

수원시의 세계화를 위해 무엇보다도 필요한 것은 수원시의 대표적 이미지와 관련된 국제기구의 수원시 유치이다. 만일 수원시 화성 내에 현재 중국이 추진하고 있는 세계유산 관리요원의 훈련 및 교육을 담당할 World Heritage Education Center를 유치할 수 있었다면 얼마나 수원시 세계화와 화성 홍보에 기여할 수 있었을 것인가?

지금이라도 문화재청과 협의하여 1차적으로 국내 세계유산 관리 요원의 교육과 훈련을 위한 국내 세계문화유산 교육센터를 세계유산의 지정과 관련하여 자문역할을 담당하는 세계적 비정부기구 ICOMOS(국제기념물 유적협의회) 한국위원회와 파트너 쉽으로 유치하는 것이 필요하다. 이러한 국내 세계유산 교육센터는 점차 문화관광에 교육과 훈련을 집중함으로써 중국과 차별화된 국제기구로 발전할 수 있을 것이다. 또는 세계유산 해설가 대회를 개최한 후 세계유산 해설가 협의회를 조직하고 그 본부를 수원에 둘 수 있도록 노력할 필요가 있다.

5. 화성 방문객 통계 작성 기법 개발과 방문객 실태조사 시행

화성의 과학적이고 체계적인 관리를 위해 방문객 통계작성 기법 개발 연구가 요구된다. 또한 최대 2년 주기로 방문객 불편사항과 만족여부 등을 조사하여 방문객 관리에 반영하기 위한 화성 방문객 실태조사를 시행하여야 한다. 이를 통해 체계적인 방문자 관리와 시설물 운영계획이 수립되어야 할 것이다.

V. 제언

수원 화성은 온 국민이 두고두고 자긍심을 가질 수 있는 세계적인 관광자원이며 살아있는 유기체이다. 그러므로 어느 한 시점에서, 어느 한 집단의 관점에서, 어느 하나의 목적을 위해 수원 화성의 보존과 활용을 논하는 것은 매우 조심스러울 수밖에 없다. 그러나 모든 결정을 유보할 수는 없으며 현재의 시점에서 우리가 잘 할 수 있는 일만을 선택하며 과감히 후배들을 위해 잘 할 수 없는 일을 남겨두는 결정이야 말로 가장 중요한 수원화성의 지속가능한 발전전략이다. 또한 관광객도 중요하지만 지역주민을 우선으로 생각하는 접근과 화성의 문화 경관을 전적으로 18세기 후반으로 회귀시키기 보다는 과거와 현재가 조화롭게 조화되도록 유도하여 새로운 전통문화를 창조하는 것도 지속가능한 발전전략이다.

주민을 먼저 생각하고 잘 할 수 있는 일만 골라하다 보면 화성 성역화 사업에 상당한 시간이 소요될 수밖에 없다. 시간이 경과에 따라 우리의 가치와 비전이 달라질 수 있으며 그러한 변화가 화성보존과 활용에 반영되도록 하는 것이 지속가능한 발전이다.

수원화성의 관광진흥에 있어서도 지속가능한 발전은 바로 있는 자원을 구슬 꿰듯이 엮어내는 소프트웨어 위주의 관광개발로 실현될 수 있다. 본 제안은 이러한 차원에서 기존 시설물을 최대한 활용하면서 궁극적으로 역사문화관광도시 조성을 꾀할 수 있는 방안을 다음과 같이 제안할 수 있다.

1. 수원천 중심 나들이형 동선축 개발

수원화성 방문객의 주요 관광루트는 성곽순례와 화성열차 탑승으로 대별될 수 있다. 그러나 화성박물관 건립을 통해 화성행궁과 연무대 동선축이 형성됨으로써 관광루트가 다양화될 수 있으며 이에 따라 체류시간도 증대될 수 있을 것이다. 이러한 답사형 관광을 위한 동선축 이외에 화홍문과 영동시장을 수원천으로 연결하는 나들이형(휴식놀이형) 동선축이 개발된다면 상호 보완적으로 다양한 형태의 관광루트가 형성될 수 있어 관광객의 만족도 제고에 기여할 수 있을 것이다. 수원천을 축으로 한 나들이형 동선축은 장안문과 팔달문 동선축보다 재정비에 수월할 수 있으며 수변경관의 정비에 따라 녹지축이 형성된다면 역사경관을 보완할 수 있는 자연경관을 확보할 수 있게 될 것이다. 한편 수원천의 정비는 휴식/놀이 공간의 제공 이외에 인근 지역에 활력을 불어넣을 수 있는 선도사업의 기능도 갖게 될 것이다. 이를 통해 수원화성은 성곽관광에서 성내관광으로 변모될 수 있을 것이다.

현재 화성의 관광은 성곽 위주의 관광이며 평균적으로 2시간 정도의 체류시간을 보이고 있다. 이렇게 체류시간이 짧은 이유는 화성에 대한 정보제공이 미흡하다는 것과 성곽이 어느 곳이나 다 비슷할 것이라는 짐작에 의해 한쪽만 보고 화성을 이탈하기 때문이다. 이러한 문제점을 보완하기 위해 크게 두 가지 개선이 요구되는데 그중에 하나는 서로 다른 장소의 체험활동이나 경관을 연무대에 설치될 방문자 센터 또는 행궁 앞 광장에서 볼 수 있도록 멀티비전을 통해 호기심을 유발함으로써 가고자 하는 욕구를 일으켜야 하는 것이다.

또 하나는, 화성열차의 동선을 연장해야 한다. 기존의 연무대 관광객은 화성열차를 타고 성곽위주의 관광으로 끝나는 경우가 있다. 화성열차의 동선을 창룡길을 따라 행궁 쪽으로 유도함으로써 화성 전체 동선을 동-서로 원활하게 연결될 수 있도록 유도한다.

2. 벌통형 방식 적용한 관광단지 개발

화성관광의 거점으로서 관광단지 개발은 단기적 차원과 장기적 차원에서 구분되어 고려되어야 할 것이다. 화성방문객의 급증에 따라 화성 내 기존 상가를 중심으로 주변에 주차장을 조성하여 거점화시킴으로써 정비를 유도하는 전략을 강구해야 할 것이다. 한편, 화성 내 재개발이 확산된 시점에서 화성방문객을 성곽 밖의 거점(인위적 벌통)으로 유도하여 주차시키고 셔틀버스나 관광교통 수단에 의해 화성내로 진입시키는 벌통형 개발 전략의 적용도 장기적이 차원에서 시도되어야 할 것이다.

3. 관광콘텐츠 개발을 위한 연구 필요

현재 화성은 지구단위 계획 하에 복원과 재개발이 활발히 이루어지고 있다. 그러나 과거로의 복원도 중요하지만 그동안 흘러온 시간속에서 현재 살아있는 화성의 모습 가운데 관광콘텐츠로서 화성의 가치를 가지고 있는 것들이 있다. 화성에 산재되어 있는 이러한 관광콘텐츠 발굴을 위해 연구조사 및 관광 상품 개발이 요구된다. 이때는 문화 인류학자, 사회학자, 관광학자 등이 함께 공동 조사팀을 만들어 가치 있는 문화를 발견 보존시킴으로써 훌륭한 관광자원이 되도록 해야 한다.

현재 회성 안에는 오랜 시간을 통해 자연스럽게 명소가 된 장소나, 상점이 있을 수 있고, 지역주민에게는 잘 알려진 명인이 있을 수 있다. 특히 현재 장안문 안쪽에는 매우 많은 점집들이 있는데 그것도 필시 그렇게 된 이유가 있을 것이다.

관광을 하는 이유는 물론 여러 가지가 있지만 서로 다른 문화를 체험해보고 알고자하는 욕구는 관광객들이 관광을 통해 얻고자 하는 매우 큰 요소이다. 그러한 만족의 소구를 위해 문화적 요소를 가진 콘텐츠 확보를 위한 연구가 요구된다.

4. 거점 개발방식과 분산 개발방식의 병행

1) 화성 내 주차장 위주의 개발

현재 추진되고 있는 화성의 개발방식은 거점개발방식으로써 특정지역을 중심으로 대규모 개발을 하는 것을 기본으로 하고 있다. 그러나 이 개발방식의 경우 시간과 예산이 많이 소요되므로 당장 2005년 7월부터 유료화를 계획하고 있는 수원화성의 관광실정에 비해 늦어지는 감이 있다. 이를 보완하기 위해 소규모 거점을 중심으로 수개소의 다양한 소규모 거점을 산발적으로 개발을 하는 방식을 검토해 볼 필요가 있다. 이 방식은 먼저 소규모이므로 시행이 용이하며, 다양한 공간 구성을 가지므로 동선을 연장시킴으로써 체류시간증대를 가져올 수 있으며, 성곽 위주의 관광을 화성내 관광으로 유도할 수 있다. 뿐만 아니라, 소규모로 각 지점이 가진 자원성을 활용하여 관광콘텐츠 개발과 관광상품 개발에도 도움을 줄 수 있다. 이러한 분산 개발방식의 분산 중심은 주차장, 관광자원, 유명한 상점, 한옥 등을 들 수 있다.

2) 전통 한옥의 활용과 한옥 주변 개발

위에 제시한 소규모 거점 개발방식의 일환으로 현재 화성 내 보존 가치가 있는 한옥의 활용을 들 수 있다. 현재 화성에는 14동 정도의 전통 한옥이 있으며 이중 4채 정도가 밀집되어 있다. 이러한 전통 한옥을 이용하여 화성 내 관광 활성화에 기여 할 수 있다. 이러한 한옥이 바로 소규모 관광거점이 되어 이 한옥 주변부터 개발하는 것이다. 한옥은 우리나라 전통 문화를 보여줄 수 있는 건축물로 이러한 문화를 잘 모르는 아이들을 위한 체험과 교육이 있는 공간으로 구성하거나 또는 외국인이 한국의 문화를 체험해보고 배우는 공간으로 구성되어도 좋다. 한국 전통 음식을 맛 볼 수 있는 공간의 조성 또는 한국의 의복, 생활문화에 대해 배우는 공간이 될 수 있으며 효와 예절을 배우는 공간으로도 활용될 수 있을 것이다.

3) 기존 학교 부지의 이전과 활용

화성 성곽안의 학교를 이전하고 이 부지를 활용하여 역사관광도시의 기반을 조성할 수 있도록 하는 전략이 요구된다. 그러나 일부 학교부지의 미복원 시설 복원이 우선되어야 함은 물론이다.

4) 주민참여 활성화를 위한 주민 주도형 관광사업 개발

화성성역화 사업을 통해 지역주민에게로 보다 많은 관광수입이 돌아 갈 수 있도록 하기 위해서는 일단, 지역주민의 화성관광 사업에 대한 이해증진을 위한 교육 프로그램 등 지역민 역량강화 사업의 개발이 필요하다. 다음으로 이들을 관광사업에 적극적으로 참여시키기 위한 선도사업의 시행과 이를 위한 주민사업지구의 선정이 요구된다. 지역주민의 협조 없이는 수원화성 역사관광 도시 조성은 지체될 수밖에 없다. 이와 함께 수원화성 내에서 특별하게 살고 싶어 하는 의욕 있는 이주민 유치노력도 경주해야 할 것이다.

결론적으로 말해서, 수원화성의 역사문화 관광도시 조성사업은 이제 수원시 사업이 아니라 국책사업에 의해 주요시설 복원과 인프라 정비, 앵커 관광시설 조성 등이 연차적으로 추진되어야 한다. 또한 이와 병행하여 현재의 상태를 있는 그대로 구슬 꿰듯이 엮어, 알아주는 사람에게 걸어주는 시장침투형 관광사업도 착실히 추진해야 만이, 가시적 효과를 통해 지역주민의 참여와 이해를 증진할 수 있을 뿐만 아니라, 이주민 유치도 가능할 것이며, 관광시장 창출 가속화에도 크게 기여할 수 있을 것이다[18).

18) 수원 화성은 1963년 사적 제3호로 지정된 이후에 시비 2463억, 도비 478억, 그리고 국비 143억을 포함한 총 3084억의 투자로 복원되고 있다. 그러나 국가재산임에도 불구하고, 국비는 매년 5억 정도에 불과하여 수원시는 복원과 보존 사업에 상당한 부담을 느끼고 있다. 이에 따라 수원 시 국회의원을 중심으로 수원화성 복원을 국책사업으로 추진하기 위한 특별법 제정을 추진하고 있으며 그 결과 지난 2005년 11월 18일 국회 문화관광 위원회에서 수원시 심재덕 의원과 남경필 의원이 각각 발의한 화성복원 관련 2개 법률안에 대해 공청회를 개최한 바 있다.
수원화성의 복원과 보존 사업이 수원시 차원에서 국가적 차원으로 조명 받게 될 만큼 가치가 큼에도 불구하고 지금까지 이러한 화성성역화 사업이 과연 누구를 위한 사업인가에 대한 고민은 절실하지 않았던 것으로 생각된다. 화성성역화 사업의 목표는 화성의 원형복원과 보존이 직접적 목표이지만 이를 활용한 품질관광 진흥이 간접적인 목표라 할 수 있다. 즉 화성성역화

7. 타임 쉐어링 개발전략: 국민관광 활성화를 위한 필수조건

7.1 개요

관광사업으로서 콘도미니엄업은 지금까지 우리나라 관광지 개발의 중요한 투자재원 조달 수단으로 각광을 받아 왔으며, 국민관광 활성화 차원에서도 관광인프라 하나로 인정받고 있다. 그러나 우리 국민의 단기 체류형, 특정시기 집중형 관광행태에 비추어 볼 때 1구좌 당 30일 이내 사용의 일반적인 콘도미니엄 분양상품은 이용자 입장에서 매우 불합리한 형태라고 보여 진다. 물론 공급자 입장에서 볼 때 상대적으로 적은 사람을 대상으로 분양금액을 회수할 수 있어 관리 비용이 적게 들므로 유리할 수 있다.

그러나 30일 이내 사용을 담보로 콘도를 분양받고도 성수기에 추첨을 통해서만이 겨우 이용권을 확보할 수 있으며, 때로는 회원보다 일반 이용자가 성수기에 더 쉽게 예약할 수 있다는 이야기가 흘러나오기도 한다. 한

사업이 국책사업으로서 논의 될 만큼 국가적 관광자원으로서 가치는 크지만 그렇다고 과연 이 사업이 오래전부터 살아오고 있는 성내 주민들의 삶의 터전을 단순히 철거와 보상대상으로서만 간주하고 강행할 만큼 본질적이고 시급한 일인가에 대한 논의는 절실히 필요하다.

화성성역화 사업은 동북아 관광시대에 대비한 국가적인 관광인프라 확충차원에서 필요하다. 그러나 그러한 필요성도 성내·외에 거주하는 주민의 의사와 요구를 수용하지 않고 기존의 도시개발 방식같이 하향식으로 밀어 붙여서는 안 되는 이유가 있다. 그 이유는 수원화성이 용인민속촌과는 다른 살아있는 역사문화도시이기 때문이다. 수원화성의 관광자원으로서의 가치는 성곽과 정조관련 스토리, 그리고 각종행사와 관련한 문화콘텐츠 이외에 이러한 문화유산을 삶속에 담아 현재 살아가고 있는 주민들이 있기 때문이다.

주민은 역사와 문화, 그리고 정조의 테마를 하나로 묶어 또다른 형태의 문화로 만드는 장본인이다. 주민이 없이 관광객들만이 만들어 내는 민속촌은 역사문화도시가 아니다. 외국인 관광객은 물론 국내 관광객들의 수원화성에 대한 감동은 수원화성의 역사문화 콘텐츠뿐만 아니라 이곳에 거주하는 주민의 자긍심이 있어야 가능하다. 주민의 자긍심이 뒷받침 되지 않는 수요자중심의 싸구려 관광은 결국 주민을 쫓아내고, 관광객마저도 외면하게 만드는 원인이 되기 때문이다. 즉 역사문화 도시로서 지속가능한 화성 관광 진흥을 위해서는 주민 그 중에서도 오래전부터 살아왔던 원주민이 필요하다. 기존의 주민들을 모두 새로운 이주민으로 바꾸고 마는 현재의 도시개발사업 방식으로는 진정한 화성 역사문화 관광도시 조성사업은 성공할 수 없다.

편, 실제로 30일을 모두 이용하는 사람들은 많지 않고 다 이용하지 못했을 경우 잔존 이용권에 대한 활용도 보장받지 못하는 경우가 많다. 또한 콘도미니엄 업체 간 제휴화로 인하여 특정 콘도미니엄 회원권 하나로 국내・외 체인콘도미니엄 이용이 가능하여 기존 회원들은 자신이 구입한 콘도미니엄 자체의 이용 권리를 침해받고 있는 실정이다.

이러한 이용자 차원의 콘도미니엄 분양 상 문제점은 차치하고라도 국민관광 활성화 차원에서 대부분의 국민들이 이용하기를 원하며 또한 소유하고 싶어 하는 콘도미니엄 분양을 획기적으로 개선함으로써 여러 가지 긍정적 효과를 기대할 수 있다. 선진국에서 이미 시행중인 타임쉐어링 분양제도를 도입함으로써 누구나 소유 가능한 대중적 숙박시설, 즉 국민콘도 개발을 촉진할 수 있다면, 그야말로 우리나라에서만 필요하고 또한 가능할 수 있는 한국적 관광개발일 수 있다. 특히, 전라남도와 같이 관광자원이 풍부하면서도 가족단위 숙박시설이 부족한 지역에 공공부문이 주도하여 국민콘도 개념을 도입한다면 그 효과가 배가될 수 있을 것이라 판단된다.

7.2 적용사례: 제주 휴양형 주거단지 개발방안에 대한 연구[19]

제주도 예래동 휴양형 주거단지 개발은 제주 국제자유도시 개발센터가 7대 선도 사업 중의 하나로 시행하고 있는 사업이다. 본 사업의 기획단계에 있어서 학술용역으로 휴양단지 개발방안이 연구되었으며 여기서 타임 쉐어링 콘도미니엄 개발 전략이 적용된바 있다. 휴양형 주거단지의 기본 컨셉과 개발방향을 설정하기 위해 제시된 내용 안에 타임 쉐어링 콘도 도입의 당위성이 설명되어 있다[20].

---

19) 본내용은 2002년 국무총리조정실이 발주하고 한국토지공사가 필자를 포함한 외부연구원과 함께 수행한 제주도 서귀포시 예래동을 대상지로 한 '제주 휴양형 주거단지 개발방안에 대한 연구' 용역보고서의 일부내용을 발췌 수정한 것이다.

20) 제주도 예래동 휴양형 주거단지 개발연구에 있어서 타임쉐어링 콘도미니엄 개념 도입이 가능했던 이유는 주거와 휴양을 동시에 수용할 수 있는 개념이 물리적인 시설로서가 아니라 이용시간

I. 휴양형 주거단지란?

1. 휴양형 주거단지의 개념

- 하나의 마스터플랜에 의해 계획된 자연친화적, 현대식, 체류형 복합(예술, 교육, 레저, 보양 시설믹스) 휴양공간
- 가족중심의 체류형 여가활동, 건강 보양활동, 문화활동, 자연 지향적 레저욕구를 충족시키는 시설과 프로그램이 갖추어진 차별화 된 신개념 휴양공간임

2. 제주 휴양형 주거단지 개발 배경

- 소득수준의 증가로 인하여 스포츠·레크레이션 관련 지출 및 장거리, 체재형 관광 휴양시설의 이용이 크게 증가하고 있음
- 주5일 근무제 도입으로 인한 근로시간 단축으로 여가 지향적 가치관과 가족지향형 가치관이 형성되어 가족 단위의 여가활동 및 숙박여행수요가 증가하고 있음. 또한 경제적으로 여유가 있고, 여가시간을 많이 가진 노령인구들이 증가하여 건강 중심의 여가활동욕구 증가하고 있음
- 따라서 노인층을 포함한 가족단위의 체류형 휴양활동이 가능하고, 각종 문화/레크레이션 프로그램과 시설이 갖추어진 새로운 개념의 선진국형 휴양공간의 조성이 요구되고 있음

3. 현 제주도 휴양형 주거단지 개발 동향

- 현재 제주도의 고급 휴양단지들은 대형 빌라 형태의 콘도미니엄과 골프장을 함께 연계하여 운영하고 있으며, 특정 회원시장만을 대상으로 함으로써 프라이버시만 강조한 나머지 휴양형 단지에 활력이 없음.
- 현재 대부분의 휴양단지들은 숙박시설로 콘도미니엄 사업을 시행, 계획

에 따라 가능했기 때문이다. 즉 6개월 이상 특정 콘도미니엄을 체류하게 되면 그 경우는 주거에 해당하고 단지 일주일 이내로 체류한다면 그 경우는 단지 휴양이며 1주일 이상 1개월 이내의 경우에는 주거형 휴양, 1개월 이상 6개월 이내로 체류한다면 다면 그 경우는 휴양형 주거로 구분할 수 있었기 때문이다. 다시 말해서 휴양형 주거라는 개념은 사용자의 이용기간에 따라 구분될 수 있으므로 1주일을 기본단위로 하는 타임쉐어링 콘도미니엄 개념이 적용되게 되었다.

하고 있으며 부대시설로 상가시설과 운동·유희시설, 공원 등을 도입하고 있음. 그러나 이러한 시설들은 상주인구의 규모와 매력도 차원에서 집객력이 떨어지며, 업체간에 차별성이 없어, 새로운 여가 관광욕구를 충족시키지 못하므로 분양의 부진을 초래하고 있음.

- 휴양단지 이용객이 적은 비수기에는 관리운영상의 문제가 발생하고 있으며, 자연친화형·문화체험형 관광시설 개발 마인드 부족으로 인하여 휴양단지의 수명주기가 단축되고 있음

II. 휴양형 주거단지 개발방식

1. 제주 예래동 휴양형 주거단지 개발방향

- 조화가 이루어지는 신개념의 휴양공간 조성
  - 계층별로 다양한 시설, 아파트와 차별화된 구조의 탈일상형, public과 private의 조화, 정적 공간과 동적 공간의 조화, 고밀도와 저밀도의 조화를 이루는 신개념의 휴양 공간 조성
- 하나의 마스터플랜에 의한 계획단지 조성
  - 환경친화형 공간, 체험중심형, 문화체험형의 공간을 하나의 마스터플랜으로 조성하여 현대식 체류형 복합휴양단지의 조성
  - 해안경관을 보호하고 생태계 훼손을 최소화 할 수 있는 공간의 조성
- 소득수준의 향상과 여가시간의 증가로 인해 온가족이 함께 즐길 수 있는 가족휴양형 고급주거단지 개발
- 우리나라 인구구조가 고령화 사회로 진입하여 Silver층 및 제주도 거주자, 장기체류자를 타깃으로 한 자연친화적이고 건강보양적인 전원주택형 주거단지 개발
- 동호회 활동 및 각종 레저활동의 증가로 인한 도시에서 즐길 수 없는 레포츠 시설 이용자를 타깃으로 한 리조트형 주거단지 개발
- 국내·외 제주도 관광객이 해마다 증가하고 있으며, 특히 일본과 중국의 관광객이 상당부분 차지하고 있어 이들을 타깃으로 한 한국형 주거단지 개발
- 위의 개념들이 한 곳에 모인 신개념의 복합적인 휴양형 고급주거단지 개발

그림 6-7-1 제주 휴양형 주거단지 개념도

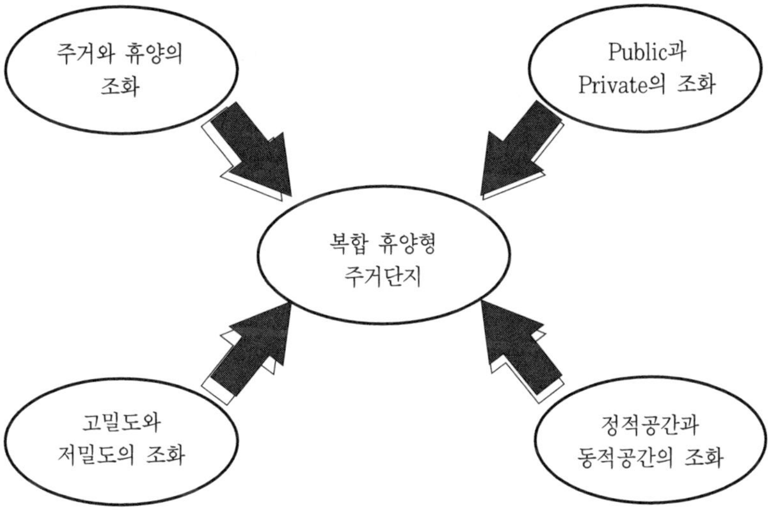

- 온 가족이 다함께 즐길 수 있는 가족중심의 공간 조성
  - 대가족단위 이용이 편리한 공간구조와 함께 가족구성원 모두가 즐길 수 있는 시설과 프로그램의 도입
  - 가족간의 화합과 오락적인 측면뿐이 아닌 교육적인 측면이 함께 하는 공간 조성
  - 외국 휴양지가 아니기 때문에 온 가족이 언제라도 쉽게 이용할 수 있으며 제주도의 뛰어난 접근성을 활용한 가족중심의 휴양공간 조성
- 기존의 정적인 공간에서 적극적으로 참여하여 즐길 수 있는 동적인 공간 조성
  - 레포츠, 예술, 교육, 보양, 자연친화형 활동이 혼합되는 프로그램의 도입
- 다양한 계층이 함께 다양한 문화와 어울리는 테마 커뮤니티 공간 조성
  - 지역주민과 관광객이 함께 할 수 있고, 중문단지의 상주인구를 유도할 수 있으며, 다양한 계층과 다양한 문화가 함께 어울릴 수 있는 테마 커뮤니티 공간 조성

- 상주인구의 확보를 통한 사계절 활력이 있는 공간 조성
  - 비수기를 타개할 수 있는 새로운 숙박시설 관리 운영방식의 도입
  - 타임쉐어링 적용을 통한 다양한 콘도미니엄 분양상품 제공으로 상주인구를 확보, 사계절 활력이 있는 공간의 조성

표 6-7-1 제주 휴양형 주거단지 콘도미니엄의 차별화된 특성

구분	특성
기존 콘도미니엄	• 이용기간이 명시되어 있지 않고 이용일수만 보유 • 이용권 가격이 이용일수(분양 구좌수)에 따라 달라짐
휴양형 주거단지	• 이용일수 뿐만 아니라 이용시기(예: 성수기, 비수기)에 따라 가격을 차별화 • 이용기간이 명시된 이용권을 보유함으로써 예약을 할 필요가 없고, 단지 이용공지만 하면 됨 • 특정시간을 블록으로 판매, 그 기간에는 본인소유임, 기간 일부교환은 가능 • 최소 일주일 단위를 블록으로 판매, 체류를 유도, 효율적 관리가 가능 • 이용기간의 잔여분은 관리회사가 판매하여 이익금을 이용권자에게 환급 • 4계절 분산이용을 유도, 체류인구가 일정규모가 되면 다양한 프로그램 제공이 가능하므로 활력 있는 휴양단지 조성이 가능

예) 평당 1000만원×60평 = 6억원 6억원/54주=1111만원/주
 • 성수기 1주일 7월20일부터 8월 18일(4주):2000만원/주
 12월20일부터 2월 20일(8주):2000만원/주
 • 중수기 1주일
 5월, 9월, 10월(20주):1000만원/주
 • 비수기 1주일 나머지 22주 730만원/주
 - 각 주일을 다시 주중 3박4일/주말 2박3일로 분할 가능
 - 분양금액이 최종 합계 6억원이 되도록 분할 판매가능

- 관광객의 다양한 욕구를 충족시키기 위한 주변의 관광자원과 연계
  - 주변관광자원과의 연계강화를 통해 관광자의 다양한 욕구를 충족
  - 향후 서귀포 미항 프로젝트, 월드컵 경기장, 중문 관광단지와 연계되어 제주도 관광의 새로운 중심축이 될수 있는 관광벨트 조성[21]

21) 중문단지 하나만으로는 자족기능을 가질 만큼 상주인구가 많지 않다. 다시 말해서 현재의 중문단지 숙박실수만으로는 휴양도시의 기능을 가지기에는 부족하다. 그러므로 예래동 주거형 휴양단지는 중문단지와 연계되어 하나의 자족적인 휴양도시 기능을 할 수 있도록 계획되어져야 한다. 그리함으로써 상주인구 규모도 늘어나고, 이에 따라 각종 다양한 프로그램과 상가시설은

- 제주도 관광을 활성화시킬 수 있는 앵커 어트랙션 기능 부여

- 이용시장을 먼저 배려하는 시설과 활동의 도입
  - 기존 숙박시설과는 달리 이용시장을 먼저 배려하는 시설과 활동을 도입함으로써 이용자의 욕구를 충족
- 국제자유도시 추진으로 늘어나는 외국인의 욕구에 부합되는 매력적인 공간
  - 거주 외국인에게 우선분양, 국제도시에 맞는 운영체계를 수립하고 단지내 영어사용 유도 및 매력물 조성

2. 제주 예래동 휴양형 주거단지 개발전략

- 하나의 마스터플랜에 의해 계획된 자연친화형, 장기체류형, 활동지향형, 현대식 복합(예술, 교육, 레저, 보양 시설 혼합) 휴양단지 조성
- 어린이, 어른, 노인 등 가족구성원 모두가 즐길 수 있는 다양한 하드웨어(시설)와 소프트웨어(프로그램)를 개발
- 이용시장과 회원시장의 차별화 및 철저한 Time Sharing에 의한 분양권 판매
- 게스트와 호스트를 구분하면서 일체가 될 수 있는 공간구조 개발
- 일부를 제주시 거주 외국인에게 우선 분양

3. 개발 컨셉의 키워드

- 자연친화형 / 가족중심형 / 명품형 / 이미지 상품형 / 건강보양형 / 영어교육형 / 문화접목형 / 테마커뮤니티 / 계층별로 다양한 시설 도입 / 고급형 / 탈일상형 / public과 private의 조화 / 정적공간과 동적공간의 조화 / 고밀도와 저밀도의 조화 / 상주인구

III. 제주 휴양형 주거단지 타임쉐어링 콘도 도입의 기대효과

물론 야간관광도 활성화 될 수 있을 것이다. 지금의 중문관광 단지는 제주도라는 섬속의 또 하나 섬이라고 느낄 정도로 고립되어 있다. 이 모든 것이 서귀포를 중심으로 벌통형 개발전략이 이루어지지 않았기 때문에 일어나는 현상으로 이제라도 예래동과 연계하여 보조 허니포트로 육성하지 않는 다면 예래동 휴양형 주거단지를 또 하나의 고립된 섬으로 만드는 시행착오를 겪지 않을 수 없을 것이다.

1주간을 기초단위한 타임 쉐어링 콘도 분양의 장점은 다음과 같이 요약 될 있다.

첫째, 이용시기에 따른 분양상품 가격의 차별화로 양질의 시설을 다양한 계층이 공동으로 사용할 수 있다는 점이다.

둘째, 이용시기가 사전에 명시되어 있으므로 예약이 보장될 수 있다는 점이다.

셋째, 타임쉐어링 분양으로 단지내에 주중 주말과 성수기 비수기를 불문하고 항시 일정 수 이상의 방문객들이 체류함으로써 콘도미니엄내 상가 등 부대시설의 비수기 타개는 물론이며, 그들에게 다양한 프로그램을 제공할 수 있는 여건이 가능해져 동적이며, 재미있는 활동이 가능해질 수 있다는 점이다.

넷째, 개인이 소유하고 있는 이용기간을 사용하지 못할 경우 사전에 통지만 한다면 콘도미니엄 회사가 이를 다른 사람들에게 팔아 일정금액을 다시 소유자에게 돌려줄 수 있을뿐더러 본인이 원한다면 인터넷 등을 통해 이용권을 교환할 수 있다는 점이다.

다섯째, 타임쉐어링 콘도 분양을 통해 여름철 휴가 집중 현상을 사계절로 분산시키는 효과도 도모할 수 있다는 점이다. 즉 타임 쉐어링 콘도 분양을 통해 휴가시기가 사전에 결정됨으로써 휴가 선진화를 꾀할 수 있게 될 것이다.

여섯째, 현재 쇠퇴기를 보이는 국민관광지내에 공공부문이 주도하여 타임쉐어링 콘도인 소위 '국민콘도'를 적극 개발함으로써 국민관광지 활성화는 물론 국민관광 시설 확충에 크게 기여할 수 있을 것이다. 이러한 공공부문 노력은 결국 타임쉐어링 제도 도입을 망설이는 민간부문을 자극하게 될 것이므로 궁극적으로 한국관광 선진화에 밑거름이 될 수 있을 것이다[22].

22) 국민콘도는 국민관광 활성화를 위한 기반시설로 2006년부터 문화관광부가 추진 중인 관광지 리모델링 사업의 대상지구 부터 시범적으로 실시 가능하다. 관광지 리모델링 사업 2차년도 대상지구인 전남 영산강지구 관광지부터 가칭 '국민콘도' 전략 도입하여 이지역의 부족한 가족단위 숙박시설을 보완함으로써 보조 벌통형 기능을 담당할 수 있을 것이다.

제3부

한국관광개발의 현황과 미래

韓國的 觀光開發論

한국관광 제 빛 살리기

제7장

한국관광개발 주요 프로젝트

본 절에서는 현재 이루어지고 있는 관광개발 프로젝트를 한국적 관광개발 전략이라는 관점에서 평가하고자 한다. 물론 몇몇 프로젝트는 시행 과정에 있으므로 공과를 평가하기는 어려울지도 모르나 그러한 경우에는 목표나 과정상의 문제점을 지적하는 차원에서 평가를 하려고 한다. 또한 평가에 있어서 정보부족으로 인한 오해가 있을 수 있음은 인정하고자 한다. 개발 당사자만이 정확한 정보를 가지고 있겠지만 그들은 스스로를 평가하기는 어려울 것이므로 제3자에 의한 평가는 항상 오해의 소지가 있기 마련일 것이다.

1. 태권도 공원

1.1 개요

태권도 공원은 입지 선정에서부터 각 기초 지자체간 지나친 경쟁을 불러일으켰으며, 결국은 정치적인 논리에 의해 무주군으로 선정되었다. 필자는 입지 선정과 관련된 세미나에 토론자로 참석한바 있어서 현장의 뜨거운 열기를 체험할 수 있었다.

사실 이러한 경쟁이 가능했던 것은 어느 곳에 국책사업인 태권도 공원을 유치하였다 하더라도 정통성 문제를 불러일으키지는 않았음은 물론 외국인 방문객 유치 상의 접근성 문제에도 크게 걸림돌이 되지는 않았기 때문이다[1]. 그러므로 거의 모든 기초 지자체 단체장들이 자신의 출신지에 태권도 공원을 유치하는 것에 정치적 생명을 걸 수밖에 없었을 것이다.

여하튼 갖가지 난관을 거쳐 무주군이 태권도 공원을 유치하였고, 이제 이를 건설하기 위한 단계별 작업이 이루어지고 있는 상태이다. 한국문화관광정책연구원이 2005년 수행한 '태권도 공원 개념정립 및 공간구성 등에 관한 연구용역' 보고서에 의하면 태권도 공원 조성의 목표를 첫째, 세계 태권도의 중추적 장소로서 태권도 연구, 교육, 수련을 통한 태권도 정통성 재정립, 둘째, 국내는 물론 전 세계 태권도 네트워크의 구심점 역할 담당, 셋째, 태권도를 문화컨텐츠로 개발하여 국가전략으로 상품화함과 동시에 지역균형발전에 기여로 기술하고 있다.

1.2 태권도 공원 무엇이 부족한가?

태권도 공원 조성을 위해 무주군은 물론 전북도청, 그리고 문화관광부가 최선을 다하고 있다. 그러나 태권도 공원이라는 호재를 활용하여 전후방 효과를 극대화 하는데 있어서 몇 가지 아쉬운 점이 느껴져 이를 언급하자 한다. 어떤 지적은 지금이라도 수용할 수 있겠지만, 어떤 지적은 첫 단추를 다르게 끼워 시작한 만큼 단지 지적으로만 그칠 수밖에 없을 것이다.

---

1) 태권도 관련 외국인 방문객들은 목적형 관광객이므로 어느 곳에 태권도 공원이 조성된다 하더라도 문제가 되지는 않았을 것이다. 또한 태권도 관련 외국인 방문객수는 우리나라의 문화가 세계화 되고 국제화 될수록 더욱 많아질 수밖에 없으므로 태권도 공원 조성은 각 지자체의 관심대상이 될 수밖에 없었다.

1) 태권도 공원 조성과 관련한 입지선정 시점에 있어서 태권도 공원 조성 방향에 관한 새로운 접근이 필요하였다[2)]

태권도 공원의 입지선정에 앞서 현재 계획 중인 태권도 공원의 관광매력도 다시 말해서 사업타당성을 냉철히 분석해 보아야 할 필요가 있다고 사료된다. 공청회 당시의 태권도 공원 조성 기본계획에서 언급된 시설내용을 보면, 태권도와 직접 관련된 시설을 제외하고는 태권도를 단지 무술과 훈련이라는 차원에서만 접근하여 테마파크에서 가장 중요한 요소인 "재미"라는 면이 결여된 것 같은 생각이 든다. 이는 사업타당성에 가장 영향을 미치는 내국인 관광객의 재방문에 결정적인 타격을 주게 될 것이다. 독립기념관이 그러한 대표적인 사례라고 볼 수 있다. 이러한 단점을 해결하기 위해서 두 가지 접근이 가능하다고 판단된다.

첫째는 태권도공원이 태권도 관련 방문자를 제외하고는 하루 밤을 보낼 만할 매력도가 부족하기 때문에 숙박이 가능한 체류형 관광시보다는 경유형 관광지로 포지셔닝하는 것이 합리적이라 판단된다. 즉 숙박시설을 대폭 축소할 필요가 있다.

둘째는 현재의 개발구상을 유지할 경우 무술, 청소년 수련이라는 주제보다는 "태권도로 상징되는 한국문화의 체험"이라는 주제 아래 재미를 가미한 시설들이 입지하여야 할 것이다.

이러한 태권도 공원의 관광매력도와 관련한 고려사항은 직접적으로 부지 선정기준에 영향을 미칠 수 있을 것이다. 첫 번째 구상, 즉 경유형 관광지로 태권도 공원을 포지셔닝 할 경우 반드시 주변에 숙박시설을 완비한 기존 관광단지와 연계되어 중복 투자를 피한다면, 어느 지역에 위치하여도 사업성에 문제될 것이 없다. 그러나 두 번째 구상, 즉 태권도 직접 관련 시

---

2) 아래의 내용은 2000년 8월 5일 문화관광부가 주최한 태권도 공원 조성(특히 입지선정)과 관련한 공청회에서 필자가 토론자로 참석하여 질문한 내용을 재정리 한 것이다.

설 이외에 재미를 가미한 한국문화 체험시설이 들어선다면, 반드시 수도권 주변에 입지하여야 만이 민자유치의 핵심인 사업타당성 확보를 위한 내외국인 관광객 유치가 수월해질 것이다.

다시 말해, 태권도와 직접 관련한 방문객은 특수목적형이므로 어느 곳에 공원이 위치해도 찾아 갈 것이지만 사업타당성에 결정적 영향을 미치는 관광객에게는 접근성과 재미가 가장 큰 결정요인이 될 것이다.

결론적으로 공청회 당시 제시된 태권도 공원 조성계획의 사업타당성을 면밀히 검토해 볼 필요가 있다. 태권도 관련 민자 유치시설(관광단지 특히 숙박시설, 영상단지, 한방단지)의 규모와 내용이 과연 사업 타당성이 있겠는가에 관한 보다 명확한 예측이 요구된다.

태권도 공원의 조성은 한국관광의 매력도를 증진시키는데 궁극적으로 기여할 수 있다. 그러나 일차적인 목표는 지역경제 활성화에 맞추어져야 한다. 단기적으로 태권도 공원을 통해 많은 외국인 관광객의 방문을 기대하기는 어렵다. 그러나 서울 중심의 외국인 방문을 내륙으로 확장시키는 데는 크게 기여할 수 있을 것이다. 문제는 재방문이 거의 없을 것으로 예상되는 일반 내국인 방문객을 대상으로 민자 유치시설이 가능할 것인가이다. 태권도 공원의 분위기와 조화되면서 재미있는 추억을 만들 수 있는 시설들이 현재의 기술로서 가능할 것인가도 문제라고 할 수 있다.

결국 태권도 공원의 조성은 필요하며, 한국관광의 인프라 차원에서도 긍정적이나, 민자유치에 의한 재원조달만을 고려한다면 기존의 태권도 공원 컨셉과 어긋나는 방향으로 가기가 쉽다. 왜냐하면, 재미를 주면서도 태권도 공원 분위기와 어울리는 시설을 개발하기는 현재의 기술 수준으로 매우 어렵기 때문이다.

즉 국고지원의 비율을 늘리되 전체적으로 규모를 축소하면서 단계적으로 개발하는 것이 최선책일 것이다[3]. 한편, 전라북도와 무주군은 무분별한 (태권도 공원과 어울리지 않는) 시설의 도입은 최대한 자제해야 할 것이다. 국고지원의 비율 증대는 이러한 조건을 담보로 해야 만이 가능하도록 강력히 전북도와 무주군을 설득해나가야 할 것이다.

독립기념관 사례를 뒤돌아 볼 때 전체적으로 규모를 줄이고 대신 건설비용을 관리 운영에 투자하여 전시품을 일정주기로 교환하면서 운영하였더라면 더욱 좋았을 것이라는 생각이 들지 않는가? 그리고 현재까지도 독립정신을 반영하는 재미있는 시설을 개발하지 못해 재방문 창출에 실패하고 있는 현재의 실정은 무엇을 의미 하고 있는지 되새겨 보아야 할 것이다.

2) 태권도 공원, 진정으로 지역발전에 기여하려면 기존의 틀을 깨는 시도가 필요하였다

태권도는 우리나라 이미지의 주요 키워드로서 무주군, 아니 대한민국 전체를 세계적인 관광명소로 만들 수 있는 개발 소재이다. 그런데 이러한 월드와이드 레벨의 자원성을 가지고 공원 형태의 단일 목적지만을 조성하려는 것은 매우 좁은 안목의 결과이다. 다시 말해서 무주군 전체를 태권도 권역으로 개발하는 광역적인 접근이 요구된다.

물론 태권도의 앵커 어트랙션은 어느 정도의 규모를 가지고 개발되어야 될 것이다. 그러나 이외의 관련 시설은 무주군 전체에 산포되도록 입지시킨다면 바로 무주군 전체가 태권도군으로 포지셔닝 될 수 있으며, 방문객들이 이 꽃(태권도 명예의 장) 저 꽃(한방병원) 다닌 후, 한 곳으로 모이게 할 수 있는 벌통을 무주읍에 놓음으로써 무주읍을 태권도 도시로서 차별화하는 전략을 수립할 수 있다. 이것이야 말로 현재 구상중인 태권도 공원 조성을 통한 점적인 명소화가 아니라 태권도 권역개발을 통한 면적인 명소화인 동시에 무주군을 곧바로 세계화하는 수단이 될 수 있을 것이다. 다시 말

---

3) 2000년 4월 태권도공원 조성사업 계획을 발표했을 당시 100만평이었던 규모가 현재 70만평으로 축소되었고, 사업비 또한 2000년 1조원이상 이었던 것이 2004년 1,644억원으로 당초 사업비의 1/6수준으로 축소되었음.

해서 태권도를 관광적인 측면에만 접목시키지 말고 지역개발에 접목시킬 경우 그 효과는 배가될 수 있을 것이다. 이와 더불어 태권도 관련 시설을 한곳에 집적시킨 거점 개발의 경우에 있어서는 비수기와 과실송금 등이 문제가 될 수 있으나 벌통을 무주읍에 위치시킴으로써 개발이익의 지역환원은 물론 비수기 타개에도 기여할 것으로 판단된다.

한마디로 말해서 태권도공원을 찾은 방문객들은 무주군내의 이동을 그렇게 어렵게 생각하지 않는 목적형 관광객들이기 때문에 이들의 체류시간을 의도적으로 증대시키기 위한 전략차원에서도 관련 시설의 산발적 입지가 요구된다.

이러한 논의는 2006년 시점에서 볼 때 이미 늦은 감이 있다. 그러나 지역발전이라는 본래의 의도에 충실하기 위해서는 태권도 공원 조성과 함께 연계성과 전후방 효과를 최대한 고려한 무주군 종합개발계획을 다시 세우는 일이 긴급히 요구된다. 지금까지의 많은 사례에서 해왔던 방식대로 태권도 공원을 주변의 지역사회와 분리하여 단지 하나의 관광명소 개발로만 간주한다면 무주군이 원하는 지역개발 효과는 반감될 수밖에 없음은 물론 태권도 공원 자체의 관광매력도 또한 저하될 것은 자명하다.

3) 태권도 공원의 도입시설에 있어서 차별화가 필요하다

태권도의 근원성 이외에 태권도의 의미성과 화제성 그리고 연상성을 활용한 기능/시설 개발이 요구된다. 즉 화제성을 활용한 사례는 작은 것이지만, 태권도를 배우는/배웠던 세계적 명사들의 태권도 동작을 보여주는 밀랍 인형관을 들 수 있겠고, 연상성을 활용하는 사례는 한방 병원 등 한국식 대체의학원 등을 들 수 있을 것이다. 의미성과 연관되는 시설은 전세계 태권도사범 인명비 등이며 기타 태권도 연구소, 태권도 대학 등은 근원성을 활용한 기능이라고 사료된다. 즉 이러한 근원성, 화제성, 연상성, 의미성 분류체계에 의해 기능과 관련시설을 분류해 볼 수 있을 것이다. 궁극적으로 태권도 공원은 북한에도 하나 더 조성할 수밖에 없는(이미 태권도 공원과 유사한 시설이 있다고 알려져 있지만) 입장이므로 어떻게 이와 차별화할 것인가도 사전에 검토하는 것이 필요하다.

태권도 공원의 커뮤니케이션 전략은 다음과 같이 요약될 수 있다. 먼저 태권도 관련 시장으로 이는 다시 외국인 내국인으로 구분될 수 있다. 여기서 외국인 태권도 시장의 경우에는 태권도 수련과 함께 한국 문화 체험도 가능하도록 하며, 내국인 태권도 시장의 유치를 위해서는 외국인과 함께 수련할 수 있는 세계화 캠프의 기능을 함께 하도록 한다. 다시 말해서 영어마을의 기능도 함께 수용함으로써 내국인 수학여행객의 방문을 유도할 수 있다.

외국인 관광시장의 경우 일본 수학여행객이나, 동남아의 체험관광객 등이 타깃이 될 수 있을 것이며, 커뮤니케이션 컨셉은 여름시장의 경우 계곡, 등산 등 자연과 연계하는 것이 필요하며, 겨울시장은 스키와 연계하는 전략이 요구된다.

2. 관광레저 기업도시

참여정부가 지역 균형 발전 차원에서 추진하고 있는 레저기업도시 건설은 기본개념에 있어서는 관광지 개발이 아닌 관광휴양도시 개발이라는 관점에 있어서 진일보한 것은 사실이지만 결과적으로는 사업대상지 인근의 토지가만 인상시켜 놓았을 뿐 일부 지역을 제외하고는 사업성이 크게 떨어져 민자유치 등 사업이 가시화되기까지는 상당한 기간이 필요할 것으로 전망된다.

결국은 20여년 이후 수요가 발생가능 한 시기에 추진을 시도해도 좋았을 개발 프로젝트를 정치적인 목적으로 서둘렀기 때문에 결국은 사업성이 불투명하여 그림 그린대로 성취할 수 없었다는 평가를 들을 수밖에 없다. 그래도 이러한 시도가 무조건 잘못되었다고 평가할 수 없는 것은 향후 긴요하게 사용될 가용지를 사전에 대량으로 확보에 놓는다는 점 때문일 것이다.

한마디로 말해서 문제는 레저기업도시 프로젝트의 착수 여부가 아니라 이러한 대형 프로젝트를 얼마나 실현가능하게 만드는가에 대한 마스터플랜 수립상의 기술문제라 할 수 있다. 다시 말해서 기존의 수요와, 창출한 신규수요를 대상으로 단계적으로 자존적인 관광휴양 기능을 부여하면서도 서로 연계되면서, 전체적 마스터플랜과 조화되도록 장기적인 개발을 추진한다면 전혀 문제가 될 수 없을 것이다. 정치가의 다소 성급한 판단은 대부분의 관광휴양도시 건설을 위한 필요조건이지만 적어도 이러한 대형 프로젝트에 참여하는 전문가들은 향후 30년 이상을 고려하지 않아서는 아니될 것이다.

기존의 경주 보문단지 개발에 있어서 아무리 개발 당시 사업타당성이 없어 민자유치가 실패한 사업이라 하더라도 시간이 경과함에 따라 부지의 가치가 상승하여 현재에는 한국관광의 거점이 될 수 있었다. 물론 경주 관광개발공사라는 공공부문이 이 사업을 추진하여 민간부문과 같이 투자효율성을 평가할 수는 없다고 치더라도 "불투명한 사업성으로 인해 20여년이나 소요된 경주보문[4] 관광단지 개발에 있어서, 이러한 민자유치의 어려움과

4) 경주 보문단지와 달리 제주 중문단지는 아직도 민자유치가 계획대로 완료되지 못한 상태이다. 더욱이 이미 건립된 앵커시설중 하나인 제주 컨벤션 센터 조차도 경영이 어려운 처지에 있다. 이 모두가 개발사업 착수가 잘못된 것이 아니라 개발계획 수립이 잘못된 것이라 할 수 있다. 현재 대부분의 개발주체가 집착한다고 할 정도로 외국인 전문가들을 비싼 비용으로 대형 프로젝트에 참여시키고 있지만, 과연 이들이 우리나라의 여건과 수요를 잘 파악할 수 있을 것인지는 의문이다. 그러므로 바로 한국적인 관광개발에 대한 심층 논의가 더욱 필요한 것이다.

장기화에 따른 여건변화를 전혀 예상치 못한 사업계획은 실패작이었다 할지라도 사업 그 자체는 실패하지 않았다"는 평가가 가능할 수 있다.

결론적으로 레저기업도시 추진은 반대할 이유가 없다. 그러나 이러한 대형 프로젝트를 추진하는 데 있어 한국 실정을 알고 있으면서 문제해결 능력을 가진 각 분야의 전문가 참여가 요구된다. 왜냐하면 과거의 경험으로 볼 때 레저기업도시 사업의 실패는 있을 수 없으며(시간이 해결해 줄 수 있는 문제이기 때문에), 대부분 이러한 여건변화를 고려치 못하는 레저기업도시 추진계획의 실패만이 예상되기 때문이다.

또 한편으로 이러한 신뢰할 만한 전문가에 모든 것을 맡기고 본인은 단지 이러한 대형 프로젝트를 착수했다는 것만으로 자족할 줄 아는 정치인들의 의식도 필요하다. 더욱이 시간이 꽤나 소요되는 대형 관광개발 프로젝트에서 과실을 신속히 따려는 마음으로 감 놔라 배 놔라고 비전문가적 의견을 제시하는 것, 그것이 바로 문제인 것이다.

3. 각종 관광벨트 개발사업

지금까지 추진되어온 대부분의 관광벨트 개발사업은 결과적으로 볼 때, 어느 곳에 벨트 구멍을 낼 것인가를 어느 정도 생각해 놓고 논리와 틀을 맞추어 가는 과정에 지나지 않았다는 평가가 불가피하다. 다시 말해 거점지구를 집중 개발하기 위해 주변은 들러리로 세우는 격의 개발 방식이 되고 말았다.

또한 예산상의 한계와 각 지자체 간의 이해관계 때문에 해당되는 지자체의 모든 개발욕구를 보기 좋게 그림으로라도 담아내지 않을 수 없었다. 각 지자체의 개발욕구를 수요와 자원성 차원에서 조정하여 우선순위를 매기고 이를 유기적으로 거점지구와 연결하는 본래의 관광벨트 기능은 우리 같이 선택과 집중이 구조적으로 불가능한 실정에는 더욱 어려울 수밖에 없었다.

권역관광개발계획과 같이 관광벨트 개발사업이 제 기능을 발휘하기 위해서는 일단 관광벨트의 영역설정에서부터 달라져야 될 것이다. 서해안 관광벨트, 남해안 관광벨트 등 지리적 여건에 따른 영역설정이 아니라 관광객 행태와 자원의 특성을 감안한 영역설정이 필요하다. 그리고 관광벨트란 광역지자체를 연계하는 수준만이 아니라 기초지자체 안에서도 관광자원과 관광자원을 연계하는 수준에서도 개발 가능하도록 해야 한다. 또한 관광벨트 개발의 우선순위를 지역균형발전의 관점보다는 실질적으로 관광효과를 볼 수 있는 관광매력도 관점에서 설정하는 것이 필요하다. 기존의 권역종합개발계획이나 관광레저기업도시 등 다양한 개발형태가 존재함에도 불구하고 보기만 좋고 듣기만 좋은 관광벨트 개발이라는 용어를 남발하는 것은 온당치 않다.

오히려 관광벨트 개발은 급변하는 동북아 관광환경에 능동적으로 대처하기 위해 자원성과 접근성을 모두 갖춘 수도권 남부에서 설정되어 개발되어야 할 것이다. 다시 말해서 중국의 1억명 해외여행 시대를 앞에 두고 일본은 동경만 주변에 디즈니 씨 월드 등 각종 관광시설 개발을 서두르고 있다. 우리도 이러한 관점에서 수도권 남부지역의 관광자원(서해안 대부도로부터 수원화성, 용인민속촌, 용인 에버랜드 등)을 유기적으로 연계하는 '남부 수도권 관광벨트' 개발사업을 시장성과 접근성이 모두 떨어지는 서해안과 남해안 관광벨트 사업보다 오히려 속히 시행할 필요가 있다.

4. 공공부문 관광지 개발제도

현재의 관광진흥법에 의거해 개발 가능한 관광사업 유형은 관광단지와 관광지, 관광특구 그리고 종합휴양업 등 관광사업이 있을 수 있다. 이중에서 특히 지자체등이 주로 관심을 가지고 있는 관광지 지정에 의한 개발은 각종 문제점[5]을 야기하고 있으므로 특히 개선이 필요하다.

4.1 관광진흥법에 의한 관광지 조성 제도 개선

관광진흥법에 의한 관광지 지정과 조성은 현재의 천편일률적인 토지이용의 관광지 모습을 만들어 냈다. 특히 관광지 조성계획의 승인이 지자체장으로 이관된 이후, 관광지 개발을 지역경제 활성화를 위한 만병통치약으로 보는 견해에 따라 사업성과 자연환경 파괴를 심각히 고려하지 않은 채 관광지 개발이 이루어진 경우가 대부분이다. 부지조성과 분양에 의한 공공부문 관광지 개발은 민자유치가 실패할 경우 그야말로 파괴된 자연환경만 남겨질 수밖에 없으며, 이러한 사례가 도처에서 발견되고 있다.

그러므로 현행 관광진흥법에 의한 공공부문 관광지 지정과 조성은 관광단지의 경우만 제외하고 모두 민간부문에 의한 관광사업으로 일원화하고 국고 보조는 숙박시설을 포함한 면적인 관광지 개발보다는 숙박시설을 제외한 점적인 관광자원 정비와 관리에 집중되어야 할 것이다. 현재의 사업성을 고려하지 않은, 모두가 수도권을 대상으로 대규모로 개발하는 식의 관광지 조성은 민자유치 실패로 자연환경 훼손과 획일화된 저이용 관광시설만 만들어 내고 말 뿐이다.

다시 말하면, 재원조달 수단으로써 숙박시설을 포함한 면적인 관광지 개

5) 국토연구원(2001) "지역개발 측면에서 본 문화 · 관광사업 실태와 대책" 보고서는 지정관광지의 민자유치 실적 미흡 및 사업소요기간의 장기화 등을 문제로 제시하고 있다.

발은 모두 민간부문에 의한 관광사업에 맡기고 공공부문 관광개발은 기존의 공원개념과 같이 숙박시설을 포함하지 않는 관광자원의 정비와 관리만을 담당하도록 하는 것이다. 이 경우 관광객들의 숙박은 기존의 도시나 취락지역 또는 인근의 농어촌 체험마을로 유도함으로써 자연스럽게 벌통형 개발전략을 적용하도록 한다는 것이다.

관광객이 관광지에서 숙박하지 않고 기존 도시나 취락지역에 머물면서, 주변 관광자원을 돌아보도록 유도하는 방식이 바로 개발이익 지역 환원 극대화뿐만 아니라 관광시설 비수기 타개, 그리고 자연환경 훼손도 최소화할 수 있는 벌통형 개발 전략이다[6]. 물론 민간부문 투자에 의한 숙박시설 포함 관광지는 가능하며, 기존 지정관광지의 재정비 차원에서 지자체가 주도하여 앞서 언급한 타임쉐어링 국민콘도 개발도 가능하다.

그림 7-1 벌통형 개발전략 적용 관광개발 모형도

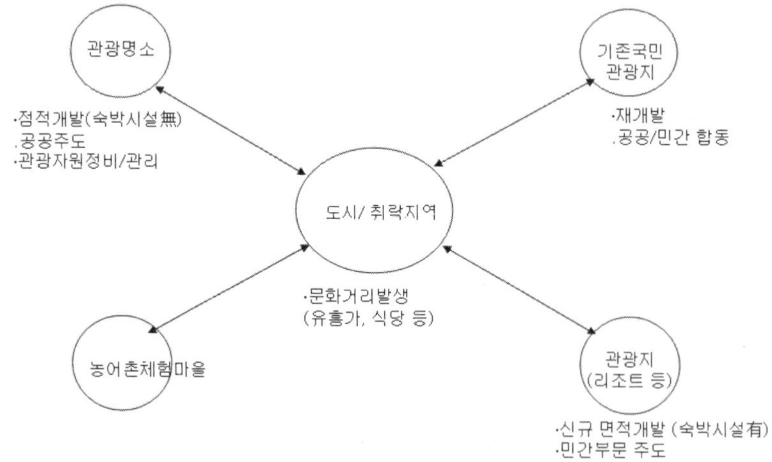

6) 제주도의 중문단지가 현재의 위치가 아닌 서귀포를 관광휴양도시로 발전방향을 설정한 후 도시계획구역 안에 포함되어 개발되었다면, 물론 개발비용과 시간이 더 소요된다 하더라도, 관광개발로 인한 환경파괴 최소화와 개발이익 지역 환원이 더욱 증대될 수 있었겠고, 특히 서귀포시의 야간관광이 활성화 될 수밖에 없었을 것이다.

4.2 기존 권역 관광개발 계획의 개선: 외지인을 위한 공급계획에서 지역민을 포함한 도단위 관광 수급계획 중심으로

기존의 권역 관광개발계획은 지자체가 주로 지역경제 활성화를 주목적으로 수립하는, 수도권 시장을 타깃으로 한 관광시설 개발계획이다. 그러나 이러한 계획은 지난 10여년 동안 각 지자체가 주체가 되어 수립하였지만, 권역계획의 내용대로 시행된 사업은 일부 민자에 의한 개발 이외에는 거의 없었다고 볼 수 있다. 이제 권역 관광개발계획은 하나의 집행계획이기 보다는 외지인을 위한 관광개발의 가시적 표현에 지나지 않을 정도로 그 가치가 희석되고 말았다.

이제 여건변화와 더불어 권역 관광개발계획의 수립 목표와 표적시장을 개선할 필요가 있다. 즉 향후에는 권역 관광개발계획의 대상이 외지인이 아닌 도민을 타깃으로 한, 지역경제 활성화가 주목적이 아니고 도민의 여가 공간 제공을 주목적으로 하는 도민관광 수급계획으로 점차 개선해 나가야 할 것이다. 물론 여기에서 외지인 유치에 의한 지역경제 활성화 목표가 제거되는 것은 아니며 단지 우선순위가 바뀌게 된다는 것을 강조하는 것이다.

미국의 경우 주별로 철저한 수급분석에 의한 여가공간 공급계획을 수립하고 있으며 각주의 여가시설이 지역주민에 의해 사랑을 받을 때 자연스럽게 관광명소로서 타수의 관광객을 유치할 수 있었다. 우리의 경우도 모든 광역계획이 도 차원에서 어떻게 도민의 관광수요를 수용할 수 있을지를 검토하고 이러한 수요(비록 적을 수 있다)에 맞추어 적정규모의 관광시설을 개발해 나가고 이후 도민의 사랑을 받는 차별화 된 관광지는 반드시 전국적인 관광명소로서 발전해 나갈 수 있을 것이다[7].

7) 일산 호수공원은 고양시가 일산 주민을 위해 만든 생활속의 여가공간이다. 그러나 일산지역에 살고 있지 않은 수도권 주민에게도 특색있는 차별화 된 관광명소로서 이용되고 있다.

도민을 타깃으로 한 도단위 관광수급계획과 더불어 국가적 차원에서 「국내관광 활성화를 위한 위원회」가 구성되어 향후 5년간의 국내관광 수급계획을 수립함으로써 관광을 지역경제 활성화 수단에서 생활의 질 향상을 위한 여가기회로 인식하는 계기를 만들어야 할 것이다[8].

8) 기초 작업으로 국내관광 현황을 정확하게 파악할 수 있는 관광통계 개선작업이 선행되어야 할 것이다. 뿐만 아니라 현재의 관광공급 현황을 정확하게 조사하여 이를 수요와 공급차원에서 분석하는 「국내관광 수급계획 수립」 모형개발을 서둘러야 할 것이며 이러한 모델에 준하여 전국적으로, 그리고 시도단위별로 관광수급계획이 적어도 매 5년마다 수립되어야 한다(미국의 State Outdoor Recreation Plan 참조).

제8장

한국관광개발의 미래

1. 중국인 관광시장 대응방안

중국은 떠오르는 관광시장이다. 방한 중국인 관광객의 마켓 쉐어는 3% 미만이다. 다시 말해서 해외로 나가는 중국인 관광객 1500만명 중 50만명 내외가 한국을 찾고 있다는 이야기이다. WTO(세계관광기구)는 2020년 중국인 아웃바운드 수가 1억명을 넘어설 것으로 예측하고 있다. 현재의 마켓쉐어 3%를 유지만 한다하더라도 우리나라 방문 중국인 관광객수는 300만명이 될 것이고, 비즈니스 방문객을 합친다면 더 많은 수가 될 것임은 분명하다.

이들의 관광유형을 살펴보면 크게 저비용 저경험 관광객과 재방문형 도시 관광객으로 대별될 수 있을 것이다.

1.1 저비용 저경험 중국인 관광객의 영향력

첫째는 현재의 패키지 관광객과 같이 저비용 대량 관광객이다. 마치 우리나라 사람들이 해외여행을 처음 갈 적에 40만원 내외의 경비를 가지고 동남아시아 패키지 여행을 떠나는 것과 유사하다. 즉 해외여행을 처음 나가는 중국인 관광객들이 가까이 인접한 한국에 3박에서 4박의 예정으로 단체로 패키지여행을 나오는 유형이다.

이들의 주머니 사정은 선택한 패키지 여행의 수준과는 다르게 좋은 편이다. 한국관광공사가 시행한 외국인 관광객대상 설문조사에 조사 결과에 의하면 외국인 전체 관광객의 총 경비중 쇼핑비 지출비율이 22%에 불과한데 중국인 관광객의 경우에는 총 경비 1400$ 중에서 34%인 477$을 쇼핑비에 지출하고 있을 정도이다. 이들의 서울 방문비율은 전체 외국인 관광객의 80.9% 비해 훨씬 높은 93.4%의 방문비율을 보이고 있다. 이들의 특성은 과거 우리나라 해외여행 초기와 마찬가지로 한국의 선진화된 문물과 문화에 관심이 많은 점이다. 향후 중국인 해외여행이 급물살을 이루게 될 것이 확실하므로 이러한 저비용 저경험 관광객들의 한국 방문은 혁신확산 모형과 같이 향후 수십 년 간은 급증하다가 점차 감소할 것으로 예상된다.

이러한 저비용 저경험 관광객이 한국관광에 미치는 영향은 대단히 크다. 2004년 조선일보에 소개된 기사에 따르면 충북 충주호 인근에 위치한 276개 객실의 청풍리조트 객실 이용률이 중국인 관광객으로 인해 1년 사이에 27%에서 50%로 급증하였으며, 주말 예약은 2005년 초까지 완전히 매진된 것으로 알려졌다.

중국인 대량관광객의 특성은 저비용 관광인데 앞서 언급한 바와 같이 낮은 비용의 패키지 관광으로는 그들이 좋아하는 서울에서 숙박하기는 높은 숙박비 때문에 매우 어려울 수밖에 없다. 그러므로 서울 외곽, 즉 수도권에서 숙박하던가 아니면 그 보다도 남쪽인 충북까지 내려와 숙박하고 관광한 다음 인천공항을 떠나기 전 잠시 서울을 들르는 여행일정을 잡을 수밖에 없다.

이러한 현상으로 인해, 지방에 건설되어 적자에 허덕이던 숙박시설 들이 현재 단양을 포함한 충북까지 중국인 대량 관광객의 주중 이용을 통해 적지 않은 수입을 올리고 있는 상황이다. 만일 이러한 저비용 대량 관광객 수가 더욱 증대하여 전국의 각 공항으로 입국하게 된다면 충청북도는 물론 전라남북도까지 이들의 관광동선이 연장될 수밖에 없다. 결국 이들로 인해 사업성이 불투명하던 호남지방에 숙박시설 건립이 가능하게 될 수 있다. 즉 주중에는 중국인 관광객이, 주말에는 내국인 관광객을 통해 적정 수준의 객실이용률을 확보할 수 있다면 현재까지 다양한 관광자원을 보유하고 있음에도 가족단위 숙박시설 미비 때문에 어려움을 겪고 있던 호남지방에 관광바람이 불게 될 것이다. 즉 중국인 관광객을 통해 우리나라 관광의 근원적 문제점인 4계절로 인한 비수기와 주중 비수기를 어느 정도 타개할 수 있을 것이다. 그리하여 내국인과 외국인이 구별되지 않는 관광이 실현 가능한 것이다.

1.2 재방문 중국인 도시 관광객의 영향력

이들 저비용 저경험 중국인 관광객과 다른 유형의 주목되는 중국인 관광객은 도시 방문객이다. 이들은 주로 젊은층과 여성층 또는 직장인 층을 중심으로 보여지는 현상으로 현재 주말을 이용하여 일본 동경 등지를 여행하기 위해 떠나는 소위 올빼미 여행객처럼 한국의 주요 도시 즉 서울, 인천 등지로 날아와 주말을 보내고 다시 귀국하는 관광객들이다. 이들은 이미 한국을 방문해본 경험이 있는 자들로서 한국문화 체험을 통해 스트레스 해소, 탈일상성 등을 추구하는 집단이다. 이들 관광객을 통해 서해안 일부 도시들이 도시 관광을 활성화하는 계기가 될 수 있다. 바로 이러한 도시 관광을 통해 한국 문화가 세계화되는 창구가 될 수 있다.

이러한 현상이 지속되다 보면 상당기간은 한국에서 체류하는 중국인들이 있을 것이며 이들은 한국이 좋아서 한국에서 반을 살고 나머지는 중국에서 사는 소위 국제인들이 탄생하게 될 수 있다. 이러한 사람들이 편하게 살게 하기 위해 서해안 주요 도시들은 국제자유도시의 성격을 띠게 될 것이다. 앞으로 관광을 통해 국경이 무너지고 관광을 통해 생활로 연장되는 휴양/비즈니스형 주거의 개념이 도입 가능해 질 수 있다는 이야기이다.

여기서 우리는 세간의 관심을 모은 바 있는 새만금 지역을 연계해서 생각해 볼 필요가 있다. 새만금 방조제가 완성되면 그 넓은 지역을 어떻게 활용할 것인가를 고민하지 않을 수 없다. 많은 사람들이 갖가지 아이디어를 제시하고 있다. 필자는 새만금의 일부지역을 향후 중국, 한국, 일본의 한자문화권이 함께 어울려 살 수 있는 휴양형 비즈니스 도시로서 포지셔닝 하였으면 하는 바램이 있다. 중국과 일본이 직접보다는 한국을 통해서 지리적으로나 문화적으로나 간접적으로 연계될 수 있도록 하는 개념의 새로운 휴양비즈니스 도시의 탄생을 기대해 볼 수 있다. 이러한 한중일 삼국의 문화적 용광로로서 새만금 휴양비즈니스 도시는 세계시장을 향한 한중일 공동 문화마케팅의 테스트 베드가 될 수 있을 것이다. 그리고 이러한 시도를 통해 자연스럽게 조성된 새로운 한중일문화에 근거해 동북아는 세계의 중심에 가까이 갈 수 있게 될 것이다. 현재 미국내에서 불어오고 있는 아시안 브랜드의 인기는 이러한 한중일 한자문화권의 공동대처를 더욱 절실히 생각하게 만들고 있다.

1.3 동북아 관광거점도시로서 서울에 대규모 테마파크 코리도 조성

테마파크란 주제별로 구역이 나뉘어져 있고, 동선에 의하여 주제가 상호연계되며, 통일된 경험을 제공하고, 외부와 차단되어 있어 탈일상성을 부여할 수 있는 총체적 서비스의 여가공간을 일컫는다.

가장 전형적인 테마파크는 미국의 문화를 주제로 한 '디즈니 월드'일 것이다. 하지만 이러한 인위적인 하드웨어 위주의 테마파크의 개발은 장기계획에 의하여 이루어질 수 있으며 또한 대규모의 투자를 요하는 만큼 우리만이 가지고 있는 각종 소재를 연계하여 구슬 꿰는 식의 한국형 테마파크 개발이 1억명 중국 아웃바운드 시장을 공략하기 위해 필요하다.

이러한 측면에서 볼 때, 서울 삼성동 코엑스와 송파구 올림픽 공원을 축(한강고수부지, 잠실 종합운동장, 롯데월드, 롯데 씨월드, 잠실 재개발 아파트 단지 포함)으로 하는 테마파크 코리도의 개발이 요구된다. 현재 일본은 동북아 관광거점지역으로 자리매김 하기위해 동경만 일대에 기존의 4개소를 포함한 신규개발 6개소 등 10개소의 대단위 테마파크 촌을 건설하고 있다. 이중에는 바다의 신비와 전설을 주제로 한 디즈니사의 디즈니 씨, 그리고 전천후 돔 형식의 롯데월드 도쿄 월드, 레고랜드 마쿠하리 등이 있다. 이에 대응하기 위해서는 우리만의 전략적 접근이 필요하다. 즉 한국형 테마파크는 기존의 시설들을 구슬 꿰듯이 엮어 코리도로 만듦으로써 가능하다. 다음과 같이 각각의 기능을 연계하여 시너지 효과를 내는 방식이다.

첫째, 현재의 코엑스 몰에 현재 선진국에서 각광받고 있는 신종 테마파크인 게임웍스 같은 시설이 입지해 기존의 다른 시설과 연계되어 테마파크 코리도의 출발점 기능을 가져야 한다. 게임웍스야 말로 중국인, 동남아인의 도시관광에 있어서 쇼핑과 더불어 핵심 상품이 될 수 있다.

21세기 관광산업의 총아로서 각광받고 있는 테마파크는 크게 디즈니월드와 같이 문화/하이테크 접목형 테마파크와 민속촌과 같은 문화/역사형 테마파크, 부시가든과 같이 자연형 테마파크, 테르메와 같은 워터파크 등이 있는데 게임웍스야 말로 테마파크 중에서 가장 단위면적당 집객력이 높은 하이테크형 사이버 테마파크이다.

둘째, 올림픽 잠실종합운동장의 재개발을 현재의 기능과 도시 관광기능을 포함한 복합 테마파크 개발이라는 차원에서 기획하여야 한다. 또한 한강 고수부지와 유람선 등과 연계되는 기능도 역시 미국 시카고의 네이비 피어와 같이 복합적인 단지로 고려되어야 할 것이다.

셋째, 현재 진행되고 있는 잠실아파트의 재건축도 이러한 도시 관광을 위한 테마파크 코리도라는 컨셉하에서 일부는 주상복합으로 처리되어 주변 자원과 연계되도록 계획하여야 할 것이다.

넷째, 현재의 롯데월드, 그리고 계획단계인 롯데 씨월드를 각각의 색다른 매력요소를 붙들어 놓아 연계시키는 노드로써 기능하도록 개발하여야 한다.

다섯째, 테마파크 코리도의 터미널 포인트로 몽촌토성을 중심으로 한 역사문화지구와 올림픽공원의 활성화 계획을 연계시켜야 할 것이다.

이러한 한국형 테마파크 코리도 조성을 통해 중국시장 대상 경쟁력을 강화시켜 나가야 될 것이다.

1.4 수도권에 대규모 팩토리 아웃렛 조성(신규건설 보다는 기존시설 활용을 통해)

쇼핑비 지출이 높은 중국인 대상 쇼핑관광을 활성화하기 위해 경기도 남부지역 경부고속도로 주변에 기존의 에버랜드와 민속촌 등을 연계해 대규모 할인매장이 조성될 필요가 있다. 미국 서부 LA에서 그랜드 캐년을 방문하는 중간에 위치한 Barstow의 Factory Outlet[1]과 같은 대형할인 매장은 쇼핑을 선호하는 중국인 대규모 중국 관광객을 유치하기에는 없어서는 아니될 매력물이다. 그러나 이러한 시설을 새롭게 조성하기보다는 기존의 상업시설이 복합시장 개념 아래 중국인 시장도 함께 겨냥하도록 하는 것이 효율적이다.

토지공사 등 컨소시엄이 사업주체인 경기도 화성 동탄지구의 상업지구

1) 바스토우에 위치한 팩토리 아웃렛은 그랜드 캐년 방문 외국인 관광객이 반드시 들르는 쇼핑 명소로서, 각종 브랜드의 신발/의류할인매장, 가전매장, 식기 등 가정용품매장이 대규모 부지에 입지하고 있다. 주중에는 관광객이 주말에는 주변 도시민들이 하루 온종일 쇼핑과 위락을 즐기는 복합단지이다.

에 이러한 기능을 갖도록 유도하는 것이 새로운 시설을 개발하는 방법보다 매우 실현성있는 방법이다. 현재 경기도 화성 동탄지구는 건축 연면적 2만여 평의 상업지구를 보유하고 있고, 또한 경부 고속도로에 인접하고 있으므로 매우 좋은 입지라 사료된다.

21세기에 동북아 관광중추기지로 입지하기 위해 급증하는 중국, 동남아, 러시아 관광객의 수용측면에서도 반드시 있어야 하는 인프라이며, 더욱이 에버랜드, 민속촌, 수원 화성을 경유관광지가 아닌 당일형 또는 숙박형 목적관광지로 발돋움시키기 위해 경기도내에 반드시 필요한 시설이라고 사료된다. 화성 동탄지구의 복합단지는 경기남부권 내수 시장을 동시에 겨냥하게 되므로 텐넌트 유치에 크게 어려움이 없을 것으로 보인다. 결국 이러한 대형 할인매장과 주변의 관광자원을 연계해 남부 수도권관광벨트 개발사업을 정부차원에서 주도하는 것이 적절하다고 사료된다.

단상 15 특급호텔이 아닌 객실 위주의 호텔 건설 유도

"숙박시설 과연 부족한가? 시설위주의 특급호텔 수급은 시장경제 논리에 맡겨야 된다. 우리가 필요한 것은 현재는 없는 서비스 중심/객실위주의 호텔들이고, 이러한 호텔들이 수도권에 지어져 운영됨으로써 관광진흥에 이바지할 수 있도록 해야 한다."

10 여년 전부터 숙박시설 부족하다고 아우성이고 현재도 그러하다. 88올림픽 당시 숙박시설지원법에 의거 특급호텔이 들어섰고, 이후 지원정책이 중단됨으로써 내수 유치를 목적으로 과소비를 조장하는 경향이 있었다. 현재 수도권 특급호텔의 객실대 식음료 수입 비율을 보면 외국인 객실요금보다 내국인 부대시설 이용수입이 많은 것으로 나타나 있다. 일본의 경우 인바운드 수는 우리보다 적은데 호텔 객실수는 훨씬 많다고 하는데. 이것은 관광시장이 아니라, 비즈니스 시장의 차원의 수급상황에서 벌어진 것이므로 직접 비교가 곤란하다.

결론적으로 말하면, 수도권 특급호텔 수급의 경우 시장논리로 해결해야 되는 것이지, 관광진흥책으로 투자가 쉽게 만들어 주는 것은 형평성에 어긋나다.

실제로 일본인 단체 관광객의 경우 노투어 피도 있을 정도로 경쟁이 심화되어 있는데 여행사의 입장에서 호텔요금을 다운시키려고, 다시 말해서 일본인은 특급호텔을 선호하므로, 숙박요금을 적게 지불하려고 호텔확충을 원하는데, 이것은 사업자 측만 고려한 주장이며, 품질관광 차원에서는 반드시 지양되어야 할 사항이라고 할 수 있다.

오히려 일본인 시장은 FIT가 점차 증대하고 체험관광이 늘고 있는 추세이므로 Quality Tourism(품질 관광)을 진흥하기 위해서는 시설위주의 특급호텔 보다도 고가격 서비스 중심/객실위주의 호텔이 시급하게 건설되어야 할 것이다.

한편 중국인 관광객은 1인당 랜드피가 30-40불 정도인데 특급호텔이 무슨 소용이 있는가? 이들에게는 중저가 서비스 중심/객실위주의 호텔이 필요하다.

이제까지 특급호텔 건설을 유리하도록 관광진흥책으로 지원해준 것은, 타산업에 비해 형평성에 어긋난다고 생각된다. 시장경제를 바탕으로 특급호텔 문제를 논의해야지 관광지원의 논리로 특급호텔에 예외규정을 두게 된다면, 이는 관광진흥보다는 영업이익 증대에만 관심을 갖고 있는 호텔업자에 이용당하는 모습이 될 수 있다.

공급을 늘리면 숙박비용이 내려가는 것은 자명하다. 중요한 것은 태국의 경우와 같이 방콕 중심에 과다한 객실공급으로 외형은 특급호텔 수준이지만 서비스 수준은 엉망이며 일박당 50$ 정도의 호텔을 양산하는 것이 Quality Tourism에 무슨 도움이 되겠는가? 또한 이로 인한 부정적 효과가 우리나라에 재현될 필요가 있겠는가?

그러므로 숙박시설이 부족하다는 것도 이제는 대량관광을 위한 숙박시설과 품질관광을 위한 숙박시설로 세분화하여 분석해야 될 것이다. 품질관광을 위한 특급호텔 숙박수요는 시장경제 논리에 맡겨야 할 것이며, 대량관광을 수용하기 위한 객실 위주의 호텔 공급은 정부가 나서서 건설을 유도해야 될 것이다.

이를 위해 부수적으로 현재의 호텔 등급 제도를 개선할 필요가 있다. 즉 시설기준으로서만 특급호텔이 될 수 있게 하지 말고, 시설규모는 작더라도 서비스 품질에 의해 특급호텔이 선정될 수 있게 하는 장치가 요구된다.(2000.9.8 작성)

2. 한류의 관광적 의미

한류관광객은 문화체험 목적형 관광객이라고 정의할 수 있다. 다시 말해서 우리나라 인바운드 역사는 탈출형 일본인 관광객으로부터 시작되었고 지금까지 백제/신라 문화 등 역사문화 답사형 관광객을 거쳐서 이제 처음으로 한국의 현대문화를 적극적으로 체험하고자 하는 한류관광 시대로 접어들고 있다. 이러한 한류관광은 영화, 드라마, 대중음악으로부터 시작되어 음식, 복식, 의료(한방 포함)를 거쳐 결국 교육까지 이어질 것으로 전망된다. 다시 말해서 한국문화의 세계화가 매스미디어의 영향으로 가장 빨리 확산될 수 있는 영화, 드라마, 대중음악을 통해 가장 우리와 인접해 살고 있는 일본, 중국, 동남아에서 시작하여 점차 음식, 의료(한방 포함) 관련 한류 관광객을 만들어 낼 것으로 판단된다. 결국 우리 한국 교육이 영어소통 문제를 극복하는 시점에서는 분명히 한국식 교육을 받기 위해 방문하는 외국인들로 러시를 이루게 될 것으로 생각된다[2]. 이러한 한류의 특성을 관광과 연계하여 몇 가지 측면에서 관찰하면 다음과 같다.

2.1 한류는 한국문화 상품의 혁신과정이다

혁신(innovation) 이란 하나의 새로운 아이디어, 새로운 제품을 의미하며, 확산(diffusion)이란 이러한 새로운 아이디어나 제품을 개개인이 수용(adoption)함으로써 점차 특정 사회 전체적으로 수용이 퍼져나가는 과정을 의미한다. 그리고 혁신과정은 종모양의 확산 곡선을 그리는데 혁신 수용의 피크를 축으로 성장과 쇠퇴의 곡선을 그리게 된다. 또한 혁신과정을 설명하는 중요한 요소는 혁신확산의 기간이며 또한 전체적인 혁신 수용자 수도 중요한 요소이다. 혁신확산의 또다른 특징은 하나의 혁신은 언젠가는 반드시 소멸하게 된다는 것이다.

드라마 한류는 이제 도입기를 지나 성장기에 위치에 있으며 영화한류도 마찬가지라 할 수 있다. 그러나 드라마 한류와 영화한류는 언젠가 소멸의 길을 겪을 수밖에 없다. 물론 현재의 헐리우드 영화가 아직도 소멸할 여지를 보여 주지 않는 것처럼 그 시기를 예측하기는 매우 어렵다. 중요한 것은

2) 제주 국제자유도시의 발전 방향이 교육, 의료, 관광으로 설정되어 있음은 이러한 관점에서 매우 설득력이 있다. 의료와 교육 목적으로 방문한 사람들은 장기 체류 가능성이 있을뿐더러 관련 가족, 친지를 불러들일 수 있으므로 이들이 제주관광과 연계되는 것은 당연할 것이다.

드라마 한류나 영화한류가 주춤할 수는 있어도 이러한 선도적인 한류요소는 또다른 한류요소를 만들어 낸다는 것이다.

2.2 한류는 결코 일시적 현상이 아니다

한류는 결코 끝나지 않는다. 한국 문화가 드라마나 영화를 통해 인근 일본과 중국 동남아 시장에 세계화 작업을 시작한 이래 이러한 현상은 전세계로 확산되어 나갈 것이기 때문이다. 그리고 이러한 드라마와 영화 한류가 언젠가 소멸할 시점에서는 이러한 드라마, 영화 한류의 영향으로 음식한류, 의료(한방)한류가 동시다발적으로 시작되기 때문이다. 그러기 때문에 드라마와 영화한류는 언젠가 끝나게 될지는 모르지만 '한류'는 결코 끝나지 않을 것이다.

대한민국이 존재하는 한 한류는 계속될 것이다. 아니 파도와 같이 거세게 한류가 몰려올 것이다. 한국문화가 세계로 알려지는 것은 이제 드라마와 영화가 시작일 뿐이다. 지금까지 김치, 태권도가 또다른 한류이었지만 이들의 영향력은 드라마와 영화만큼 단기간에 폭발적이지 않았을 뿐이다.

드라마 한류, 영화 한류 등은 혁신과정(innovation diffusion process)에 의해 설명될 수 있지만 결국 이러한 각종 한류들이 묶여져 이루어내는 한국문화의 세계화는 제품생명주기(product life cycle)로 설명될 수 있다. 이제 우리 한국 문화의 세계화는 제품수명 주기 상 도입기에 불과하다고 생각할 수 있다. 한국문화의 세계화는 곧바로 한국관광의 성장과 직결되어 있다. 마치 드라마 한류가 한국방문객을 몰고 왔듯이 한국문화 세계화는 각종 목적의 한국방문을 촉발하게 될 것은 분명하다.

2.3 한류를 통해 한국을 희망 관광지의 awareness set 안에 포함하는 사람들이 늘게 될 것이다

한국적 관광개발론의 이론적 근거인 명소마케팅 개념에서 설명했듯이 한류의 영향으로 방문하고 싶어하는 관광지의 awareness set 안에 한국을 포함하는 사람들이 늘어나게 될 것이고, 겨울연가 때문에 한국을 방문했던 일본인 여성들처럼 한국을 evoked set 안에 항상 포함하는 외국인들이 생기게 될 것이다. 다시 말해서 욘사마 팬들이야 말로 한국을 관광명소로 생각할 만큼 알아주고, 필요하게 느끼는 사람들인 것이다.

한국관광은 제품생명 주기 상 어린아이에 불과하다. 세계 최대 관광국인 프랑스는 이제 얼굴에 화장을 하지 않으면 예쁘다고 이야기를 못 듣는 정도의 나이가 되었다. 한국관광 이제부터 시작이다. 지금까지의 한국관광을 이루어온 많은 사람들은 좀더 많은 외국인 관광객을 유치하기 위해 정말 대단한 노력을 해왔다. 지금부터의 관광정책은 좀 달라질 필요가 있다. 마치 기업이 제품수명주기에 맞추어 마케팅을 하듯이 우리나라도 무조건 관광객수를 늘리기 보다는 제품수명주기상 도입기에 맞는 관광마케팅을 구사할 필요가 있다.

여기서 중요한 이론이 바로 명소마케팅이다. 지금 이 시점에서 우리나라를 awarness set 속에 포함하고 있는 사람들 마치 대장금 한류때문에 한국을 알고 있는 사람들, 특히 한국을 evoked set 안에 놓고 있는 열성 팬들부터 한국을 방문하도록 하는, 즉 행동으로 옮기게 하는 관광마케팅 전략이 필요하다. 이렇게 시작하여 교육한류가 시작되는 시점에는 우리나라는 1000만명 외국인 인바운드는 물론 2000만명 외국인 인바운드 유치도 가능하게 될 것이기 때문이다. 지금의 한국관광마케팅, 한국관광정책 제품생명주기에 걸맞는 단계별 전략이 필요한 시점이다.

3. 관광진흥법상 관광상품 개념 도입과 체험관광 활성화

관광상품을 패키지여행, 축제 및 이벤트, 관광기념품, 체험관광 상품으로 개념화하고 이를 다시 저작권이 인정되는 1종[3]과 그렇지 않아도 되는 2종 상품으로 유형화하여 관광단지, 관광지, 관광특구, 관광사업의 개념과 함께 관광개발의 형태로 관광진흥법에 의해 규정하여 관리해야 할 것이다.

특히 체험관광의 활성화를 통해 현재 법적으로 관광의 테두리 안에는 포함되고 있지 않은 문화유산 답사기행, 도농교류, 수학여행, 체험학습, 생태기행, 농산어촌 체험 등을 관광진흥법 안으로 흡수하여 관리하고 지원할 수 있도록 해야 한다[4]. 이제 관광은 지역경제 활성화 수단으로서 기능과 더불어 지역 정체성 확립, 도농교류, 여가기회의 제공, 생활의 질, 체험학습 차원에서 확대 해석되어질 수밖에 없으므로 관광진흥법을 통해 이들을 활성화하는 것이 한국관광의 체질개선은 물론 경쟁력을 제고하는 일일 것이다.

체험관광 상품개발을 활성화하기 위해서는 우선 각종 공공기관과 지자체가 선도적인 자세를 보일 수 있도록 관광진흥기금의 지원범위를 기존의 관광호텔업, 여행업 등 프로페셔널 관광과 더불어 아마추어 관광상품도 포

---

3) 제1종 관광상품으로 등록하게 하는 것은 관광기념품, 이벤트와 축제, 그리고 체험관광상품 중에서 관광목적지(예: 기초 지자체나 특정기관)가 주체가 되어 특유의 비즈니스 모델화 할 수 있는 것은 저작권을 인정하도록 하는 방안이다. 반면에 제2종 관광상품은 여행사, 답사기행 단체의 패키지 상품과 같이 상품개발 주체마다 여러 가지 유형의 상품이 만들어 질 수 있는 경우로, 주관업체가 속한 지자체에 신고하도록 하여 관리하는 방안이다. 이러한 방법은 여행업의 규제라는 부정적 견해를 유발할 수 있지만 우리 관광산업의 체질개선과 관광상품의 국제경쟁력 강화라는 차원에서 상거래 관행이 정착될 때까지만 한시적으로 시행하는 것이 타당하다.

4) 현재 각종 단체가 진행하고 있는 답사기행 등은 관광진흥법의 여행업 범위에 속하지 않는 새로운 영역이다. 이렇게 자발적으로 생겨나는 각종 여행상품 등을 제도권 속에 포함하기 위해서라도 관광진흥법에 이들을 포괄하는 관광상품의 개념의 필요하다.

함하도록 확대하여야 한다는 것이다[5]. 이를 통해 해병대 캠프나 템플스테이 등과 같이 각종 공공기관이 각자가 가지고 있는 특성을 활용하여 공익적 차원의 체험상품을 개발하도록 유도하여야 한다.

체험관광 상품을 통해 외국인 유치도 가능하지만, 재원부족으로 공공부문 투자가 한정될 수밖에 없는 우리나라의 경우 내국인(주민)에게 보다 나은 여가기회를 제공할 수도 있다. 선진국의 경우 청소년, 노인 등 내국인을 위한 각종 레크리에이션 시설이 공공 투자로 잘 갖추어져 있으나, 우리나라의 경우 이러한 시설과 프로그램을 공공투자로 빠른 시일 내에 새롭게 갖춘다는 것은 경제여건 상 참으로 요원한 일이다. 그러므로 관광진흥법 개정으로 공공기관과 지방자치단체를 중심으로 우리나라 특유의 체험관광 시스템을 개발함으로써 생활의 질을 증진시킬 수 있을 것이다.

지역주민들이 즐겨 찾는 체험관광 상품은 바로 외지인이 선호하는 관광자원이 될 수 있다. 우리가 제주도를 여행하더라도 관광객들만이 찾는 음식점보다는 현지 주민이 즐겨 찾는 음식점은 바가지도 없고 향토적이며 실도 좋다. 체험관광 활성화를 통해 내국인은 생활의 질을 향상시킬 수 있으며 외국인은 이국적인 문화체험을 할 수 있다. 다시 말해서 아마추어 정신에 입각한 각종 공공기관의 체험관광 행사를 통해 지역주민에게는 건전한 여가 프로그램을, 외지인에게는 차별화된 관광 프로그램을 제공할 수 있을 것이다.

또한 오늘날의 천편일률적인 수학여행 문제도 바로 체험관광을 통해 해결될 수 있다. 기존 수학여행과 청소년 캠프의 문제점을 나열하면, 첫째가 프로그램과 목적지가 모두 비슷하다는 것이다. 즉 대부분이 학년 단위로 움직이고 있으며, 체험보다는 보는 수준의 프로그램에 머무르고 있고, 수

5) 기존의 관광협회는 프로페셔널 관광 성격의 협회로 존속하고 아마추어 관광에 참여하는 기관, 단체, 지자체들이 하나가 되어 아마추어 관광성격의 관광협회를 별도 또는 기존 관광협회 안에서 구성할 수도 있다. 이 두 협회는 상호 협력하여 국내관광 활성화에 기여할 수 있으며, 이러한 조직 체계로 국내관광 활성화 기반은 더욱 굳건해 질 수 있다.

학여행의 목적지도 경주, 설악산, 제주도 등에 집중되고 있다는 점이다. 두 번째로 기존 청소년 관련 시설의 운영상 어려움을 들 수 있다.

이러한 수학여행과 청소년 캠프의 문제점은 바로 공공기관이나 지방자치 단체가 주도하는 다양한 체험관광 상품에 의해 해결될 수 있다. 농촌체험은 물론 해병대 캠프의 경우도 체험상품으로 타 청소년 캠프보다 더욱 효과적일 수 있다. 즉 공공기관이 기존의 자원과 인력, 그리고 이미지를 활용하기 때문에 약간의 비용부담으로도 제대로 된 프로그램을 만들어 낼 수 있다는 것이다.

현재 청소년만을 타깃으로 하는 기존의 청소년 시설은 운영상의 어려움 때문에 시설의 노후화는 물론 프로그램의 질적 저하를 피하기 어려운 실정이다. 해병대 같이 공공기관은 아마추어 관광을 하기 때문에 시설운영의 문제도 없으며, 참여자에 대한 비용 부담도 적게 할 수 있다.

4. 북한관광 개발의 협력방향

북한관광은 한국적 관광개발의 또다른 시험장이다. 현재 시행되고 있는 금강산 관광과 개성관광은 정치적인 목적에서 일단 시작되었지만 향후 북한관광을 꽃피울 토양을 마련한다는 점에서는 매우 의미 있는 일이다.

현재의 북한관광의 한계점은 관광목적이 신기성(novelty) 또는 호기심에 전적으로 의존하고 있으므로 한번 다녀온 사람들이 재방문할 가능성이 거의 없다. 결과적으로는 관광객수가 하향곡선을 그릴 수밖에 없다. 금강산 방문도 최초 수년 만 관광객수가 급증하였고 이후에는 지속적으로 감소하게 되었던바 여행경비 지원이란 특단의 조치를 취할 수밖에 없었다[6].

다시 말해서 금강산 관광이나 개성관광이 성공하기 위해서는 단지 호기심으로 방문하는 것을 넘어서 레저와 휴양 등의 목적으로 방문하도록 유도하여야 하는데 이를 위해서는 각종 시설도 필요하지만 현재의 방문 절차 등 접근성 문제도 크게 개선될 필요가 있다. 그러나 여건상 단기간 내에 이러한 상황이 개선되기는 어렵다고 볼 때 금강산 관광은 관광객 유치에 어려움을 겪을 수밖에 없을 것이다.

한편, 개성관광은 금강산 관광과 달리 수도권에서의 접근성이 양호하여 당일관광이 가능하지만, 각종 관광 인프라가 미비하므로 역시 호기심 관광 이외에는 별다른 매력을 끌지 못할 것으로 판단된다. 그러나 개성관광은 도시관광으로 이어질 가능성 높으므로 투자비가 요구되는 시설 위주보다는 프로그램 위주로 지속적으로 추진할 필요가 있다.

백두산 관광의 경우 관광객 유치를 위해 인근지역에 비행장 건설 등 시설투자가 요구된다고 생각하지만 벌통형 개발방식을 적용한다면 인근의 도시가 그러한 역할을 담당할 수 있으므로 자연환경 훼손을 유발하는 비행장 건설은 특히 자연경관이 수려한 관광자원의 경우 유보해야 함이 마땅하다. 현재 중국은 장백산 일대를 세계유산으로 지정하고자 노력하고 있으므로 북한의 백두산 관광을 공급자 위주의 품질관광이 아닌 수요자 위주의 대량관광으로 가지고 가고자 함은 장기적으로 볼 때 백두산의 관광경쟁력을 떨어뜨리는 결과를 초래하게 될 것이다.

북한관광은 예상보다 적은 관광객 수로 인해 동해안 일대의 관광업체들이 우려하던 경쟁상대가 되기에는 역부족이었지만, 향후 여건이 개선되어

6) 금강산 관광이 시작된 이래 연도별 관광객수를 살펴보면 혁신확산모형이 적용될 수 있음을 알 수 있다. 즉 금강산관광 시작과 더불어 초기 2~3년간은 관광객수가 증가하지만 이후에는 하향곡선을 그리게 되었다. 이러한 현상은 재방문이 없고 단지 최초 방문객으로 금강산 관광객이 구성되었다는 것을 의미하며, 금강산 개방에 의한 혁신이 한국사회에서 확산된 결과가 연도별 관광객수로 표현되었다고 이해할 수 있는 것이다. 다시 말해서 현재 수준의 금강산 개방(금강산에서의 제한된 관광활동)에 의한 혁신효과는 예상보다도 작으며 보다 관광활동을 다변화하지 않는 한 지속적으로 관광객수가 감소할 수밖에 없을 것이다.

접근성이 좋아지고 다양한 관광시설을 갖추게 된다면 설악산 관광에 직접적인 영향을 미치게 될 것이다. 그러므로 지금부터라도 설악산 관광은 북한관광에 비해 상대적으로 우위에 있는 접근성과 이용성, 그리고 다양한 관광자원 등 특유의 자원성을 활용한 차별화된 서비스는 물론 자연환경 보존을 우선적으로 생각하는 지속가능한 관광의 창출을 위해 노력해야만 할 것이다.

궁극적으로 설악산 관광과 금강산 관광은 서로 경쟁상대가 아니라 보완적인 위치에서 윈윈할 수 있는 상대로 엮어나가야 할 필요가 있다. 이를 위해 정부는 지금부터라도 북한당국과 협의가 필요하다는 생각이 든다. 물론 논의할 현안은 금강산 관광이 아니라 금강산과 설악산, 그리고 DMZ 일원을 모두 포함하는 광역적 자원관리 구상이 되어야 할 것이다. 이러한 협의를 위해 우리 정부가 먼저 유네스코가 지정하는 접경지역 생물권 보전지역[7]에 대한 적극적인 검토를 제안할 필요가 있다고 판단된다.

---

7) 필자가 환경운동연합과 함께 2004년 동 카르파시안 생물권 보전지역의 폴란드 비에슈차디 국립공원과 타트라 생물권 보전지역의 슬로바키아 타트라스 국립공원을 다녀와 느낀 점은 생물권 보전지역은 인간과 생물권의 조화를 위해 국제적으로 인정받고 있는 실현 수단이라는 점이다. 그러나 해당지역 주민의 의식수준, 방문자의 의식 수준, 그리고 관리자의 의지에 따라 지정의 성공여부가 달려있다고 판단된다.

방문자의 대부분이 환경친화적 관광행태보다는 탈출형 관광행태를 보이고 있다면, 아무리 생물권 보전지역으로 지정하여 관리 한다하더라도 여기에 맞출 수 없을 것이며, 주민의 경우도 지속가능한 발전을 위해 현재의 혜택을 유보할 자세를 갖지 않는다면 오히려 생태계 보전지역 지정이 불평의 강도만을 높이는 계기가 될 것이다.

DMZ 일원을 유네스코 생물권 보전지역으로 지정하는 데는 이의가 없으나 그 추진 과정에 있어서 몇 가지 고려할 점을 제시해 본다.

첫째, 국내법에 의해 중요지역을 자연환경 보존법에 의한 생태계보전지역으로 우선 지정하는 일을 서둘러야 할 것이다. 여기에 적정한 토지매입이 수반되어야 함은 물론이다.

둘째, 생태계 보전지역 중에서 선택과 집중의 논리에 근거해 지속가능한 발전에 대한 주민의 적극적 참여가 보증되는 지역만을 유네스코 생물권 보전지역으로 지정하도록 유도한다. 가능하다면(여건에 맞는다면) 동시에 세계유산의 자연유산, 문화유산, 또는 복합유산으로 동시에 지정하도록 하면 더 유리하다.

셋째, 국립공원으로 이미 지정되어 있는 설악산과, 금강산, 그리고 두 산을 잇는 백두대간을 우선적으로 세계유산의 자연유산으로 지정하고 이후에 이를 생물권 보전지역으로 지정함으로써 추후 서해안 일부지역과 함께 H 형 접경생물권 보전지역으로 발전하는 방법을 생각할 수 있다.

북한관광의 활성화를 위해 한국관광개발의 시행착오를 거울삼아 초기부터 한국적 관광개발 전략이 제대로 적용되었으면 하는 바램이다. 대규모 시설투자에 의한 관광객 유치보다는 현재 가지고 있는 자원을 구슬 꿰듯이 엮어내는 시장침투형 개발을 시도함과 동시에 숙박시설 등 시설투자가 필요한 경우에도 가능하면, 기존의 도시와 취락지역을 휴양도시 차원에서 점진적으로 재개발하는 벌통형 방식의 적용이 필요하다[8]. 이와 더불어 훌륭한 관광인력 양성을 위해 북한지역에 남북한 대학이 공동으로 전문교육 기관을 설립하는 일도 매우 중요하다.

인력 양성이야말로 북한관광의 백년대계이기 때문이다.

5. 가고 싶은 섬 만들기 기본 방향

국가균형발전위원회가 주도하는 살기 좋은 지역 만들기 차원에서 문화관광부는 가고 싶은 섬 시범사업을 추진하고 있다. 우리나라는 2005년 말 기준 483개 유인도와 2,689개 무인도를 보유하고 있으며, 전 국토 면적의 2.0%를 차지하고 있다. 이들 섬 자원을 활용하여 가고 싶은 섬을 만들어

일반적으로 말해서 유네스코 생물권 보전지역의 지정은 주민과 방문객이 수용할 자세가 되지 않는 한 정부의 의도대로 졸속 추진할 경우 오히려 극심한 반대에 처하거나 무관심으로 인해 효과가 안 나타날 수도 있다는 점을 명심해야 할 것이다. 설악산 국립공원이 이미 1988년에 유네스코에서 생물권 보전지역으로 지정된바 있으나 전혀 그 효력과 가치를 발휘하지 못하고 있는 실정이다

8) 북한관광 개발에 있어서 벌통형 개발 전략의 원칙적 적용은 현시점에서 매우 불투명할 수밖에 없다. 기존도시의 재개발 차원에서 관광인프라를 수용한다면 더 많은 북한주민이 외국인이나 한국인을 접촉하게 될 수밖에 없기 때문이다. 그러므로 현시점에서는 독립적인 관광숙박시설의 개발이 피할 수 없는 실정이지만 냉철히 관광수요를 따져 보고 숙박시설 규모를 결정해야만 실패를 면할 수 있을 것이다. 왜냐면 앞서 지적했다시피 벌통형 개발 전략이 적용되지 못할 정도의 여건이라면 그것은 아직도 소비자 위주의 관광환경이 조성되었다 할 수 없기 때문이다.

명소화 함으로써 지역 발전 및 여가공간 확충에 기여할 수 있다는 것이 가고싶은 섬 만들기의 기본 취지이다.

1) 벌통형 개발 전략의 적용을 통한 지속가능한 관광 구현

가고 싶은 섬 개발을 위해서는 관광권역별로 벌통형 방식의 적용이 요구된다. 관광객이 한 번의 여행을 통해 접근 가능한 범위를 관광권역으로 설정하고 여기에 주 접근경로가 시작될 수 있는 항구와 이와 바로 연결될 수 있는 벌통이 위치하는 거점 섬, 그리고 나머지 단위 섬들을 구성한 다음 벌통이 위치한 거점 섬과 각 단위 섬과의 교통연계를 강화하는 전략이다.

모든 섬을 개발하는 것이 아니라 벌통이 놓일 섬을 거점으로 설정하여 인위적 관광 편의시설 등을 집중 개발하지만, 나머지 단위 섬들에는 가능하면 주민운영 숙박시설 이외에는 숙박시설 등 인위적 편의시설 개발을 허용하지 않는 방식이 바로 벌통형 개발전략이다. 물론 여기에서 주 벌통 이외에 적정 규모의 상업적 숙박시설이 위치 가능한 보조벌통을 설치할 수도 있다. 그러나 이 경우 보조 벌통의 숙박시설은 주 벌통의 숙박시설과 완전히 차별화 되어야 할 것이다(예: 민간부문의 리조트 등이 보조 벌통으로 가능함).

육지에서 벌통형 개발전략을 적용할 경우 벌통이 위치한 거점지역의 유인력을 제고하고 단위관광지의 주민관광시설 경쟁력을 제고하기 위해 단위관광지와 거점지역 간의 교통연계 강화는 물론 완충지역 설치가 필요하지만 섬지역에서는 이러한 완충지역 지정이 필요 없으므로 벌통형 개발전략이 더욱 쉽게 적용될 수 있다.

여기서 간과해서는 아니될 점은 거점이 되는 주 벌통 선정뿐만 아니라 주 접근 항구의 선정도 매우 중요하다는 것이다. 왜냐하면 주 접근 항구의 선정에 따라 접근성이 매우 달라질 수 있기 때문이다. 또한 다른 관광객 관점에서 보면 주 접근 항구가 벌통이 되고 벌통이 위치한 섬은 단위 관광지

보조 벌통이 될 수도 있기 때문이다.

전국의 섬 중에서 지역균형발전 차원에서 경기도, 충남권을 제외하고 남해권에서만 살펴볼 때 호남 고속철도 종착지로서 목포를 주 접근 항구로 하는 가고 싶은 섬 관광권역 설정과 대전-통영간 고속도로의 종착지인 통영을 주 접근 항구로 하는 가고 싶은 섬 관광권역 설정, 그리고 남해안 고속도로 중간 지점인 여수를 주 접근 항구로 하는 가고 싶은 섬 관광권역 설정이 필요하다. 관광권역 설정에 따라 벌통을 놓을 거점 섬의 선정이 필요할 것이다.

2) 가고 싶은 섬 시범사업을 적용하기 위해서는 가고 싶은 섬의 개발 유형화가 먼저 요구된다.

유형화는 사업의 실현성을 높이기 위해 자원성, 시장성에 근거하기보다 우선적으로 개발주체에 근거해 작성되어야 할 것이다. 개발주체에 근거한 가고 싶은 섬의 개발유형은 1) 지역주민이 주체가 되는 지역개발 유형(농어촌 체험마을 등 농어촌 관광사업)과 2) 전적으로 민간자본에 의한 관광개발 유형(리조트 등 관광사업), 3) 공공부문이 주도하고 민자를 유치하는 형식의 관광개발 유형(관광단지나 관광지 개발사업), 그리고 또다른 유형은 농촌공사가 추진하였던 문화마을 개발사업과 같이 4) 공공부문이 휴양형 주거단지[9]를 조성해서 외지인을 포함한 지역주민을 유치하는 지역개발 유형이 있을 수 있다.

가고 싶은 섬을 개발하는데 있어서 다음의 어떠한 유형을 개발할 것인가를 미리 염두에 두는 것이 사업의 실현성을 높이는데 크게 기여할 수 있을 것이다. 특히 벌통이 위치할 거점 섬의 경우 처음 유형을 제외한 2), 3), 4) 유형의 개발이 가능하며 단위 섬의 경우에는 대체적으로 1), 2) 유형의

9) 휴양형 주거단지의 개발 컨셉과 개념은 앞서 언급된 바와 같이 토지공사가 필자 등 외부 연구진과 함께 수행한 '제주 예래동 휴양형 주거단지 개발 방안에 관한 연구'에서 제시된 바가 있다.

개발이 유효하다고 볼 수 있다. 특히 4) 유형인 휴양형 주거단지 개발은 가고 싶은 섬 시범사업에 활용될 수 있는 훌륭한 모델 중 하나라고 판단된다.

3) 벌통이 위치할 가고 싶은 섬의 명소화는 상주인구를 확보할 수 있는 타임쉐어링 형태의 가칭 '국민콘도'의 개발에 의해서만 가능하다. 또한 타임쉐어링 형태의 콘도분양은 휴양형 주거단지의 개념으로도 전환할 수 있다.

섬과 같이 접근이 불량하고 계절성이 심해 관광객 유치가 어려운 경우에는 제6장의 한국적 개발전략의 적용사례에서 언급한 바와 같이 타임쉐어링 분양을 통해 일정수의 관광객이 상시 체류할 수 있다면 갖가지 프로그램 제공이 가능함은 물론 각종 상가 등 편의시설이 활성화 될 수 있을 것이다. 가고 싶은 섬의 명소화에 있어서 가장 큰 문제점은 어떻게 일정 수준의 상주인구를 확보할 것인가이다. 섬은 접근성이 나쁘고 계절성이 심하기 때문에 성수기인 여름철 방학기간 이외에는 관광객을 유치하기 매우 어려울 것이다. 특히 벌통이 위치할 거점 섬의 경우는 숙박시설 건설이 필요하므로 어떻게 분양이 가능하게 상품을 만들어 투자재원을 조달하고 동시에 많은 사람이 찾아와 항상 머물러 있도록 하는가는 매우 중요한 문제인 것이다. 이 경우 타임쉐어링 콘도인 소위 대중적인 '국민콘도'를 적극 개발함으로써 국민관광 활성화는 물론 가고 싶은 섬 명소화를 위한 투자유치에 크게 기여할 수 있을 것이다.

4) 다도해권 일부 지역을 세계유산의 복합유산으로 지정 신청: 브랜드 파워 강화 전략

유네스코가 지정하는 세계유산에는 문화유산, 자연유산, 복합유산, 무형유산 등이 있는데 문화유산과 자연유산으로 등재되기는 매우 어려우나 자연유산과 문화유산이 복합된 복합유산으로 등재되기는 상대적으로 쉽다는 견해가 있다. 그러므로 다도해권 일부 지역의 심층 학술연구를 바탕으로 세계유산의 복합유산 등재 신청을 하는 것도 고려해 볼 수 있다. 만일 복합유산으로 등재된다면 그보다 더 나은 브랜드 파워 강화 방안은 없지 않나 생각된다. 세계유산 등재 이외의 브랜드 파워 강화전략으로는 한류스타를 이용한 섬 마케팅을 고려할 수 있다.

5) 업체별 스폰서쉽을 통한 섬 가꾸기 전략(기업체 전용 수련시설 등 유치)

주요기업이나 공공기관이 가고 싶은 섬과 스폰서쉽(자매 결연이상의 협력관계)을 통해 자사의 기업 또는 기관 이미지를 제고하는 장소로 삼도록 유도할 수 있다. 일본의 야마하 리조트와 같이 특정기업이 특정 섬을 대상으로 투자하거나 또는 최소한 기업체 전용 수련시설을 조성한다던가 또는 마을가꾸기 사업을 지원한다던가 하는 기업 스폰서쉽을 섬 개발에 연계할 수 있는 전략이 필요하다.

6) 가고 싶은 섬 권역을 대상으로 관광스펙트럼에 의한 개발/관리

자연환경 절대 보존과 적극적 활용을 축으로 한 스펙트럼과 같이 보존과 활용의 정도에 따라 섬들을 차별화하여 개발/관리하는 시스템을 적용(미국 국립공원의 ROS(Recreation Opportunity Spectrum)참고)함으로써 자연환경 보존은 물론 관광목적지 차별화에 기여할 수 있을 것이다.